企业数智化转型实战丛书

私域流量实战

IP、流量池与内容中台

梅 波 著

PRIVATE
DOMAIN
MARKETING

人民邮电出版社

北 京

图书在版编目（CIP）数据

私域流量实战：IP、流量池与内容中台 / 梅波著
. -- 北京：人民邮电出版社，2023.8
　（企业数智化转型实战丛书）
　ISBN 978-7-115-61877-1

Ⅰ．①私… Ⅱ．①梅… Ⅲ．①网络营销 Ⅳ.
①F713.365.2

中国国家版本馆CIP数据核字(2023)第099903号

内 容 提 要

　　在新技术革命和用户中心化的双重驱动下，私域流量已经成为企业长效增长的新动力，是企业的数字资产，能够重构数字化时代的企业竞争力。本书从私域流量的战略意义、技术底层、流量导入、内容中台及用户运营等不同角度，解构私域流量对企业数字化转型的价值和影响。本书采取案例导入的方式进行讨论，旨在让读者更清楚地了解不同私域流量背后的运营体系设计和实操方法。

　　本书适合大中型企业的管理人员、市场营销相关从业人员，以及对数字经济发展感兴趣的人阅读。

◆ 著　　　　梅　波
　　责任编辑　苏　萌
　　责任印制　马振武
◆ 人民邮电出版社出版发行　　北京市丰台区成寿寺路 11 号
　　邮编　100164　　电子邮件　315@ptpress.com.cn
　　网址　https://www.ptpress.com.cn
　　三河市兴达印务有限公司印刷
◆ 开本：880×1230　1/32
　　印张：11.25　　　　　　　2023 年 8 月第 1 版
　　字数：261 千字　　　　　2023 年 8 月河北第 1 次印刷

定价：79.80 元
读者服务热线：(010)81055493　印装质量热线：(010)81055316
反盗版热线：(010)81055315
广告经营许可证：京东市监广登字 20170147 号

企业数智化转型实战丛书

私域流量实战

IP、流量池与内容中台

梅 波 著

PRIVATE DOMAIN MARKETING

中国工信出版集团

人民邮电出版社
POSTS & TELECOM PRESS

碎片化时代的用户关系锚定和价值重构

移动互联网时代，我们享受着无尽的购物自由，例如，我们可以随时在美团下单，叫一份自己喜欢的外卖，坐等享受美味；我们和家人去商场购物，但发现东西太大、太多，于是可以通过扫码选择即时送货到家服务；我们本来打算在淘宝网买一件外套，但突然发现平时关注的抖音号直播间上架了一款更适合自己的衣服，于是直接在直播间下了单……

只不过，这样的"购物自由"在一定程度上却是营销者的"灾难"。

在与巨量引擎进行的一次营销领域调查中，埃森哲发现，现在的用户都是"流动消费者"。从消费者旅程来看，过去是一个相对单纯静态的线性过程，现在却变成了一个"无限的体验"过程。消费者早已不会在吃早餐的时候看报纸了，也不会在晚饭后乖乖地坐在电视机前收看购物节目，他们更喜欢通过指尖跳动，不断寻找自己喜欢的线上平台和内容，他们的购买行为和习惯似乎越来越难以琢磨。

尤其随着社交媒体和营销技术应用的深入，企业的声量和影响力快速提升，用户接收到的信息和噪声也大幅增加，导致消费者兴趣变化加快，对品牌的忠诚度更加难以维持。调研显示，33%的消费者在过去一年里频繁地更换品牌，其中67%的消费者被一些新的品牌吸引，而并非对之前的品牌不满意。

移动互联网的碎片化程度有多严重？以社交平台为例，目前国内有20多个类别的社交平台，包括即时通信、交友、新闻类等，月活跃用户数超过5亿的应用有微信、微博、抖音、快手。在方兴未艾的直播领域，根据2021年的数据，中国有1.3亿的直播注册号。

罗兰贝格咨询公司曾提出，在数字化时代，媒介和渠道之间的界限越来越模糊，媒介正在由"传递信息的工具"转向"关系的纽带"。在智能互联网所带来的Web3.0时代，由于大数据、人工智能等技术的普遍应用，用户在选择信息时已经掌握了主导权。媒介不再由媒介机构和媒介实体来定义，而是由媒介使用者基于关系的认知来界定。

与此同时，内容不再仅仅是内容，也是一种新的媒介，更成了一种社交工具。技术带来更多的不确定性，我们需要在这个巨大的不确定性中重构一种新的营销路径和商业叙事方法，并在碎片化之中锚定自己和用户之间的关系。

上一代信息传播和技术应用底层的营销理论也许还在应用，比如4P、4C和4R，但它们正面临着被重新书写的局面。基于移动互联网的碎片化特征，人们的习惯改变了。

比如"种草"变得盛行，并形成了一条新的营销链路，营销者必须采用消费者感兴趣的方式引起他们的共情，然后才能达成交易。小红书的"种草"模式已经成就了一批品牌，不乏类似完美日记这样的上市公司；比如圈层营销变得越来越重要，这正成为一种基于相同价值观的营销新方式；比如网红达人变得非常流行，面对不可触摸的无限碎片信息，他们成为再中心化的连接点，成为被"粉丝"们追捧的人，成为企业营销的有效渠道，以至于，欧莱雅广告在全球的投放主要针对拥有 50 万（或更少）粉丝的网红，而在完美日记的"1990"模式的投放比例中，这样的腰尾部网红达到了 18 000 个。

此时，我们看到了私域流量的崛起。

应该说，近几年的营销环境变化，为私域流量崛起提供了必要的土壤，也成为数字化转型的重要分水岭。在此之前，尽管私域流量概念已经出现，但大部分企业依然活在平行世界里：有的依赖线下门店销售，有的依靠线上营销，每家企业都能找到自己的生存路径。但近几年，这种平行世界终于出现交叉，尤其对于线下门店而言，线上营销突然重要起来。如果从私域的视角来看，建立以人为核心的线上线下营销模式，才能成为真正的赢家。屈臣氏就是较成功的案例。在线下业务受到影响的 2020 年下半年，屈臣氏启动了云店业务，并在当年获得了 10 亿元的 GMV（商品交易总额），到了 2021 年，线上云店的 GMV 达到了 35 亿元，这一成绩成为该公司扭转市场格局的关键。

不过，由于私域流量崛起过于迅速，市场缺乏权威定义，人们的认知也比较混乱。作为私域概念的推动者和这个行业的深度观察者，弯弓研究院在书中通过梳理大量研究平台和专家机构的意见，形成了独立的观点和理论，并通过对实战案例的讨论让读者形成较为清晰的认知和判断。

总体上，我们认为私域流量崛起正是用户中心化的市场映射，既是强调用户思维的结构化进程，也是企业营销数字化转型的重要场景，其核心就是消费者生命周期价值管理。对于较早进入存量竞争的欧美市场来说，这也许不是一个新鲜的概念。只不过，同样针对用户忠诚度管理，从技术应用底层来说，他们以计算机互联网为核心，而我们以移动互联网为核心。也正因为如此，两个市场的技术开发和应用有很大的不同。

迈睿中国（前身为欧唯特中国）的 CSO（首席战略官）韦国锋告诉我，作为老牌的私域运营机构，迈睿中国一直在中国市场尝试最新的私域营销方案。如果说信息化时代，我们在理念和技术上都比较落后，那么随着移动互联网的迅猛发展，中国的社交媒体营销和用户运营已经领先于全球市场。一个有趣的变化是，如今迈睿中国的案例已经被要求在亚洲其他国家和地区以及欧美市场进行复制。

私域的价值到底是什么？弯弓研究院认为，可以用 3 个关键词来表述，即关系、渠道和资产。

在我们的定义中，"关系"一直是强调私域流量价值的重点。这里要强调的是，互联网的世界有多么碎片化，我们和用户的关系就有多么重要。经营用户就是经营关系，这是把用户数据私有化的过程，也是通过价值观传递共情的过程，更是对用户关系的一种锚定。正如《用户真正需要什么？》的作者斯科特·麦克凯恩（Scott Mckain）所说，用户希望与之交易的人和公司能够和他们建立一种关系，一种超越纯粹交易的关系。

在 2021 年 12 月 8 日举办的大湾区私域流量大会上，名创优品集团副总裁兼 CMO（首席营销官）刘晓彬表示，私域运营的本质还是人的运营，私域的下半场是品牌与用户的双向奔赴。他还透露，名创优品非常重视用户精细化管理，目前的用户人群标签已经超过 50 亿个，而且标签处于动态的、不断更新的状态。他相信，相对于大流量的粗放型运营，精细化运营可以更加准确地"投其（用户）所好"。

从渠道的视角看，私域流量的价值更为特殊。我们知道，私域流量的产生，本身就是为了增加一种销售渠道。近几年，这种销售方式恰恰是引起企业高层重视的主要原因。如前所述，这种渠道不同于线下门店经销商，也不同于线上电商平台，它更类似于一种全渠道运营的模式，代表着新的第三增长极。只不过，如果从资产的视角来看，私域的资产价值高于其增长价值。

为什么呢？

在和完美日记的高层进行的一次交流中，我发现，这家以私域运营出名的公司的私域销售占比并不高，大概在20%；而屈臣氏中国顾客增长及采购部总经理聂薇介绍，屈臣氏的私域销售占比在15%左右；天虹数科商业股份有限公司（简称天虹）的罗晴曾经分享说，在天虹的销售份额中，私域销售占比达15%；一位美素佳儿的内部人士告诉我，美素佳儿的私域占比曾经一度高达40%，后来降到了10%，之所以如此，是由于其承受了其他生态伙伴带来的压力。

弯弓研究院通过样本对比发现，对于大多数企业而言，私域销售的占比不超过30%似乎是一个比较理想的状态，因为企业必须从中寻找某种平衡。除非企业是孩子王、山姆和华住集团那样强大的会员运营企业。

群脉联合创始人车传利认为，按照群脉联合服务的波司登、元祖食品等的经验来看，私域的资产价值大于其增长价值。这主要在于私域的资产价值不仅能实现DTC（直接触达消费者）运营，还可以实现数据资产留存、产品研发、用户洞察等服务，可以为企业带来不限量的增值服务。

我的朋友汤璇曾撰文描述私域是企业的第一方资产价值。她把企业级私域拆分为自有样本库、自媒体、自营渠道三大属性，自有样本库帮助企业利用自身第一方营销数据，完成消费者洞察。这里的消费者洞察主要承担两项重要任务，一是使新产品的开发更加贴合消费者需求；二是挖掘产品卖点，提炼产品带给消费者的最大价值。只有通过大量样本的数据采集，用多样本的多模态、多维度数据，才能激活无限接近市场真实需求的消费者洞察。

在撰写本书的过程中，国内市场正在发生巨大的变化。比如在政策层面，《中华人民共和国个人信息保护法》首次对个人信息可携带权进行法律确权，让我们感受到了搭建私域的必然性。可以说，《中华人民共和国个人信息保护法》的出台进一步提升了用户中心化的价值和精细化运营的力度，企业一旦获得用户数据资产的确权，反而有利于用户深度运营。换言之，在没有获得用户授权的情况下，营销的合规性将面临新的挑战。

在平台层面，经历了 2020 年以来的数字化强体验之后，支付宝、微博、抖音也都在 2021 年推出了自己的私域产品。但是，作为最有私域基因的平台，微信生态的优势更加明显，其市场份额短期内也很难动摇。此时的腾讯似乎找到了一个新的产业主攻方向，不仅正式把私域作为生意的核心抓手，而且不断通过平台赋能，打通了整个用户交易的闭环。

应该说，企业微信改版是微信最为成功的举措之一。通过最新的两次改版，企业微信不仅获得了企业的大力拥护，成为私域流量的超级入口和用户资产池，而且实现了对内和对外的上下游协同，成为目前市场上最主流的私域流量底层操作平台。

2021 年年底，"大品牌觉醒"可能是最受关注的私域事件。从

2019 年的"被看不上"到 2020 年的"被观望",再到 2021 年的重拳出击,私域流量不仅在跨国品牌中流行,在国内的耐用消费品行业和快消品行业的渗透率也在不断增加。尤其是孩子王的上市,以及山姆、屈臣氏的重新崛起,更是让人们看到了私域流量背后的价值。

这样的案例还有很多。本书的目的就是通过更多的案例分析,从不同行业、不同企业的不同场景中,找到解决企业私域问题的方法。我们相信,每一个成功故事的背后,都经历了无数次的挑战和验证,没有谁能够随随便便成功。

基于本书内容,我们希望读者可以从 3 个视角去看私域。

第一个视角是 IMC(IP、MarTech、Content),这 3 个字母看似简单,实则很重要,希望读者能够形成数字化私域的基本共识。没有这样的基础,企业的私域大概还处于 1.0 时代。

IMC 的核心逻辑在于,私域运营的重点之一是经营用户关系,那么就必须有一个运营主体,才能形成完整的主客体关系,IP 恰恰就是这个主体,也是一个可以感知的"人"。IP 的代表有三大类——领导者、员工和合作伙伴,他们可以在私域运营中扮演不同的 IP 角色,但必须赋予一定的企业(个人)文化和价值观,才能形成鲜明的个性化认知,成为私域运营的灵魂。

其实,在不同行业里小 b 端的导购、销售、业务分析师、营业员等,就是这样的 IP。私域中直接与消费者发生关联的这些小 b 端,或由企业方直接雇佣,或由第三方营销机构提供,但所有小 b 端的在线触点所产生的所有数据都由企业完全拥有。相较于公域的被动、无法完全自主把控的互动形式,在私域,小 b 端完全可以与消费者主动、多次、实时交互。

不过，如果让这些小 b 端找到目标受众，并顺利实现私域运营，必须具备两个要素，即营销技术和内容，否则就无法实现数据驱动型的运营方式。这里的营销技术，是指通过大数据和人工智能，能够实现用户触达、留存分析、交易转化和数据归因的系统和工具，是实现私域运营的骨骼。而内容则可以说是私域运营的血肉，包含了图文视频、活动促销、用户话术和交易数据等，决定了其长期的运营和转化能力。

事实上，技术问题解决之后，内容将成为私域运营长期倚重的要素，可以说，营销中的每次转化都离不开内容的催化。为了使企业能够更好地实施内容管理，本书还着重提出了内容战略规划。我们可以从内容战略入手，了解内容的四重关系重构、内容中台的管理模型、内容方法论，以及私域内容运营过程中所涉及的方方面面。

此外，技术和人的关系也很关键。技术能够降本增效，但人心才是根本，这也是很多企业私域运营和数字化转型能够成功的关键所在。正如屈臣氏中国顾客增长及采购部总经理聂薇所说，营销技术的最大作用是把过去理解力差、业绩考核只能得 30 分的人提高到得 60 分（及格）的水平，随着更多大数据和人工智能技术的应用，还可以进一步提高到 80 分的水平。但是，真正得了 80 分之后，还是要考验人的综合能力。

第二个视角是企业画像。2022 年 7 月，泛私域的概念被首次提出，私域运营被分成强私域、线索型私域和经销型私域 3 种类型。泛私域的划分方法主要依赖于不同行业的企业画像，包含交互、频率、价格、流量和 SKU（存货单位）五大要素。我们发现，根据泛私域的分类，不同的垂直行业都有自己独特的实施路径，如果用一种私域方法通吃全行业，无异于刻舟求剑。正因如此，本书特别强调，在企业进行私域顶层设计的策略中，企业画像、流量和SKU是介入这个领域的前置要素。

为了让读者更容易理解不同行业的私域运营方法，我们还整合了大量案例，采用SOP（标准操作规程）模型拆解的方式，分享更多的实战经验，比如母婴和美妆领域的强私域企业的经验，比如耐消品行业和制造业中的线索型私域企业的经验，比如快消品行业中经销型私域企业的经验等。当我们把这些进行结构化分析之后，读者能够更容易找到要点。

私域看似一种新鲜事物，其实由来已久，始终在研究"人心"。从这个角度看，我们便把第三个视角放在了会员管理上。

目前在私域运营中，会员和私域的关系依然没有得到很好的梳理，大部分人相信私域归私域，会员归会员，二者处于平行世界。果真如此吗？显然不对。本书详细描述了私域和会员之间的递进关系，并从数据确权和交易确权的角度给出了会员是重度私域流量，也是私域运营的有效工具和手段的理由。

我们可以把私域流量来临之前的中国会员模式的演进分为3个阶段，在1.0阶段，会员是企业营销中的手段和噱头，大多会员服务并无实质内容；2.0阶段的会员价值则是"锁客"，主要适用于供给能力有上限的服务企业；3.0阶段则是数字化会员阶段，也是私域深度运营阶段。借助数字化手段，企业不仅可以对会员进行用户画像和分层，还可以从等级权益、成长驱动和价值流动等不同角度入手，让会员的价值更透明、更真实，更能通过技术手段去清晰感知。

可以预计，在接下来的私域发展中，数字化会员将成为企业新的深耕内容，也将更加考验不同企业的运营水平。

总体来说，这是一本让读者更全面地了解私域运营的书，全书共分为 10 章，包括私域流量效应、构建 IMC 模型、迎接泛私域生存时代、击穿用户认知三角、数字化导购的能力边界、技术驱动增长、打造属于自己的内容中台、会员的荣耀、落地运营的 7 个挑战、八大泛私域案例解读。如前所述，全书大部分采取案例导入的方式进行讨论，旨在让读者更清楚地了解每个案例背后的逻辑。要说明的是，鉴于大规模技术应用的需要，本书选取的案例大多数来自大中型品牌企业，对于很多小企业来说，本书的案例实操性可能不强。

顺便介绍一下，弯弓研究院一直致力于对营销技术的研究和数据驱动型企业的分析，旗下的"私域流量观察"公众号是我们团队伙伴共同关注私域流量变化的窗口。非常有幸，我们从 2018 年年底开始，一步步见证和推动了私域流量这个概念的发展。像一个激动而又冷静的旁观者，我们似乎一直能看到私域流量是什么，应该是什么，以及其带来的价值。也正是基于这样的积累，我们才能梳理非常多的案例，并形成文字展现给读者。

我们也深深地知道，私域流量这件事我们猜中了开头，不一定能猜中结尾，还有大量的案例需要去解构，还有很多方法需要去总结和完善，我们还有很多不了解的地方。但无论如何，私域流量作为数字化转型的一部分，已经完成了很多人和企业的数字化转型启蒙。

本书的出版获得了很多人的帮助，我的好友郭全中、沈欣、瞿程昊、梁超杰，我的同事海怡、歆芝，他们都参与了本书的讨论，也贡献了很多智慧，帮我补充了不少资料，谢谢他们！当然，还要谢谢我的家人，感谢他们一直在背后默默地支持我。

目录
CONTENTS

第 1 章　私域流量效应，未来的生意模式变了 / 001

1.1　企业都想自主掌控用户并反复免费触达 / 002

1.2　私域流量的双向奔赴 / 012

1.3　腾讯的进击和流量分野 / 016

1.4　私域流量的本质和价值 / 021

第 2 章　构建 IMC 模型，打造私域系统的底层逻辑 / 029

2.1　五力增长模型的提出 / 030

2.2　一切都是用户思维 / 034

2.3　IP 对了，可以快速拉近企业与用户的距离 / 045

2.4　营销技术：代际化的应用工具 / 049

2.5　内容：竞争中的决定性力量 / 055

第 3 章　迎接泛私域生存时代，找到企业画像和营销画布 / 061

3.1　看看自己的企业画像 / 062

3.2　强私域的链路 / 070

3.3　B2B 和耐消品营销需要线索型私域模型 / 073

3.4　经销型私域的 4 条链路 / 078

3.5　私域策略屋：顶层设计和岗位安排 / 084

3.6　私域的关键，解决利益冲突和组织文化 / 091

第 4 章　击穿用户认知三角，营销触点布局和圈层化运营 / 101

4.1　Z 世代特征和用户的真相 / 102

4.2　流动的消费者和七大平台的用户运营特点 / 107

4.3　从入圈到破圈，如何布局社交圈层 / 119

4.4　触达企业用户：用户触点管理和全渠道私有化部署 / 126

第 5 章　数字化导购的能力边界 / 141

5.1　泛 IP 化的时代 / 142

5.2　IP 化导购的分类和分级 / 146

5.3　数字化导购的 IP 养成 / 155

5.4　数字化导购的能力边界 / 164

第 6 章　技术驱动增长，打开私域运营的 MarTech 航海图 / 179

6.1　私域运营技术简史 / 180

6.2　泛私域营销技术应用 / 187

6.3　全域运营的技术应用特点 / 190

6.4　对几个核心技术的认知和解读 / 196

第 7 章　打造属于自己的内容中台 / 203

7.1　内容科技的崛起和四重关系重构 / 204

7.2　企业可能需要一个属于自己的内容中台 / 212

7.3　如何部署私域内容营销体系 / 219

7.4　内容生产的方法论和匹配逻辑 / 224

第 8 章 会员的荣耀，找到深度运营的有效工具和抓手 / 233

8.1 数字化会员的崛起 / 234

8.2 忠诚度最高的私域关系 / 242

8.3 会员形式 / 246

8.4 会员体系设计的 3 种要素 / 253

8.5 会员设计常用的 4 种工具 / 260

第 9 章 落地运营的 7 个挑战 / 267

9.1 认知是天下第一难关 / 269

9.2 经销商利益的冲突和平衡 / 272

9.3 一定要找到天然流量 / 275

9.4 SKU 的宽度 / 279

9.5 真的需要代运营吗 / 282

9.6 重视企业微信 / 285

9.7 技术应用的"坑" / 290

第 10 章 八大泛私域案例解读 / 295

10.1 强私域案例：惠氏臻朗 / 296

10.2 强私域案例：大参林 / 300

10.3 线索型私域案例：三一重工 / 307

10.4 线索型私域案例：蔚来汽车 / 312

10.5 经销型私域案例：东鹏特饮 / 317

10.6 经销型私域案例：名创优品 / 322

10.7 经销型私域案例：瑞幸咖啡 / 331

10.8 经销型私域案例：天虹 / 337

第 1 章

私域流量效应，未来的生意模式变了

1.1 企业都想自主掌控用户并反复免费触达

完美日记是广州逸仙电子商务有限公司（简称逸仙电商）的一个彩妆品牌，也是近年来美妆行业的新起之秀。2019年，创业2年的完美日记实现了35亿元的年度销售额，并获得高瓴资本、真格基金、高榕资本等的连续追捧，在2020年9月的融资完成后，估值达到264亿元。2020年11月，逸仙电商登陆美国纽约证券交易所，最高市值一度高达163亿美元。2022年，逸仙电商的业绩出现了下滑，但其通过私域流量建立的创新营销模式，却依然被市场关注和效仿。

从表面上看，完美日记早期的成功和很多淘系品牌并无二致。从彩妆赛道精准切入，把产品定位于"Z世代"，不断推出各种时尚靓丽且性价比超高的产品，最终获得爱逛淘宝且对美妆感兴趣的消费者的青睐。而实际上，完美日记产品之所以能够热卖，除精准把握圈层化人群特征和需求，利用淘宝强大的平台优势之外，关键是综合运用了数字化时代的营销手法，并充分攫取了小红书和微博等其他平台的流量红利。

在电商运营领域，淘宝、天猫平台推广成本高是公开的事实。在完美日记成立的2017年，淘宝的流量获客成本已经达到了每人250元。因此，大部分淘宝商家除必需的流量推广费用之外，更愿意从站外免费的流量平台不断导流，比如小红书、微博、抖音、微信等。而对于美妆类企业来说，小红书就是最佳的免费时尚"种草"平台。

在这个平台上，完美日记的手段是不断制造声量。通常情况下，一款完美日记产品的造势时间为一个半月，而投入的时尚博主或者美妆达人则超过 600 人，这些人中有拥有 100 万以上粉丝的网红、拥有 50 万左右粉丝的知名博主，以及 KOC（关键意见消费者）和普通消费者，甚至还有 300 名路人。信达证券 2020 年 12 月发布的报告显示，逸仙电商合作的网红约 1.5 万名，其中包括 800 名粉丝超百万的网红。这些人来自不同圈层，分别影响时尚、国风、动物保护、公益等人群，随之形成一股声量和品牌认知，并最终导流到淘宝、天猫平台促成消费者购买产品。

截至 2020 年年底，完美日记在小红书上拥有 196 万粉丝和 15 万篇笔记，这些沉淀下来的粉丝和内容资产已经打下了深厚的品牌基础。但是，由于小红书和微博本身不具备交易功能，淘宝、天猫平台又缺少强大的用户间社交互动平台，且淘宝店铺的运营成本越来越高，因此完美日记必须考虑降低交易成本，并找到进一步"黏住"用户的方法。

创始人黄锦峰的梦想是把完美日记打造成中国版欧莱雅。而要实现这个目标，不仅要拥有更多的产品和品牌，还要加大技术投入，这样才符合当下产业数字化的整体趋势。根据我们团队的研究，欧莱雅把自己定位于高科技化妆品公司，不仅把科技手段运用到设计、研发、生产和销售的方方面面，还建立了以用户为中心的运营模式。

以中国市场为例，欧莱雅所构建的数字中台系统能够触及数亿级的用户数据，并通过统一 ID 实现用户精准运营。尽管当时中国的流量巨头——微信和淘宝之间都建立了防火墙，禁止相互之间的数据通联，但欧莱雅通过特殊的数据交换系统，依然可以无障碍搜索目标用户信息。这就为观察用户行为和增强用户体验提供了基础保障。

正因如此，为了让完美日记实现全域用户精准运营，黄锦峰一开始就重视营销技术的应用，配置了多达 500 人的技术团队，不断建立和完善自己的数据中台系统。随着小程序交易功能越来越强大，完美日记开始考虑利用好微信这个巨大的流量洼地，把不同渠道的流量导入这个具有转化能力的社交平台，建立可以一对一重复交互的关系，最终提升用户的复购率。

增长黑盒曾经研究了完美日记实现流量导入的 3 条路径。

路径 1：产品附赠的口令红包卡片→小完子个人微信号→完子心选小程序（美妆攻略 + 商城 + 直播）→小完子完美研究所微信群。

路径 2：产品附赠的口令红包卡片→ PerfectDiary 完美日记微信公众号→完美日记官方体验店小程序。

路径 3：线下新零售店客户→小美子个人微信号→完美日记会员商城（美妆攻略 + 商城 + 直播）→小美子的微信群。

通过这样的做法，无论用户来自淘宝还是其他平台，来自线上还是线下，只要曾经消费或了解过完美日记产品，就有机会被留存。企业既可以添加个人微信号留存，也可以借助公众号或者小程序留存，从而产生新的互动机会。而在线下新零售店的流量获取方法上，完美日记也建立了自己的规范体系。

2019 年，完美日记开始开设新零售线下店。按照官方统一的口径，这样的店 3 年内将开到 600 家，而相应的美妆顾问则会增加到3000 人，其中 500 人为彩妆师。对于打造线下店的目标，完美日记时任副总裁黄一耕说，这样做的目的一方面是结合目标用户画像的需求，增加产品的体验感，另一方面则是围绕微信生态，打造线上线下相结合的社交商业生态，并实现更大规模的线下获客。

为此，完美日记聘请了韩国顶级团队打造新零售门店，并提出两个要求：一是做到千店千面，让每一个门店都体现自己的特色，能够提供不一样的时尚感受；二是要营造自由沉浸式体验的效果，保证粉丝在体验中不受打扰，而且最后能够像苹果手机店一样，实现一对一无柜台结算模式，增加交互机会。

我们的团队曾在完美日记广州番禺奥园店体验过，这里的操作场景的确有所不同。进入门店，在顾客不打招呼的情况下，美妆顾问一般不会出现在顾客身边。看到顾客有咨询的意向，美妆顾问便主动问询顾客是否要加自己的微信号，并称有机会获得三种福利：一是领取美妆蛋，二是领取 1 ~ 100 元不等的红包，三是可以参加限时秒杀、打折等活动。

通过这种方式，完美日记很容易就获取了新流量。

完美日记采取中心化私域运营模式，对外的 IP 人设有两个，分别是小完子和小美子。如果加了小完子微信号，就会获邀进入"小完子完美研究所"。我们所调研的群里有 245 人，每个人都会被要求关注"完子心选小程序"，完成关注之后，才算完成拉新和留存的整个过程，接下来就是一对一运营和转化环节。

完美日记之所以设计两个 IP，目的是区分线上和线下的两条"私域流量"获客链路：小完子负责线上，承接各电商平台售出产品附赠的口令红包卡片带来的流量；小美子负责线下，承接各快闪店、实体店美妆顾问引导和赠品福利带来的流量。由于小完子和小美子的获客来源不同，二者在与用户沟通中自然地产生了分工以及配套话术，并被打上不同的标签画像。

在私域运营过程中，完美日记主要从三个渠道触达用户：一是个人朋友圈，我们发现，小美子虽然是个人设，但都是真人秀，每天在朋友圈发两三条内容，所以非常具有真实感；二是社群，群里既有机器人也有真人，不断推出各种福利产品和活动邀约，往往能够产生不错的"羊群效应"（引发更多人跟风购买）；三是小程序，店铺里除了各种产品和促销信息，还增加了"完子说"直播模块，有各种美妆教程和内容分享，几乎就是小红书"种草"模式的翻版，大大增加了用户打卡机会。

经过3年的运营，当年通过小红书导流淘宝形成交易闭环的完美日记，又开始通过"线上内容营销＋销售后留下个人资料＋线下店铺"的方式获客，并形成了"公众号＋社群＋小程序"这种新的社交商业生态。在这个生态里，公众号粉丝数超过2000万，社群粉丝数达100多万，分布在几千个社群中。关键是，这些通过不同渠道和触点留存的用户人群都非常精准，如果用上用户到店后留存的视频信息，还能够形成更加清晰的用户标签画像，为后续精细化沟通打下基础。

这样的销售效果如何呢？先看一组观察数据，2019年1月10日至12日，增长黑盒曾专门观察了社群营销过程，4天的总交易额就达到了1000万元。

数据显示，目前完美日记的DTC模式销售额在10亿元左右，尽管少于年度总体销售额的20%，但与线上高昂的流量成本相比，这种获客方式成本还是低很多。如果仅从点对点转化成本来看，一个线下美妆顾问的获客奖励是每获客100人奖励10元，而用户关注完美日记之后，需要支出的成本为1～2元的红包，也就是说，门店获客成本为每人8元。如果读者曾在电商行业工作过，想必更明白8元意味着什么。

更为重要的是，在这个私域生态中，完美日记不仅实现了对用户的自主掌控，而且极大地释放了自己的营销能力：一是和用户建

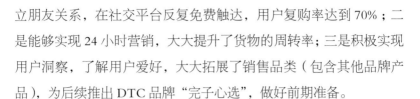

立朋友关系，在社交平台反复免费触达，用户复购率达到 70%；二是能够实现 24 小时营销，大大提升了货物的周转率；三是积极实现用户洞察，了解用户爱好，大大拓展了销售品类（包含其他品牌产品），为后续推出 DTC 品牌"完子心选"，做好前期准备。

和完美日记相比，孩子王的做法更具有标杆意义。

这家被创始人汪建国称为经营"单客经济"的母婴公司，创业伊始就把用户运营作为核心目标，并建立了独特的技术运营系统，因此成为很多品牌企业和技术公司效仿的对象。所谓"单客经济"，即以单个用户运营为核心，通过满足其消费生命周期的不同需求，提升该用户的生命周期价值，从而获得整体业务的增长。

为了落地"单客经济"这一战略，汪建国为孩子王设计了两个驱动"引擎"，一是大店模式，二是会员制度。

在孩子王创立的 2009 年，汪建国发现在这个将近两万亿份额的母婴市场里，尽管有 1000 多种关联产品，但没有出现一家具有规模效应的母婴服务企业，人们的购买行为很分散，客单价也不高。于是，汪建国决定打通母婴产业链，为 0 ∙ 14 岁孩子提供一站式的综合服务，他把这种产业链式的布局称为"大店模式"。而为了让用户能够持续在孩子王的一站式货场里消费，汪建国继而推出了会员制度，以会员服务、会员利益绑定用户，从而达到做大"单客经济"的目的。前者让用户有东西可以消费，后者让用户持续消费，二者之间互相巩固、互为发展力。

如果用今天的眼光来看，孩子王的"单客经济"实际上就是我们说的"私域流量"，二者都强调以经营用户为核心，都是以提升单个用户的消费总额为目的。如果把一种产品卖给 1000 个人是古典的生意逻辑，把 1000 种产品卖给一个人是数字化时代的先进模式，孩子王所提供的"一站式综合服务"显然属于后者。

在孩子王，会员主要分为两类，一类是入店购物满20元即可得到会员身份的普通会员，另一类是黑金PLUS会员。根据权益不同，黑金PLUS会员又分为持每年199元成长卡的会员和持每年399元孕享卡的会员。但无论是哪种会员，对进店的每个客人进行分层管理，并通过不同类型的服务深挖单个客人的经济价值，已成为孩子王的经营思路。

通过10多年的探索和深耕，如今的孩子王不仅在母婴领域建立了强大的会员零售体系，且随着不断的数据私有化运营和技术升级，已经成长为经营顾客资产的大数据公司。截至2021年12月31日，孩子王拥有5000万数字化会员、6000个育儿顾问，实现500家数智化线下店运营。其中，采取199元收费模式的黑金PLUS会员已经超过100万人，黑金PLUS客户半年内的ARPU（每用户平均收入）值增加了6.8倍。如果按照2016年的会员客单价1500元计算，这个增幅有着一定的含金量。汪建国公开表示，目前孩子王的服务收费占到毛利的40%。

事实上，2009年，母婴市场已经出现了不少竞争对手，比如宝宝树和爱婴室等，孩子王的与众不同之处在于，它紧密围绕妈妈用户满足了市场两个核心需求，一是通过大店实现多元化的用户服务场景，建立和用户之间的强关系；二是把育儿顾问打造成企业IP，并通过专业内容提升会员黏性和复购率。

与当时普遍的母婴小店不同，孩子王的门店面积通常在3000 ~ 5000平方米，位于不同城市的繁华商业综合体，内部一般按照母婴商品售卖、活动体验和产业链合作划分为三大区域。而门店的商品构成主要分为实物类和虚拟类两部分，实物商品包括奶粉、食品、纸品、鞋服和玩具等；虚拟商品则包括产后辅导、早教、才艺等培训服务，以及保险、旅游等延伸服务。

在会员的消费场景中，孩子王希望消费者能够做到各取所需，并形成不同关系的平衡。比如，让会员找到更适合自己的商品，让会员与育儿顾问建立更紧密的关系，以及在会员与会员之间推动社交互动等。通过这样的设计安排，会员来孩子王的消费从单点变成了多点，购物变成了社交，用户之间形成了良好的交流互动，反过来进一步提升了孩子王的 ARPU 值。

为了增加用户沟通中的黏性，孩子王在会员服务中设计了一个重要角色，也就是前面提到的育儿顾问。这个角色本身就是公司对外的"超级连接者"，既是一个话题专家人设，代表公司专业形象，也是负责用户数据沉淀和销售转化的导购。

孩子王的一线员工都是育儿顾问，且 80% 的育儿顾问拥有国家育婴师认证资格。也就是说，当用户走进任何一家孩子王门店或者打开孩子王 App 咨询，前来接待的不再是传统的商品导购，而是一名具有一定专业知识的育儿顾问。从用户的角度来看，育儿是件专业且重要的事情，而大多数新手妈妈缺少育婴经验，因此能够提供专业咨询意见的育儿顾问就更容易获得妈妈的信任，也更容易实现获客转化。

汪建国说，在母婴用品销售中，信任是销售的基础，而信任来自专业。因此，孩子王的育儿顾问必须树立自己的专业形象，并在平台主导的终端式私域模型中进行客户深度运营。某媒体曾经在一篇文章中描述了孩子王育儿顾问的工作日常：

杨娟娟是孩子王建邺万达店的一名金牌育儿顾问，她有 3131 个直接对接的客户，并且组建了几十个微信群来为客户答疑解惑。每周，她还会抽出时间，对有需要的顾客进行上门服务或者咨询。在建邺万达店，共有20名像杨娟娟这样的育儿顾问，而在整个孩子王系统，这样专业的育儿顾问则有数千名之多。

对于孩子王来说，育儿顾问这种一对一互动营销，正是汪建国所追求的"经营顾客"的"单客经济"模式的体现。但是，母婴行业具有特殊的消费生命周期，消费黄金期是 0 ~ 3 岁，当孩子到了四五岁，公司就会出现客户流失的情况，因此要在最短的时间内实现用户获取、分类、互动、增值和评估，提升单客经济的运营效率，成为孩子王必须解决的问题。

换句话说，孩子王必须在有限的时间内迅速满足用户不同阶段的需求，并大幅提升导购对客户的管理能力，实现降本增效。而要做到这些，就必须在育儿顾问背后建立庞大的数据支持系统，实现对私域数据的自主掌控和精细化管理。

孩子王的数字化变革始于 2016 年，在此之前的会员统计通常采取纸质方式。通过数字化变革，孩子王构建了自己的业务中台和数据中台，打通了商品、库存、交易、育儿顾问和互动活动等前后中台的服务。例如，通过数据中台，孩子王可以对不同用户实现多达400 个标签的画像描述，而对于平台每月多达 1500 条的问题咨询和10 万次的累计回复，可以经过优化形成知识库"反哺"育儿顾问，实现更精准的场景服务。

更关键的是，孩子王的中台系统把各种生产要素利用数字化方式呈现出来之后，意味着消费者可以通过孩子王 App 和小程序前端界面，进行自主服务。而育儿顾问也可以通过登录孩子王特有的"人客合一"App，实现对用户数据的实时掌控。这样的做法既提升了用户满意率，又减少了导购人手。

在孩子王，一名育儿顾问的一天是这样开始的：打开手机系统，先看看自己目前管理的会员总数如何，会员们最近的消费记录如何、活跃度如何，有多少会员升级为黑金会员等。再例如，某个客户很久不来店消费，查看一下她的历史数据，看看她的标签（如二胎、辣妈、消费额度等），对她的现状进行初步判断，然后按照系统建议形成新的营销话术，赠送一张优惠券促进消费等。

　　为了增加线上触点，促进用户之间的交流和互动，并有效留存用户数据，孩子王除打造自身 App 之外，还进驻了多个社交平台，比如微信公众号、小程序商城、微博、抖音、小红书等。微信群和小程序是线上运营最多的场景，孩子王在全国社群已经超过 10 000 个，社群 70% 的用户都是会员，而 20% 的用户通过外部导入获取。社群管理主要由机器人和育儿顾问负责。

　　不过，孩子王在流量导入方面并没有投入太多费用，他们相信线下才是孩子王的主战场，过去 10 年，他们 90% 的会员来自线下。因此，孩子王把线下门店的数字化改造和用户场景体验作为获客的重要手段。

　　目前，孩子王已经对全国门店进行了多次升级，从 G6 门店开始，系统不仅可以通过扫码或者人脸识别实现精准服务，而且可以在门店通过扫码购买产品获得到家服务。这些技术手段的运用在给用户带来服务便利的同时，也为数据留存和精细化管理奠定了基础。

　　孩子王的线下门店每年要举办上千场活动，这些活动不但可以增加会员互动，增加小朋友和妈妈们的社交机会，还能够实现会员拉新和用户转化，据说这样的转化率能够达到 100%。这些活动可能是围绕小朋友们组织的多种多样的分组游戏，也可能是组建妈妈们的插花班、烹饪班或者孕妈交流圈，可以形成不同层面的社交关系。需要强调的是，这种关系的属性是"社交"。在外界看来，这类"社交"给孩子王带来的直接利益并不大，但事实并非如此。

对于交友圈和生活圈相对固定、需要了解育儿知识的妈妈们而言，孩子与孩子王是生活中不可忽略的连接点。试想，妈妈们信任导购，妈妈们之间又是朋友，那么她们会选择去哪个地方购物及社交呢？也许，她们经常会碰面的孩子王，就是最好的选择。更深一层想，两个妈妈碰在一起，互相"种草"是常有的行为，朋友"种草"的东西比导购推荐更具有说服力。这么一来，其实更加巩固了用户与孩子王之间的关系。

孩子王CEO（首席执行官）徐伟宏认为，随着竞争加剧和新增流量枯竭，代表存量竞争的私域流量时代已经到来。因此，孩子王的会员运营已经暗含了应对这种竞争的考虑。按照他的规划，私域运营有4个要素，分别是场景、关系、内容和数字化。目前，孩子王通过5年的探索，已经打造出以用户资产运营为核心的数智化零售模型。

随着用户精细化运营，孩子王的效益也在不断增加。2019年，孩子王获得了82亿元的营业收入和3.7亿元的利润；2020年，孩子王通过线上直播等方式进行会员运营，获得了83亿元的营业收入和3.9亿元的利润。2021年，孩子王获得了90亿元的营业收入，并于同年10月14日在深圳证券交易所上市，成为母婴行业的成功标杆。

1.2 私域流量的双向奔赴

最近两年，数字化已经成为行业的热门话题，尤其是随着新技术应用的迅猛发展，层出不穷的行业新词不断冲击人们的观念。

2019 年，增长黑客、网红、KOC、数字中台、私域流量等热点话题几乎贯穿全年。2020 年之后，除直播热潮之外，行业热词几乎消失，伴随着企业的营销数字化转型，私域流量成为热点。2021 年年底到现在，很多大型品牌公司已经把私域流量作为公司的战略部署，完美日记、孩子王、百果园、名创优品等行业先行者，成为越来越多的公司的模仿对象。

弯弓研究院发现，从 2018 年 7 月开始，在百度搜索上，私域流量的关注指数随着市场声量变化不断抬升。2020 年年初，该指数陡然拉高，呈现其被更多人关注的趋势，至 2021 年 6 月达到历史顶点后开始进入调整期。但是，无论搜索指数如何变化，私域流量的行业渗透率都在不断地提升，各行各业都开始尝试私域运营。私域流量过去 4 年声量变化如图 1-1 所示。

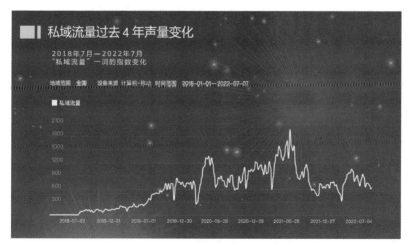

图 1-1　私域流量过去 4 年声量变化

2019 年 12 月，秒针系统联合 AdMaster、全球数字营销峰会（GDMS）共同发布了《2020 中国数字营销趋势报告》，这份报告针对食品饮料、汽车、美妆护肤、电子产品和母婴用品等 20 余个行业 221 个广告主进行调研，对 2020 年中国数字营销的趋势和关注热点进行了预测和展望。报告发现，由于受到宏观经济形势影响，截至 2019 年 10 月 31 日，互联网广告流量同比下降 11.5%，首次出现逆转下行趋势。2020 年广告主数字营销预算平均增长 14%，也出现增速放缓趋势。但在这种情况下，依然有 75% 的广告主表示，将增加移动互联网投入，而社交媒体成了广告主在移动端和计算机端的主要投放渠道。

值得注意的是，随着数字营销关注点的转移，社会化营销和建设自有流量池是广告主在 2020 年最关注的数字营销方式。尤其社群运营和私域运营，成为超半数广告主的投入重点。

2019 年 10 月，艾媒数据中心在一份《2019 中国私域流量现状剖析及发展前景预判分析报告》中指出，截至 2019 年上半年，中国互联网网民规模为 8.54 亿人，手机网民规模为 8.47 亿人，中国网民渗透率已超过 60%。线上用户增长红利见顶，互联网进入存量用户运营时代，因此微信和淘宝等各大平台已经开始把私域流量作为新战场。

事实上，根据中国移动互联网数据，从 2018 年开始中国移动互联网用户增量趋缓，2019 年 3 月，这个数据明显下滑，到了 2021 年 3 月，仅比 2020 年低谷期间增加了 822 万人。可以说，从 2018 年开始，中国互联网基本进入存量盘活的时代。此后，各大互联网平台开始加入私域流量的市场争夺战。

2019 年 4 月，腾讯率先提出了 ".com 2.0" 方案，利用公众号、小程序商城、支付二维码等工具帮助客户搭建私域流量；同年 5 月至 7 月，微信展开大规模微信号清理活动，严厉打击私域流量黑灰产业，为部署私域运营清理空间。

2019 年 6 月，天猫也宣布了"旗舰店 2.0 升级计划"，强调会帮助商家从对"货"的运营全面转向对"人"的运营，从单节点的模式走向多维度、多产品的运营模式；2019 年 8 月，快手宣布对商家的产品功能和服务体系进行全方位升级，帮助商家沉淀私域流量，提高商业转化；同样在 2019 年 8 月，抖音表示未来将优化提升关注流量、本地流量的权重占比，为创作者带来更多粉丝和同城的流量。

到了 2021 年，随着支付宝、知乎和微博都分别推出了自己的私域产品，私域流量终于凭借各大平台的整体入局而进入新的阶段。

除了平台，技术公司和投资人在更早期就加入了私域流量的布局。弯弓研究院研究发现，2020 年投资私域流量赛道已经成为热点，除了类似虎赞这种早期的私域运营机构，与私域流量关联度最高的 SCRM（社会化客户关系管理）和企业微信开发，已经出现了大幅度扩容，并成为市场上最活跃的力量。

2022 年，随着私域流量应用进一步升级，除已经颇为火爆的智能对话式营销之外，CEM（客户体验管理）、MA（营销自动化）、CDP（客户数据平台）及 DAM（数据资产管理），都因为私域流量而火爆。

无论是互联网平台还是技术机构，对于私域运营来说，都还是享受来自供给侧的狂欢，但是，私域流量之所以能够形成巨大的市场效应，关键是因为获得了用户的共鸣与参与。

艾媒数据中心的一项调研结果显示，有 30.8% 的被调查者表示支持私域运营，约 61.6% 的被调查者看法中立，直接表示反感的被调查者只有 7.6%。而对于支持的理由，40.8% 的被调查者表示进入营销方私域是因为能够享受优惠权益，37.8% 的被调查者表示是被营销方的产品或内容吸引。上述分析表明，物美价廉是消费者永恒的追求，提供优惠的价格、优质的产品或内容是营销方最容易打动用户、进行圈粉的有效方式。

而在用户偏好方面，无论是企业营销方还是个人（包括个人自媒体、网红等）营销方，受访网民都比较偏好通过微信服务号、订阅号获取其提供的商品信息，对应的比例分别为 47.7% 和 50.5%。而根据另外一个相关的私域留存偏好调查，49.2% 的被调查者更偏好留存在品牌/商家建立的私域，其次是第三方媒体。

这也充分说明，品牌/商家在私域运营方面的资源投入相对集中，能够保持相对稳定的内容输出，且能以专业和及时的服务来响应用户需求，使得用户的综合体验较好，因此在留存率方面表现较优。相关的消费者决策调查也印证了这一观点，有 44.4% 的被调查者表示，私域信息建立了企业和用户的互信，并促进了他们的消费行为。

很显然，随着品牌企业、用户、流量平台、技术机构及各个利益关联方的共同参与，私域流量已经完成了全方位的势能调动，成为人们普遍接受的新趋势。

2020 年，波士顿咨询公司曾发表研究报告称，由于公域流量的收紧及用户行为模式转变等原因，私域用户运营将成为未来企业的标配能力，这也是数智化转型中的关键一步。因此，企业必须从经营视角重构、运营经验获取、基础能力升级和数字基建（基础设施建设）适配等角度入手，打造新的运营模式，创造新的增长点。

1.3　腾讯的进击和流量分野

中国的互联网历史上发生过多次以流量争夺为核心的"战争"，比如"3Q 大战"和"头腾大战"等，其场景要么是其创始人之间的

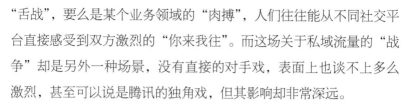

"舌战"，要么是某个业务领域的"肉搏"，人们往往能从不同社交平台直接感受到双方激烈的"你来我往"。而这场关于私域流量的"战争"却是另外一种场景，没有直接的对手戏，表面上也谈不上多么激烈，甚至可以说是腾讯的独角戏，但其影响却非常深远。

在 2019 腾讯全球数字生态大会上，腾讯副总裁林璟骅声称零售行业经历了一场代际革命。早期的零售以实体门店为核心，门店就是连接用户的"场"，企业经营以品牌店为核心；进入计算机联网时代，平台是零售的核心，"货品"是重要的连接点，打造爆款产品成为关键；到了移动互联网时代，用户成为零售的核心，由于用户注意力碎片化，通过社交"触点"经营用户成为数字化时代营销的重点。

毫无疑问，在"人货场"关系已经发生重构的"触点营销"时代，腾讯凭借十几亿的社交用户，正站在非常有利的位置上。因此，林璟骅提出以"超级连接"为增长引擎的智慧零售战略，融通线上触点、线下触点、社交触点和商业触点，形成数字化用户驱动的全触点零售模式。这个战略的核心就是以人的触点进行零售业态的无限延展，包含了私域化、高效率、温度感三个运营特征。

围绕这一战略，腾讯智慧零售团队提出了两条实施路径和一个企业"倍增计划"。

事实上，这个计划酝酿已久。2018 年 3 月，腾讯智慧零售团队公开亮相，从产业互联网战略、核心技术应用和企业实战辅导多角度入手，打造微信生态的交易闭环，构建数字化零售新生态。经过一年的规划，腾讯提出两条实施路径：一条是针对企业线下的传统客流数字化，盘活存量市场；另一条是通过".com 2.0"小程序官网，实现用户线上交易转化。

在线下客流数字化实施过程中，腾讯提供了 3 个主要触点管理工具，即一物一码、人脸识别支付和游戏互动，可以分别应用于类似沃尔玛、绫致时装和万达等不同业态，实现有效的数据留存；而号称".com 2.0"的小程序官网，则是通过建立小程序官方旗舰店、官方导购、官方社群三大业态，倡导品牌方构建移动互联网时代的独立官网，在线上沉淀属于自己的用户资产，采取典型的去平台中心化私域模式。

为了强化和追踪效果管理，腾讯智慧零售团队围绕两条路径的实施，提出以 1000 家企业为目标的业绩"倍增计划"，推动客户成长。这项计划的尝试最早开始于 2018 年 11 月，具体从三个方面操作执行：一是帮助目标企业建立私域流量池，实现用户数据资产化；二是提供多达 20 节课的陪伴式咨询和培训，解决实践中的问题；三是通过系统性方法，建立绩效变革和打通商户底层数据的信心，阶梯式提高日销水平。基于第一期实践结果，经过两个月时间，腾讯的数十个品牌的整体日均 GMV 环比提升了 376%。

腾讯的尝试当然不止这些。从投资拼多多，打造能够和淘宝、京东分庭抗礼的社交商业平台，到投资永辉、家乐福和沃尔玛等行业龙头，打造扫码到家服务体系，腾讯智慧零售战略几乎不放过任何一个整合交易闭环的机会。2019 年年初，腾讯课堂联合齐论教育、西瓜商学院等 30 多家机构成立"德一电商教育联盟"（以下简称德一联盟），打造高端电商生态圈，而这些发起机构都曾是淘宝电商服务机构。

实际上，腾讯在 2019 年 5 月提出"超级连接"的同时，已经悄悄完成了私域流量计划的实施闭环，外界对于这个话题的讨论也开始激烈起来。而德一联盟的出现，实际上也是大势所趋。当时，尽管淘宝、天猫拥有 5.7 万亿的交易体量，但面对市场趋势和腾讯的进击，服务商们也开始计划"出淘"，寻找更多的新机会。2019 年，承载腾讯终极交易闭环的微信小程序不负众望，交易额达到了 8000 亿元，2020 年，这个数字实现了 100% 的增长。到了 2021 年，小程序日活跃用户数突破 4.5 亿，小程序商业化生态愈加丰满。腾讯官方数据显示，2021 年，零售、旅游和餐饮行业小程序交易额同比增长超 100%。

如果说小程序代表着腾讯私域闭环的完成，那么，企业微信 3.0 则可以说是私域流量的筑底之作。正是这个具有里程碑意义的事件彻底把微信生态打造成了企业普遍认同的私域流量主体。

企业微信是腾讯旗下的办公协同软件，早期多用于企业的日常办公打卡。腾讯的设想是，人与人之间用个人微信，企业与企业之间用企业微信。但是，由于当时的功能场景比较弱，企业微信的存在感一直较弱。直到 2019 年 12 月，随着企业微信 3.0 的发布，事情开始发生变化。

企业微信 3.0 版本推出了 3 个"C 位"功能，分别是客户联系、客户群及客户朋友圈，可以实现无上限的用户关注、社群管理和一天 3 次朋友圈转发。这个政策的出现瞬间拉近了企业与用户的距离。尤其随着私域流量需求大爆发，企业微信 3.0 不仅为企业提供了一个超级营销触点和流量入口，还让用户数据资产的私域留存问题迎刃而解。

不仅如此，企业员工离职后，企业管理员可以将离职员工的微信联系人分配给其他同事后续跟进，减少员工离职造成的用户流失。此外，企业微信可与企业自身 CRM（客户关系管理）系统打通，将 CRM 系统中的会员资源与微信用户进行匹配，而后不断完善用户行为数据与偏好分析，分析用户画像，实现精准营销，提升复购率。

2020年，营销线上化和私域流量概念持续受到市场关注，企业微信3.0的应用数量也连创新高。

根据官方数据，2020年年初，企业微信的用户数为6000万，真实企业与组织用户数为200万，到了同年年底，微信关联用户数为4亿，月度活跃用户数为1.3亿，真实企业与组织用户数为550万；2021年，企业微信的关联用户数为5亿，月度活跃用户数为1.8亿，企业与组织用户数为1000万。此时，屈臣氏、名创优品、百果园等一大批品牌企业都在加速拥抱企业微信，出现了数以千万级的关注留存数量。企业微信在私域运营中扮演着越来越重要的角色。

但是，企业微信3.0仅仅解决了外部的连接问题，只能算是完成了既定目标的一半，直到企业微信4.0推出，才打通了内外产业链。

2022年1月11日，腾讯在企业微信4.0的发布会现场展现了其对于私域布局的决心。这次产品功能升级，企业微信宣布对内连通视频号、微信客服、腾讯文档和腾讯会议，对外打通上下游，形成生态协同，帮助企业融入社会价值网络。以此次推出的"产业互联"功能为例，企业可以创建一个包含上下游的通信录，把所有供应商、经销商都加入通信录。上下游企业沟通的链路被缩短在手机屏幕里，主工厂与代工厂、品牌和经销商之间随时随地建群沟通，任何紧急的通知、公告、方案均可一键群发给上下游伙伴。

这个时候，企业微信已成为一个私域工作台，成为中国企业数字化营销的超级底层，而私域流量也彻底改变了中国流量市场的结构。在互联网营销中，和欧美市场企业电商占主导地位的情况不同，中国市场过去10年基本属于公域平台，企业电商的实力不足。而私域流量的出现，意味着企业终于找到了建立自有线上渠道的方式，出现了公域和私域相互补充的新的流量利益格局。

这种新格局的产生，除腾讯的主动进攻之外，还有几个背景条件起到至关重要的推动作用，可以简单归纳为：一是我们国家的人口红利下降，整体流量逐渐稀缺，市场进入存量竞争时代；二是进入移动互联网时代之后，社交媒体高度发展，平台越来越多元化，用户越来越碎片化和圈层化，企业迫切需要找到用户，并和他们建立锚定关系；三是平台利益固化，企业的获客成本越来越高，企业希望能找到降低运营成本的方式；四是随着数字化革命和营销技术创新，企业营销进入新时代，营销效率和精细化程度大大提升，一对一精准营销和千人千面沟通变成一种可能。

通常情况下，任何一次大的变革都会存在充分条件和必要条件。前者往往只是一个累积蓄势的过程，而后者才能带来根本性的变化。因此，对于私域流量的出现，如果我们把前面提到的 3 个条件看作推动变革的充分条件，数字化和营销技术无疑是带来决定性变化的必要条件。毕竟私域流量是数字化转型——尤其是营销数字化的重要组成部分，如果没有互联网这种通用战略技术的支撑，以及大数据、云计算和人工智能这些使能技术的推动，就没有今天要谈论的私域流量。

1.4　私域流量的本质和价值

现在，我们回到私域流量本身的理解上。

在时间轴上，我们可以把私域流量的产生分为 3 个阶段，启蒙期、成长期和爆发期。以 2013 年微信社交平台诞生为分界线，在此之前，尽管也存在微博和 QQ 空间的交流，但这仅仅是私域流量的萌芽状态；2013 年到 2015 年年底，随着微信个人号投入应用，"微商"概念崛起，完成了最早的私域流量启蒙和应用。

2016 年年初到 2019 年年底是私域流量的成长期。在此阶段，阿里巴巴推出"微淘"，阿里巴巴董事局主席、首席执行官张勇在当时提出淘宝要用私域方式经营生意，但由于阿里巴巴属于电商平台，私域运营与自身逻辑不符，最终演变成淘宝商家从微信和小红书等平台引流。相反，微信在 2017 年推出小程序应用，完成从社交到交易的整体布局后，为后续大力推动私域流量奠定了重要基础。

此后，私域流量和营销技术的发展引起了投资人的关注，随着红杉资本等投资机构入局，以及 2018 年年底私域电商概念的提出，私域流量终于进入大众视野。2019 年 5 月召开的腾讯全球数字生态大会和 2019 年 6 月召开的第四届中国新媒体千人峰会，再次提高了私域流量的声量，并使其在 2020 年进入爆发期。私域迭代和成长趋势如图 1-2 所示。

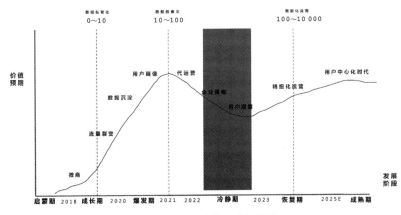

图 1-2　私域迭代和成长趋势

2022 年年初，私域运营开始进入市场冷静期。此时其最大的特点是一些企业从简单盲目模仿其他企业的私域运营方式，开始进入针对性运营阶段，即真正从自己的企业画像入手，结合用户画像特征，开始系统规划符合自身特点的私域运营方式，也就是我们所说的泛私域时代的运营模式。

那么，到底该如何定义私域流量呢？

波士顿咨询公司认为，私域流量的核心是人，用户运营才是根本。因此，从私域用户运营的角度来定义，私域流量是以技术为基础，对用户数据进行追踪，通过数字化工具和触点对用户产生影响，从而加强品牌与用户黏性，最大化客户生命周期价值的一种手段。

弯弓研究院则认为，私域流量是一种流量体系的阶段分层，本质是企业能够自主掌控的数据资源，也是品牌（IP）对用户（粉丝）数据的私有化行为，目的是通过用户资产运营和生命周期管理，提升运营效率，实现用户资源的低成本、高触达，以及多层次转化。

我们已经知道，私域流量和公域流量的关系是相对的。公域流量空间巨大，能够通过运营持续不断获取，企业可以通过交易转化新用户，但流量所有权并不属于企业，通过交易，企业所获取的只是流量的使用权，想要获取源源不断的流量就必须反复进行交易。这意味着公域流量无法被自由支配、无法留存。

相反，如果通过某人的微信、某个系统、某个圈子的转化，双方建立了互动关系，用户长期留存在某个私有化渠道，企业可以在任意时间、任意频次直接触达，私域流量便形成了。私域流量的价值在于无须反复付费购买，人们通过运营即可获利。公域流量对应交易逻辑，而私域流量对应运营逻辑。所以说，私域流量是用户精细化运营的体现。

但有一点很重要，企业要实现私域运营，就必须同时满足两个条件。一是数据私有化，可自由支配并多次免费使用；二是用户画像清晰，能够实现信息直达并一对一互动。

为什么要同时满足这两个条件？我们前面讨论过，淘宝和京东等电商平台就像一个庞大的城市街区，企业想要获取更多的流量，就需要支付不同的成本，否则企业的店铺可能一直很少受关注，甚至大多数人都不知道商铺的存在。如果企业能够自由支配流量，情况可能就完全不同，至少它可以向用户免费推送不同的商业信息。而要做到这些，企业就必须考虑如何把数据变成私有的，装进一个流量池里，并清晰掌握每一个用户的基本特征和消费习惯。但是，如果只是通过某种方式把流量集中在一起，还不能算是建立了私域关系，必须实现一对一触达，才能算是建成了真正的私域流量池。

从用户精细化运营的角度看，私域流量的作用有三个：一是留存用户，自主掌控流量，积累企业数据资产；二是洞察用户，实现用户生命周期管理，增加用户共情和黏性；三是提升复购率，实现一对一精准营销，增加用户 ARPU 值。

所谓数据资产，是企业在业务活动中产生和收集的以电子形式存储的非实物资产，该资产能够为企业业务经营带来直接或间接的经济利益，属于企业的无形资产。

随着数字经济不断繁荣，数据资产的价值也越来越大。2020 年 4 月 9 日，《中共中央　国务院关于构建更加完善的要素市场化配置体制机制的意见》发布，在宏观上把数据定义为等同于土地、劳动力、资本和技术的第五大要素。《中华人民共和国个人信息保护法》要求个人数据必须合规合法使用，再次提升了数据的价值和意义。

亚当·斯密说过，商业的本质就是一种利己主义的驱动。因此，当数据资产成为生产要素之后，私域流量作为数据私有化的结果和体现，自然成为企业积累数据资产的重要切入点。更为重要的是，用户数据不仅关系到企业在数字化时代的营销，还影响到企业未来的投资价值。

如前所述，数据资产是企业在业务活动中产生和收集的以电子形式存储的非实物资产，而这种数据除了用户的网络 ID，还包括各种用户的基础信息、消费习惯、沟通文字、交易信息等内容。而营销和互动过程，也是资产沉淀和积累的过程，这体现了私域流量的第二个重要作用，即企业构建了自己的私域流量池之后，就能够通过准确的用户洞察，了解用户的真实需求，真正做到营销过程中的"知己知彼"，并为后续的降本增效和最大化用户生命周期价值打下基础。

用户生命周期管理并不是一个新概念。从字面理解，就是用户从开始接触产品到离开的全过程，主要分为导入期、成长期、成熟期、休眠期和流失期五个阶段。如果我们把私域流量获客过程看作用户的导入期，接下来的沟通、促活和转化过程，就属于成长期和成熟期，成长期和成熟期的用户属于企业最核心的用户，也是最具挖掘价值的忠实用户。而一旦进入休眠期和流失期，则意味着价值的终结。

因此，私域流量的本质就是用户深度运营，就是在清晰洞察用户需求之后，不断提升用户的复购率，并实时了解用户的购买变化，预知客户生命周期的时间范围，最大限度地提升他们的生命周期价值。即使进入休眠期和流失期，也可以采取相应措施，尽量去留存用户。毕竟，相关研究显示，留存客户的成本是开发新客户成本的 75%。

总体而言，我们可以把私域流量的价值标签分为三种，即关系、渠道和资产，如图 1-3 所示。

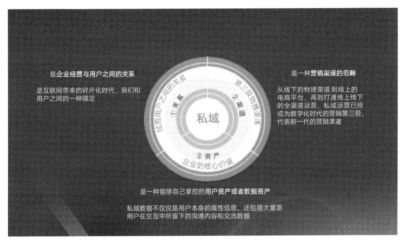

图 1-3　私域流量的价值标签

所谓关系，是指事物之间相互作用、相互影响的状态。营销中的关系是指市场营销者为了促进交易成功而与顾客、经销商、供应商等利益相关方建立长期的互利互信关系，并促进市场营销者以公平的价格、优质的产品、良好的服务与对方交易。

私域运营的关系价值是企业和用户关系的锚定结果，主要表现在两个方面。

一方面，这是一种重复博弈的表现。私域的产生基于互联网所带来的去中心化特征，把世界变成了碎片化状态。尤其是在存量经营时代，营销的重点不再是简单的单次博弈，而是一种重复博弈状态。如何经营长期关系，并从一个目标身上获得最大价值，已经成为所有企业必须面临的选择。因此，在一个碎片化环境中锚定目标

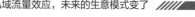

用户，并与之建立联系，就成为这种私域流量价值的基本表现。

另一方面，私域流量的关系价值还体现在一种信任上。根据威廉·布莱克斯通（William Blackstone）的品牌关系模型，这种信任关系体现于消费者对品牌的态度和品牌对消费者的态度之间的互动。这种互动在不断增进双方关系的同时，还可以在品牌获得一定程度认可的基础上，转化成相应的交易结果。

所谓渠道，是指某种产品从生产者向消费者或用户转移的过程中，即产品所有权转移过程中所经过的各个环节连接起来形成的通道。而我们之所以强调私域的渠道价值，恰恰因为私域正是实现这种转移的重要渠道。

这种渠道既不同于传统的线下门店，也不同于淘宝、天猫等线上电商平台，而是以用户为核心建立的一种直达渠道，这是一种新型的营销路径，是销售增长的第三极，也代表着私域在企业中的显性价值。这恰恰是近年来很多企业都开始重视私域的重要原因。

不过，与私域的资产价值相比，渠道的意义却弱化了很多。其主要原因在于，基于私域的数据资产化特征，私域资产已经成为企业重要的生产要素，具有不可替代性；相对来说，渠道本身就是一种多元的组合，是多方利益妥协的结果，强调的是相关利益均衡性。因此，基于这样的利益特征，私域的渠道价值在不同企业中有不同的体现。比如在天虹，私域占比为 18%，而在完美日记这样的美妆企业中，私域占比却超过 30%。

但无论如何，资产代表着私域的终极价值，这种资产包含了前面提到的用户数据、交易数据、内容数据等，其目的是为消费洞察和产品创新服务。尤其要强调的是，这里提到的用户资产是一种无形的关系资产，因为企业并不能直接拥有用户。并且，如果从品牌资产测量角度看，私域关系也反映了消费者与品牌持续联系的强度和发展能力——包含了信任、承诺、社会价值表达等，这也是企业经营私域关系的奥妙所在，毕竟私域运营也是建设品牌资产的重要方式。

第 2 章

构建 IMC 模型，打造私域系统的底层逻辑

2.1 五力增长模型的提出

2022 年 8 月 18 日，弯弓研究院发布了一份数字化研究报告，该报告针对 100 家企业进行营销数字化应用研究，并提出了相应的趋势判断。该报告选取的样本分别来自 12 个行业，这些企业都在营销数字化转型中表现出色，并因此获得了行业领先优势。结合本次报告样本分析，弯弓研究院获得 5 个主要发现，分别涉及私域用户、产品研发、营销渠道、内容战略和数字基建。

报告发现之一，用户资产获得高度重视。目前，无论是餐饮／休闲食品、生鲜／商超、化妆品、酒水茶叶，还是酒店／文旅、电子、家居、汽车等领域，经营用户都已经成为企业营销的核心工作，不同行业都在打造自己的私域流量池。在很多上市公司的财务报告中，公布用户数据已经成为体现行业竞争力的亮点。企业逐步意识到，随着存量竞争加剧，客户量决定了其未来发展的方向，甚至决定了企业的生死存亡。

如果从每个行业的私域用户数值角度看，生鲜／商超、电子、家居、化妆品和餐饮／休闲食品行业头部企业的私域用户数量明显高于其他行业，酒水茶叶领域的私域用户数量最低。这一方面说明生鲜／商超领域具有高复购率、SKU 多元化和线下自然流量丰富的特征，更容易积累私域流量；另一方面也说明了对于那些重点依赖终端场景的行业而言，私域运营具有非常复杂的特征，要想实现私域运营布局，还需要不断探索。

电子、家居行业对线索私域的重视程度有些出乎研究者的预料。

由于耐用消费品（以下简称耐消品）企业更早体验到用户碎片化带来的冲击，因此更加重视线索的触点拦截和孵化运营，这就会带来一种先发优势，使得电子、家居产品提前获得了私域流量的成果。

以尚品宅配为例，这家公司在创立之时，市场上已经存在欧派和索菲亚这样的巨头，于是尚品宅配就在营销上另辟蹊径，打造了社交媒体进行导流，提供个性化家居定制服务，并最终在 2019 年成功上市。在线索布局上，尚品宅配几乎抓住了每一波社交媒体红利，从微博到微信，再从抖音到小红书等，目前拥有超过 1.5 亿的粉丝，私域转化率一直处于行业前列。

报告发现之二，产品供给侧发生巨大变化。当下，随着我国人均 GDP（国内生产总值）超过 1.2 万美元，国潮和科技已经成为产品研发的基本盘。我们可以看到，市场上领先的产品首先要满足本土文化崛起的需求，不仅审美升级，且带有浓厚的国风特色，比如喜茶、花西子、蕉内都是如此。

科技的价值尤为重要。以完美日记为例，本书开篇就把这家公司的私域营销案例作为经典模型进行拆解，但时至今日，完美日记的业绩也出现了波动，主要原因是缺少科技研发的投入。毕竟，对于很多化妆品公司来说，在经过了早期产品的共情之后，产品力才是持续竞争的关键，而科技是提升产品力的重要保障。这一点，我们也可以从蕉内的身上看出。同样是网红品牌，蕉内最大的特点就是提供柔软的家居服，由于一开始就重视产品的科技能力，把布料品质作为主要突破点，因此无论款式如何变化，都能够获得消费者认可，并保证了业绩的持续增长。

除了产品的科技内涵，根据用户需求开发产品是供给侧的另外一个变化。报告发现，在数字化时代的竞争中，企业需要爆款产品，也需要更多 SKU，但这种现象的出现，不再是实验室单向研发的结果，而是在洞察用户需求之后，有针对性地满足私域用户需求的表现。并且，这样的供给能力充满了个性化色彩。

以近两年火爆的饮料品牌元气森林为例，该企业早就参透了用户需求。在开发出 0 脂 0 糖 0 卡气泡水之后，元气森林一方面迅速推出各种口味（白桃、葡萄、山楂、菠萝、荔枝等）的气泡水，满足不同用户的口味需求；另一方面，围绕气泡水的产品线，开发相关的饮料产品，比如牛乳茶、燃茶、纤茶等，以满足消费者的不同品类需求。为了精准获得用户信息，元气森林采取 5 种以上调研方式（详见本书第 4 章），通过数字化的方式，大大提升了产品研发的成功率。

报告发现之三，销售渠道越来越多元化。企业营销渠道不再局限于某个物理场景，而是根据用户的变化而变化，除现在的门店和电商平台之外，各大社交媒体平台都开辟了营销通道，社交媒体和营销渠道的边界越来越模糊。在研究人员追踪的 100 家优秀企业样本中，有 92% 的企业都围绕用户建立了全域运营的渠道。这样的多元化渠道部署不仅提升了用户服务能力，决定了企业的服务边界，还有助于拦截流动的消费者。

以百果园为例，截至 2021 年年底，百果园线下门店一共有 5351 家，遍布中国 22 个省市 130 多个城市。目前，百果园已建成一个全国最大的贴近社区、线上线下一体化、店仓一体化的水果专营零售网络；在移动互联网端，百果园有手机 App、微信小程序、企业微信群、抖音等专属平台，目前在运营的会员专属社群超过了 2.5 万个；在电商平台端，百果园经营着淘宝、京东等线上门店。对于用户而言，无论其处于哪个场景之中，只要发出需求，就可以通过相应平台直接获得相应的服务。

报告发现之四，企业内容能力获得大大提升。内容能力是新一代企业必备的能力，这在移动互联网出现之前并没有显现。随着社交媒体的不断发展，越来越多的企业表现出了媒体化特征，产品内容化伴随着平台"种草"已经成为一种主流的内容营销方式。人们突然发现，内容不仅成为一种联系用户的纽带，更是激发消费者购买的催化剂。

HFP 是一家广州的化妆品公司，创立之初就进行产品内容化营销，并掀起了一股成分讲解的风潮。它以图文为主要表达方式，通过产品研发的内容拆解，带用户进行场景体验，获得用户的信任，并将生产出来的内容，集中、大规模、长时间地投放到公众号上，以此来击穿群体阈值，形成群体效应。根据 2021 年的数据，这家公司的公众号投放成本月均 1000 万元，信息流投放成本年均 5000 万元，平台活跃粉丝数超过 150 万，很多文章都可以达到"10 万 +"的阅读量。

报告发现之五，企业积极打造数据驱动能力。数据驱动能力是新能力，也就是我们一直强调的，通过企业数字基建，提升企业的数据治理能力和自动化营销能力，实现业务数据化和数据业务化，从而实现数据驱动增长。

元气森林的做法是，在每名新入职员工开通 OA（办公自动化）账号的同时，系统会自动开通一个 BI（商业智能）的账号。这样，员工可以保证处于一种数字化在线状态，通过数据洞察自己的业务。其实，在数字化做得很好的消费品企业中，让每个员工从入职起就能看到经营和销售数据的现象是极为少见的。

百果园是另外一种场景。如图 2-1 所示，围绕一颗水果的数字化生命历程，百果园以消费者满意为终点进行推演，提出一系列的问题和解决方案，经历了终端销售、营销及会员、一体化店铺、仓

储配送、质检、采购、采后存储、种植、选种育种九大环节，最终
实现数据驱动管理。

内容	旅程									
	选种育种	种植	采后存储	采购	质检	仓储配送	一体化店铺	营销及会员	终端销售	消费者满意
待解决问题	为什么好吃、怎样种更好吃、消费者喜欢什么	为什么种这个、种了能挣多少钱、怎样种才好吃、产能预估	市场行情预估、怎么存储、怎么分拣、怎么投放市场	采购多少、什么价格、挣多少钱	标准是什么	送哪里、送多少、低损耗、高时效	线上线下一体化库存、展示、营销怎么更满意	怎么卖、卖给谁	怎么样更好吃、怎么买更方便	怎么吃、怎么更满意
解决方案	农业科学院合作销售数据参考	种植物联网、大数据	云ERP	ERP、SCM交易平台	SCM交易平台、质检	WMS、TMS自动拣货	店铺+电商/三方服务、鲜度管理	会员系统、大数据、自动营销	POS/小程序、无人售卖、预购、支付	三无退/瞬间退、黑产防范
数据+协同平台										

建立技术生态圈，服务于全程产业数据链

ERP：企业资源计划　　SCM：供应链管理　　WMS：仓库管理系统　　TMS：运输管理系统
POS：电子付款机

图 2-1　一颗水果的数字化生命历程

基于上述研究成果，弯弓研究院提出了营销数字化的五力增长
模型，并以此作为新一代数据驱动型企业的能力边界。

在这个模型中，用户力是核心，代表企业对目标用户的了解程
度，以及流量池掌控能力；产品力既包含了产品研发能力，又包含
了供应链能力，是企业针对不同用户画像所匹配的供给能力；渠道
力代表数字化时代企业的产品分销能力和销售渠道建设能力，针对
不同人群通过不同渠道销售产品；内容力是一种新的能力范畴，包
含了产品的内容展现、用户的沟通渠道、品牌的建设能力等；数据
力是基础能力，是企业在数字化时代必须具备的能力，通过企业的
数字基建和运营，实现数据治理和用户洞察，做到精准营销。

2.2　一切都是用户思维

回顾现代营销史，人们都在遵循一个基本的黄金三角（即产品、

渠道和用户）理论，这反映了一种产品至上的商业思维。但是，随着科技发展和用户需求变化，经营对象也不得不发生变化，从过去的以产品为中心，进入以用户为中心的状态。

与此同时，营销理论不断迭代，以满足不同环境下的需求。从麦卡锡的理论到劳特朋的理论，再到舒尔茨的理论，每次变化都是一次营销革命，也代表着新的趋势。五力增长模型符合中国移动互联网发展的特色，也是人们试图对行业方法论的一种抽象概括。如何进一步了解五力增长模型，也许科特勒的营销 5.0 是最好的解读。

现代营销开始于 20 世纪 60 年代，4P（产品、价格、渠道、促销）理论的提出者是麦卡锡，但真正将其发扬光大的人却是科特勒，他被誉为"现代营销学之父"。在 4P 的基础上，科特勒提出了 4Ps 理论，成功诠释了营销的不断迭代过程。

按照科特勒提出的营销 5.0 理论，目前我们已经进入一个顾客价值时代。也就是说，现代营销的 1.0 时代是产品主义时代，2.0 时代是消费者主义时代，3.0 时代是价值观营销时代，而 4.0 时代是经营用户关系时代。之所以说 5.0 时代是经营顾客价值时代，是因为企业面临着数字化对所有商业模式的重构现象，当用户的终身价值成为企业的经营目标，所有的思维方式和营销方式都要发生变化，才能适应市场需求。

科特勒认为 5.0 时代的营销几乎就是一场技术赋能大战。企业要用到大数据、人工智能等技术，并以此满足不同时代的用户需求。

中国的情况也是如此。20 世纪 90 年代，我们还处于产品主义时代，很多地区物资匮乏，需求大于供给，很多工厂"以产定销"；20

世纪初，中国在加入 WTO（世界贸易组织）之后，开始进入一个物质极大丰富的时代，产品问题不再是主要问题，找到需求才是关键，"中心化的营销"方式在这时盛行；2009 年及以后，由于微博和微信等社交媒体的先后出现，中国开始从计算机互联网时代进入移动互联网时代，随着社交媒体和算法主导市场，信息的碎片化和媒介的去中心化加剧了营销模式的重构。从 Web 1.0 到 Web 3.0，市场进入"以用户为中心"的存量竞争时期，"私域流量崛起"成为这个阶段的标志性事件，价值观、圈层和顾客价值成为营销的重点，数智化营销占据主导位置。

在相当长的时间里，由于淘宝、京东等电商平台的发展，以及互联网经济带来的巨大冲击，互联网思维几乎成为理解新世界的"万能钥匙"，但是，到底什么是真正的互联网思维，却没有统一定义。

有一种说法是，所谓互联网思维，是指在互联网 +、大数据、云计算等科技不断发展的背景下，对市场、用户、产品、企业价值链乃至整个商业生态进行重新审视的思考方式。通常来看，互联网思维的内涵主要包括用户思维、简约思维、极致思维、迭代思维、流量思维、社会化思维、大数据思维、平台思维、跨界思维等。

Twitter 的创始人埃文·威廉姆斯（Evan Williams）给出了三个层面的解释：一是商业方面的，发现并解决用户的一个微小"痛点"，这种发现不是想象，而是提高生活质量的推动力；二是聚焦和减法，选择人们长时间段的需求并且研究去除需求的中间环节，尽量使需求的表达一步到位，简单易懂；三是解放人性，不是技术解放了人性，而是人的思维和文化解放了人性。

事实上，无论是科特勒还是威廉姆斯，还是我国的马云和马化腾等互联网人物，他们对于互联网思维有一个共识，即把用户思维放在首位。而在市场上，类似完美日记这种实体企业，通过积累用户资产，并围绕用户展开营销，也正在成为市场的主流做法。但是，具体如何围绕用户运营确定自己的策略，如何运用营销技术手段驱动运营，依然处于摸索中。

总体上，用户思维大致包括重视用户体验、参与用户互动、让用户参与、和用户交朋友、不断为用户创新服务等。其最终目的，是为用户带来难以抗拒的价值、极佳的过程体验，并通过大数据分析保持对核心用户群的吸引力。

在这方面，蔚来是个不错的案例。蔚来是一家全球化的智能电动汽车公司，成立于 2014 年 11 月，并于 2018 年 9 月 12 日在美国纽约证券交易所上市。蔚来通过提供高性能的智能电动汽车与极致的用户体验，现已成为全球领先的高端智能电动汽车企业之一。在营销上，蔚来已经被视作私域运营的典范，和用户建立了新型的关系（后面我们会提到，电动汽车不仅开启了使用汽车的新模式，而且开创了一种新的营销模式），为用户创造愉悦的生活方式。

在蔚来创立之初，创始人李斌就已经确定了打造"用户企业"的目标。在他看来，蔚来与传统汽车企业不同的地方在于，用户本身才是重点，实现用户用车周期的长久盈利跟产品（售卖）同等重要，前者甚至决定了后者的价格。为此，他们进入市场的重点是以用户运营为核心，打造一个用户企业，再让用户买单。在具体操作上，蔚来 App 的运营最有代表性。

在蔚来 App 上，人们可以看到关于蔚来的一切，例如车型、服务、配件、车友会活动、衣食住行等。与一般的汽车企业的 App 不同，蔚来 App 是一个围绕蔚来用户形成的社区。用户只要下载蔚来 App 并注册，就可以查看内容、发布生活日常，甚至可以通过兴趣关键词选择社交群，并不需要购车或购买任何物品。蔚来 App 简直是一个蔚来版小红书。

在这个社区 App 上，其实大部分内容都是用户共创的，而其中的"网红"则是用户和蔚来员工。

为了培养用户网红，蔚来设计了以积分度量的社区成长体系。例如，通过打卡、发帖、关注、被关注、评论等操作，攒积分和蔚来值。随着用户在社区上的贡献和互动的变化，积分、蔚来值和 Title 也会随之变化：积分可用来在 App、商城购买物品，蔚来值则代表了用户的热门活动参与资格，而 Title 则是加"V"之后，成为社区的"意见领袖"的象征。从一般用户成长为网红，这背后是用户与蔚来之间的强绑定，也说明蔚来与用户并非单纯的"你卖我买"的关系。

为了强化和巩固社区活跃度，蔚来派出了自己的网红，包括总裁秦力洪、销售经理，蔚来内部每个人都在做用户关系管理，与用户保持高频率的沟通，甚至创始人李斌都会成为其中一员，他们时不时为用户的帖子"加电"（打赏）。

根据官方统计数据，蔚来 App 注册用户数达到 200 万，日活跃用户数超过 20 万。截至 2022 年 8 月，非车主但持续保持关注的用户，在蔚来 App 贡献的日活跃用户数一直高于车主、共同用车人和定金车主。也就是说，蔚来一直通过这个"私域流量池"孵化潜在用户。这些用户不仅具有很强的黏性，而且为蔚来的品牌影响力提升起到了重要的作用。比如他们自觉帮助蔚来汽车进行产品分销，在蔚来汽车出现舆论危机的时候挺身而出等。尤其从广为传颂的蔚来车主自掏腰包办车主日、为蔚来包下广告位等细节来看，现在的用户确实变了，企业未来的营销策略也要变了。

正如科特勒对营销 1.0 时代到营销 5.0 时代的精准概括，随着市场需求的变化，以及科技进步，营销理论本身也是一个不断发展和迭代的过程，用户、产品、渠道和技术等因素都会影响营销理论发展。1990 年，劳特明提出了 4C 理论，理论的核心是以用户为核心。

而在 4C 理论提出 11 年之后的 2001 年，随着互联网的发展，舒尔茨又提出了新的营销方法论，即 4R 理论，如图 2-2 所示。只不过当时移动互联网没有大规模发展，这种超前的理论在国内没有形成应有的影响力。但是，随着数字化时代的到来，尤其是私域流量的发展，我们可以深刻感受到这一理论的价值。

关联（Relevancy）
建立并发展与用户之间的长期关系

反应（Reaction）
及时倾听和高度回应用户的需求

关系（Relationship）
引导和管理企业与用户的互动

报酬（Reward）
通过合理的经济回报，巩固和发展与用户的关系

图 2-2 4R 理论

通过舒尔茨的 4R 理论，我们可以发现：在数字化营销中，"关联"用户是第一要义，核心是触点管理，要保证能够时刻触达用户；"反

应"的核心是保持对用户需求的倾听和高度回应；"关系"的核心是和用户之间的经营本质，也就是建立和用户的私域关系；而"报酬"的意义是用户和企业之间的共识结果，认同是核心。

至此，用户成为企业的核心资产，客户关系成为企业的经营重点，这在理论上已经达成共识，而国际市场上的 DTC 模式和中国的私域流量，似乎都是数字化时代的必然。如果从营销进化论的角度看，私域流量实际上反映了企业在围绕用户重构新时代的营销方法论。作为整个数字化大变革中的一个环节，私域流量可以看作中国企业数字化转型的启蒙运动，是营销数字化布局中的重要组成部分，也是中国企业真正重视消费者的开端。

接下来，围绕用户中心化，我们描绘一张数字化时代的品牌营销链路图，并以此作为数字化营销的底层生态图，如图 2-3 所示。这张图主要包含三层关系，即战略层、战术层和应用层。

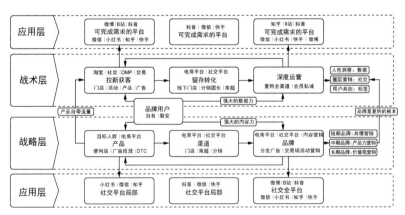

图 2-3　数字化时代的品牌营销链路

在战略层的安排中，五力增长模型是核心解决方案，其具体规划体现在产品研发、渠道布局和品牌打造三个方面。从图 2-3 可以发现，数字化时代的产品研发是从用户需求出发，采取一系列客户体验手段，开发出企业所需要的产品，然后根据目标用户需求和产品特点，部署在不同渠道进行销售。

在项目初期，企业往往采取"品效销"合一的方式，更加侧重于销售的结果，而在产品达到一定规模和利润时，企业则开始进入品牌建设阶段，通过大规模的广告投放获得一定的品牌收益。从目前中国品牌的发展阶段来看，品牌初期（0 ～ 5 年）重视的是共情营销，品牌中期（5 ～ 10 年）重视的是产品力营销，长期品牌（10年以上）则重视价值观营销。但无论在哪个阶段，内容力都是不可或缺的核心能力。

战术层的规划则参照了 AARRR 模型。这套模型是由 500 Startups 联合创始人、活跃投资者戴夫·麦克卢尔（Dave McClure）于 2007 年提出的，AARRR 代表 Acquisition（获取，用户从不同渠道关注你的产品）、Activation（激活，用户在你的产品上完成了一个核心任务并有良好的体验）、Retention（留存，用户继续使用你的产品）、Revenue（收益，用户在你的产品上发生了可使你获得收益的行为）、Referral（推荐，用户通过你的产品，引导他人来使用你的产品），如图 2-4 所示。

AARRR 模型是一个漏斗形的指标框架模型，最初用于跟踪互联网产品的营销和管理。产品经理或高管可以拆解 AARRR 中的核心步骤，再去制定 KPI/KR（关键绩效指标 / 关键结果），并通过 A/B 测试优化每个页面的用户体验，提升漏斗间的转化率。比如某 App 的用户运营指标体系是这样设计的：在 App 的获客环节，75% 的访问用户会停留 1 分钟以上，并预计产生 0.1 美元的价值；在留存环节，有 3% 的用户会在 30 天内 3 次访问 App，预计产生 5 美元的价值。AARRR 模型涵盖了从获客到盈利整个生命周期中的关键步骤，并给出可量化、优化的指标体系。这样简明的模型不仅广受初创企业欢迎，更被应用到涉及用户运营的广泛领域，成为长青的经典理论。

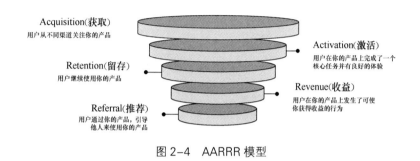

图 2-4　AARRR 模型

从图 2-4 可以看到，拉新获客强调的是营销触点布局，包括在哪些平台采取哪些手段去实现；留存转化则强调了在哪里去实现转化，包括转化的场景和实施转化的人；深度运营则是针对用户生命周期管理，采取更具有效性的手段充分提升用户的生命周期价值。

应该说，深度运营是私域的核心，这里要做的基本工作有三点，一是要通过数据深入洞察人性，二是通过社交媒体进行圈层营销，三是通过标签识别用户需求来实现产品共创。

相对于战略层和战术层而言，应用层主要涉及对应的解决方案。在品牌建设的战略规划中，不同的社交媒体有着不同的价值，如果找错了媒体平台，效果就会大打折扣；而在留存转化的环节，很多媒体平台没有私域转化的功能，最终还是要在淘宝、天猫平台或者微信生态才能实现良好的转化。

总体而言，企业要建立一套完整的私域运营体系并不能一蹴而

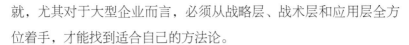

就，尤其对于大型企业而言，必须从战略层、战术层和应用层全方位着手，才能找到适合自己的方法论。

从目前的市场格局来看，尽管抖音、快手、百度、京东等平台都加入了对私域流量资源的争夺，但 90% 以上的私域流量转化效果还是来自微信生态。也就是说，对于绝大部分企业来说，在布局私域流量的时候，微信生态一定是首选。而如果想把私域运营变成全域运营的模式，就必须付出更高的成本，且需要更大的用户体量支撑。

在微信私域这个主流生态上，一个企业级私域到底包含了哪些基本要素？通过拆解 AARRR 模型的应用环节，我们筛选出如下组件。

社交触达系统，用于拉新和信息触达，重点是建立企业线上的官方微信号、视频号、抖音号、快手号等。

商品管理系统，用于企业出售商品的展示和交易，重点建立服务于不同平台上的云店小程序、商城、店铺、一物一码应用等。

用户导入系统，用于流量的导入和促销活动，比如企业微信、智能对话工具、导购工具等，重点保证使用合适的方式唤醒用户，并建立合适的用户导入渠道。

私域留存系统，用于用户留存和转化，比如微信社群、SCRM、CRM、MA 等，重点是形成用户运营的空间，保证实时转化目标客户。

数据洞察系统，用于用户洞察和复购，比如 BI、CDP、RPA（机器人流程自动化）、空间数据管理等，重点是通过技术手段分析用户画像，找到商机，推动用户不断复购。

企业管理系统，用于对私域运营的整体支持，比如 OA、ERP、

POS 机等，重点是管理和支持企业的销售运营。

　　基于上述六大模块构成，结合大量的私域运营实践，我们可以找到打造企业级私域的三大核心要素，即 IP（企业人设）、MarTech（营销技术）和 Content（内容），如图 2-5 所示。这三大核心要素是六大模块内容的浓缩和集合，也是私域运营的关键。只有从这三方面入手，搭建一个私域运营基础模型，才能找到私域运营的重点，从而满足私域运营的关键需求。

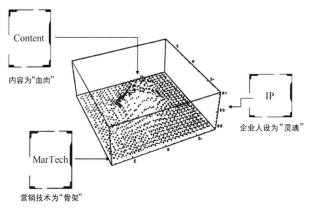

图 2-5　企业级私域的三大核心要素

　　对于这个私域基础模型，我们抽取 3 个关键词的第一个英文字母形成一个组合，简称为 IMC 模型。在这个模型中，3 个关键词分别扮演着不同的角色。其中，IP 代表着企业的品牌话语主体，是私域运营的"灵魂"，MarTech 代表着企业所使用的营销技术，是打造私域运营的"骨架"，Content 则代表企业维持营销场景所使用的"东西"，是私域运营的"血肉"。如果我们把私域运营看作企业人格化的行为，IMC 组合就构成了一个有血有肉的运营主体。

2.3 IP 对了，可以快速拉近企业与用户的距离

鉴锋是零一数科（深圳）科技有限公司（简称零一数科）的创始人，他在服务百果园、名创优品和宝洁等企业的过程中发现，私域运营有两大难点，一是流量导入能力太弱，这意味着企业拉新能力不强，浪费成本；二是运营转化能力太弱，这意味着用户价值无法提升，造成了存量资源的极大浪费。

先看一组流量导入率数据：从目前市场现状来看，如果采用常规手段进行导流运营，电商包裹卡的引流率只有 5% ~ 10%，门店的普通曝光的引流率只有 1% ~ 5%，公众号文章的引流率只有 3% ~ 10%，而模板消息的引流率更是只有千分之一。

为什么会这样？原因通常有两个，一是企业的品牌 IP 打造不充分，二是对于触点的优化不够。

所谓 IP（详见本书第 5 章），最初的意思是知识产权，在这里是对企业（个人）形象或人设的一种泛指。对于很多企业来说，打造 IP 的目的，主要是对导购进行数字化赋能。IP 背后的精神属性可以拉近企业与用户的距离，提升引流效率及后续的转化率。按照鉴锋的说法，当用户把你看作一个有人情味的人（而非机器），愿意和你产生连接，你才能打开私域成交的开关。

前文讲过，从定义上来看，私域运营是一种品牌（IP）对用户（粉丝）的数据私有化行为，本质上是通过用户生命周期管理来经营一种用户关系。因此，在整个私域运营中，谁能率先把这种关系梳理清楚，谁就能够抢先占领市场。

零一数科在深入实践中，一直把 IP 打造和社群运营流控作为重心，并设计了一套完整的 SOP 模型。比如，为了不让人设成为一个单薄的名称代号，零一数科团队会提前根据品牌特性，设计好人物画像，并使其与人物外在形象、人设信息、成长经历、人行选择和价值理念等高度融合。

除了面对面沟通传递人设温度，朋友圈也是展示人设信息的重要窗口，要以适当的节奏引发用户共鸣。比如在对目标用户了解程度的不同阶段，分发不同类型的内容，让用户在朋友圈里提升认知，这是非常有效的方式。因为只有承载抽象人设的销售做到真实、真诚、有专长、有温度和有影响力，才能实现"生活化的引导、场景式的销售，以人的角度创造代入感"。鉴锋认为，GMV 不能依赖低价促销或者红包来推动，这样的用户与品牌关系仅仅是毫无温度的利益关系。只有通过 IP 建立情感连接，才能实现更高的产品溢价。

在宝洁海外旗舰店项目上，零一数科团队设计的企业微信人设是一位热爱健身的"90 后辣妈"Polly，经常在社群发放内部福利"宠粉"，如图 2-6 所示。经过一段时间的运营，零一数科已经成功跑出"销售私域转化模型 + 社群复购转化模型 + 销售培训体系"的私域引流模式，而宝洁海外旗舰店项目业绩也获得了大幅提升。

但在宝洁项目阶段性复盘后，零一数科打算将 Polly 的"辣妈"和"福利官"人设转变为购物助手和话题专家，以专业知识提供服务型体验，如图 2-7 所示。并且，Polly 的形象将会更紧密嵌入每个触点环节，可以在包裹卡甚至产品中都植入 Polly 的形象。之所以如此，是零一数科团队发现，从目前的用户特征来看，专家人设更有利于提升用户复购率。

企业微信人设

图 2-6　零一数科团队设计的企业微信人设

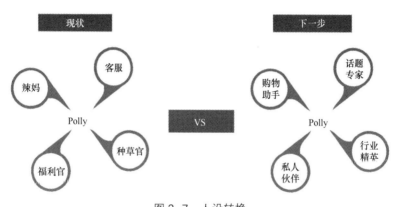

图 2-7　人设转换

　　总体来说，在零一数科参与的操作案例中，企业通常会结合产品特性和用户调研，构建一种符合自己特点的人设，与用户建立一种良好的关系。目前，它们比较常用的 IP 有两种，即企业（品牌）IP 和导购个人 IP。企业（品牌）IP 通常代表公司整体形象，采用一个或多个的形式。导购个人 IP 通常以个人号的形式出现，往往是基于产品体验、服务互动而积累的信任与情感资产，虽然没有企业（品牌）IP 的人设高度和覆盖广度，但由于真实贴切，所以也能够大幅提升粉丝对导购的信任感、归属感及与导购保持黏性。

从最终的数据来看，带有企业背书的个人 IP 效果更好。在深圳一家新零售连锁机构的案例中，零一数科通过策划和指导，为个人 IP 导购带来了 50% 以上的销售转化率；而通过自己团队招募所形成的企业 IP 人员，其销售人均转化率仅处于 10% ~ 20% 的水平。

为什么 IP 会起到这么重要的作用？我们通过案例研究发现，主要原因有两点。首先，IP 是私域流量的互动主体，更容易产生信任、黏性和共情；其次，通过 IP 传递自己的态度和价值观，也是很多企业的切实需要。

其实，这也是科特勒在营销 3.0 中提出的主张：消费者被还原成整体的人、丰富的人，而不再是以前简单的目标人群。此时，交换与交易被提升为互动与共鸣，营销的价值主张从功能与情感的差异化，被深化至精神与价值观的响应。这一切的还原、提升乃至深化，折射出人类社会在科技浪潮之下展现出的迈向平等、共赢的趋势。在这些原始假设改变的情况下，企业不仅仅要做品牌，还要打造"人设和价值观"。

现在，企业将营销的重心转移到如何与消费者积极互动，将尊重消费者作为主体的价值观，识别与消除他们最深层次的担忧，让消费者更多地参与营销价值的创造，从而开启了"价值观驱动的营销"时代。

事实上，一个成功企业的背后往往都有合适的 IP 提供支撑。而企业之间的区别在于，各自所处的行业不同，传递的价值观不同，运用 IP 的风格也不同。尽管不能以一概全，但依然有规律可循。不同行业的 IP 如表 2-1 所示。

表 2-1　不同行业的 IP

行业	品牌	产品	IP	内容
美妆行业	完美日记	彩妆、化妆品	小完子、小美子	价值观、专业知识
母婴行业	孩子王	各种母婴用品	育儿顾问	专业育儿知识
餐饮行业	太二	酸菜鱼	太二老板	匠人精神
茶饮行业	喜茶	奶茶等饮品	阿喜	生活方式
酒水行业	江小白	白酒	江小白	生活方式
金融行业	招商银行	存款、理财、贷款	小招	价值观、专业知识
饮料行业	元气森林	饮料	小元气	福利官

从上述行业对比可以发现，不同的行业通常会采用不同的 IP，并用不同的内容进行运营。美妆行业和母婴行业的 IP 一般采用专业人设，通过严谨的专业知识与用户建立信任关系，最终实现销售转化；餐饮行业的 IP 往往以人为主，凸显创始人的匠人形象；茶饮行业和酒水行业的 IP 则以风格人设居多，往往突出生活方式，通过生活场景的传播进行价值观营销。

当企业普遍重视 IP 的应用，与用户建立新的互动关系，并以此提升沟通效率和重构品牌形象的时候，说明市场环境已经发生了巨大变化。而背后的推手，正是所有人正在经历的移动互联网革命和营销数字化变革。

2.4　营销技术：代际化的应用工具

兔展是一家内容智能科技公司，其核心业务是为企业提供以互动引擎为特色的 CMS（内容管理系统）和营销云服务。CMS 属于 MarTech（营销技术）应用的一部分。通常，内容管理系统可以分离成内容录入管理系统（新闻录入、BBS 论坛、全文检索等）、模板管理系统（网站首页、专题页、详情页等）和发布管理系统三个层面。

兔展创始人董少灵表示，CMS 在不同场景的最优表达方式是不同的。在微信和企业微信出现之后，CMS 会越来越重要和便于利用，企业的内容可以通过最擅长的方式分发给企业用户，而当建立了私域关系后，又可以通过各种各样的内容跟用户保持黏性和互动。

董少灵说，兔展为很多品牌企业做过数字化营销活动，基本都会用到一个互动的 H5 或者小程序。后来，越来越多的人也会在一些活动中同步采取短视频和直播的形式，在抖音、快手、天猫这些平台，把这种营销活动变成一个线上线下联动的数字化活动，而其中交互界面的设置成本较高。

如何去开发应用呢？市场早期的处理方式往往是，甲方把项目包给一个乙方公司，而这个乙方公司可能是一个没有技术能力的营销公司，他就会去包给一些技术外包开发商。这样一来就会出现两个问题：一是项目开发需要的人多——甲乙丙三方需要七八个相关的人，相关人员配合至少两周才能使营销活动实现上线（案例要优化）；二是成本较高，至少是 10 万元级别的费用。

更关键的是，三方人员交流的效率很低，通常是擅长创意的人不擅长技术，擅长技术的人又不太擅长营销。系统上线之后，如果遇到高并发，往往会出现宕机，加载速度慢，数据也无法打通，形成"数据孤岛""数据弃岛"。由于每个活动的数据都没能正常回流到甲方数据中心，营销的很多创意经常无法实现。

如果碰到一些线上化较好的互联网公司和金融企业，其营销活动的目的性和引导性都很强，经常出现的一个逻辑是"当用户满足什么条件，则这个用户会被怎样引导、诱导"，这种句式是一个基本

句式，在传统的线上线下互动活动里，这个环节经常会实现不了或来不及实现。

而兔展的工具在零代码部分较好地解决了这个问题。企业所需要的互动引擎服务只需要一个人用两小时就可以通过零代码实现，并且可以使数据有效回流到营销云平台，实现高并发支持，毫秒级加载、无时延、流量最大化。这是互动引擎的第一大价值。

第二大价值体现在转化率上。其实数字营销提效的一个很重要的逻辑，是捕捉到 MOT（关键时刻），在人员可能流失的过程中，用各种手段去留住用户、流量。由于 C 端的数据不一样、反应行为不一样，实时产生营销动作非常重要。过去，这样的支持动作不能够以低成本执行，都是高水平的互联网公司派 IT 人员去实现。目前，兔展把这一过程内化成了互动引擎，在页面级就可以捕捉营销的关键时刻，及时进行弹窗提示，用各种方式整体提升转化率。

对于很多人来说，CMS 和 MarTech 都是比较陌生的词语，甚至在市面上很多的私域流量著作中，也很少被提到。

MarTech 是 Marketing Technology 的缩写，概念的最早提出者是美国人斯科特·布林克尔（Scott Brinker）。通常情况下，业内把营销技术定义为：管理运营和追踪评估数字营销活动和转化效果，通过大数据和人工智能，建立一套用户数据智能解决方案。

2008 年，Scott Brinker 创办了一个名为"Chief Marketing Technologist Blog"的网站，用于分享营销技术的发展趋势与实践心得，在 MarTech 领域逐渐产生了影响。2011 年，他在参加一次营销会议时发布了第一张"MarTech 全景图"，初衷是"让不熟悉技术的营销人员了解有哪些工具在行业里可以使用。"这张全景图后来演变成"在 MarTech 5000"，每年迭代更新，从 2011 年的 150 家企业增长到 2022 年的 9932 家企业，呈现迅速增长的势头，也因此成为全球尤其是美国 MarTech 行业蓬勃发展的佐证（图谱上约一半企业来自美国）。

不过，虽然 Scott Brinker 的"MarTech 生态图谱"盛名在外，却未能反映中国市场的现状和特征。因为图谱收录的企业大多来自欧美地区，那里的市场环境以邮件和官网营销为主，而中国的营销生态是基于社交平台和电商平台。Scott Brinker 来华交流时就曾提及，他的图谱中的大部分解决方案都和邮件营销相关，而在中国，社交平台的兴盛赋予 MarTech 不同的想象空间。

2018 年，为了助力企业营销数字化转型，并在技术选型中减少试错成本，弯弓研究院推出了中国版的 MarTech 行业应用全景图。目前，经过不断迭代，弯弓版中国营销技术生态图谱已经推出了 7.0 版本，并收录了中国市场上最活跃的 2200 多家技术机构名单，该图谱覆盖了"广告技术、内容与体验、社交与关系、交易与销售、数据与分析、企业管理"六大类别，并按照不同功能和应用分成 46 个小类，如图 2-8 所示。

营销数字化转型是一个复杂的过程，对于正处于转型大潮中的企业而言，这张图谱可以说是加入未来商战的"兵器库"。私域运营作为营销数字化的重要构成，应用正确的营销技术将为企业带来如下几个方面的价值。

第一，营销技术的最大价值就是降本增效。对于这一点，我们从前面提到的案例中就可以得出结论，营销技术的应用不仅把人数从 8 人减少到 1 人，而且把时间从两周缩短到两小时，费用也从 10 万元降到了更低水平。

2022中国营销技术生态图谱7.0版

图 2-8　2022 中国营销技术生态图谱 7.0 版

喜茶是另外的案例。为了提升点单率，喜茶很早就采用了小程序系统，并通过系统数据留存实现了用户资产沉淀。目前，喜茶拥有超过 3000 万的小程序用户，自有渠道点单率超过 80%。这样的系统应用不仅避免了用户排队，而且支持更多的喜茶 GO 店开业，从而实现高效运营。

第二，营销技术能够帮助企业打造完整的私域流量池，并有效积累和运营用户资产。我们通过前面图谱涉及的六大类研究可以看到，无论是营销数字化系统打造，还是私域运营，由于环节复杂，都需要技术堆栈来完成。比如，企业需要 SCRM 进行用户标签画像，需要 CEM 进行用户体验管理，需要 CMS 进行内容管理等。换句话说，如果没有营销技术搭建的数字化系统，私域流量就难以实现高质量运营。

第三，营销技术能够帮助企业实现自动化和智能化营销。在私域运营中，用户数据的自动化识别、抓取，以及信息的一键式推送，都是非常重要的基础业务。无论企业的用户是十万级、百万级还是千万级，甚至是亿级，都可以通过不同技术实现有效的数据治理、用户洞察、自动分发和千人千面营销，并大大提升运营效率；在内容管理端，私域运营系统还可以通过 AI（人工智能）技术实现有针对性的内容创意。比如，通过元素级的内容 AI 系统，可以创作数十倍的针对不同用户和场景的图片、视频，并实现精准推送。

第四，营销技术能够帮助企业通过数据分析，实现智能决策。对于很多拥有私域数据的企业来说，通过营销技术带来的分析系统实现全方位的数据驱动，已经成为现实。其业务范畴包括但不限于帮助企业进行产品研发，实现针对性产品研究，并提供符合人群价值观的产品，帮助企业提升客户体验管理，提升服务的有效性等。

2020 年年初，完美日记针对自己的私域人群推出一款 DTC 产品——完子心选。在一开始，"完子"只是完美日记社群打造的一个人设，完子心选是人设为社群用户挑选的产品，在 2018 年上线之初，它仅仅是完美日记在微信会员商城上架销售的一个系列。然而，由于在私域中与用户反复沟通交流、对用户需求的响应速度快、与用户关系亲近，它逐渐从一个系列成长为能够支撑一定销量的子品牌，可以说，这款产品的成功就是和粉丝互动的结果。

我们前面讲过，对于大多数处于营销数字化转型过程中的企业来说，企业智能化已经是通向未来的必由之路，私域运营只不过是用户思维的集中体现。而通过营销技术构建的智能化企业，经过长期的数据分析和学习，其市场动作将会变得更敏捷。

也就是说，与传统的营销模式相比，营销技术是一种代际化的应用工具，通过大数据 +AI 颠覆过去的商业模式。在未来，营销技术应用将对企业发展产生重大影响。

2.5　内容：竞争中的决定性力量

不过，对于企业级私域运营来说，完成了技术搭建仅仅是开始，内容才是盘活整盘棋的关键所在。

首先要厘清的是，我们在这里所说的内容更多属于内容营销的范畴，即企业如何创造、编辑、组织、呈现网站或产品的内容，将其有效应用到营销场景中，从而达到用户服务和转化的目的。

那么，我们该如何理解内容营销？乔·普利兹（Joe Pulizzi）是内容营销理论最早的倡导者之一，他认为，内容营销就是一种教育行为。一般通过教育文章、电子书、视频和网络论坛等内容或形式，持续提供有价值的信息，使潜在消费者忠诚于该品牌，进而转化成购买行为，实现企业的利润增长。

不过，乔·普利兹提出内容营销的时间较早，那时中国还处于计算机互联网发展的初期，直到 2009 年才出现微博这种社交生态，营销数字化还没有提上日程。最近几年，随着社交媒体形式越来越多元化，用户参与的门槛越来越低，尤其是内容的"创作革新、交互革新、体验革新与载体革新"出现，内容的价值早已经有了较大的改变，内容营销也成为一种人人重视的显学。

说到内容的价值，有两点很重要。

第一，内容已经成为年轻人的社交工具和消费转化的动力基础。

在中心化传播时代，市场上的媒介形态主要是报纸、杂志、广播和电视，内容的输出和获取都是通过固定的中心化渠道实现，而具备新闻采访和刊发资质的媒体只有一万多家，细分到不同城市的零售终端，我们能够看到的报纸杂志只有几十家。随着移动互联网的出现，情况变得非常不同，图文、音频、视频等媒介展现出丰富多元的表达方式，并出现了海量的移动式分布形态。

以微信 App 为例，这个吸引了 12 亿活跃用户的社交平台，其公众号数量已经超过了 3000 万，而在年轻人关注的 B 站（bilibili），则拥有 200 多个文化标签和 7000 多个社交圈层。在这些社交平台上，我们既可以通过多如牛毛的渠道获取信息，也可以根据自己的兴趣进入不同圈层，找到与自己的价值观相同的人群。

2020 年 12 月，腾讯社交洞察携手腾讯用户研究与体验设计部发布了《腾讯 00 后研究报告》，这份报告以腾讯社交大数据为基础，并通过 1.5 万份问卷进行调研分析。结果发现，在"六大价值观引申出来的消费态度"中，很多年轻人把内容作为社交工具，60% 的人表示"会以内容激发互动"，50% 的人表示"以内容来展现自己"。与此同时，在这群人中，还有 62% 的人愿意"为自己的兴趣付费"。

正是基于这样的群体特征，2021 年 4 月，抖音电商发布了"兴趣电商"的营销定位，并为这种做法给出了三个理由：其一，短视频和直播的普及，让商品展示变得更生动、直观，降低了消费者的决策门槛；其二，随着推荐技术越来越成熟，基于内容兴趣的个性化推荐成为市场标配；其三，平台内涌现大量优秀的短视频和直播创作者，使得更多的优质商品可以通过更好的内容形态展示，商家

也有了更多的机会通过创作者触达他们的粉丝。

显而易见的是，在碎片化和圈层化的影响下，用户对内容的认知已经发生了变化，内容甚至已经成为他们的社交工具。

第二，企业和内容的关系也发生了变化，其主要特点是内容已经成为产品的一部分。

事实上，随着信息越来越透明和对称，尤其是技术对内容的渗透性越来越强，内容的前置性消费已经成为产品的一部分。换句话说，从产品的研发、包装到体验，每个环节都为传播和"种草"服务，用户消费内容的时候就已经在体验产品，而最后的产品交易只不过是其中的一个环节。

花西子就是比较典型的产品内容化案例。在花西子品牌创立之初，创始人就把花作为产品的核心图标，创始人的名字（花满天）、产品的名字（花西子）、产品包装、产品内含物、品牌故事等所有环节，都用不同的花文化作为传播和"种草"的内容，并在整个运营过程中，力图将内容提升到最高处，从而穿透整个圈层，成为国风文化标杆。

比如，花西子可以针对不同圈层输出定制化内容：在抖音上推出开箱视频，发起"卸妆卸出脸谱妆"挑战赛；在快手上寻找网红，进行口红试色；在淘宝直播上推出各类古典妆容的仿妆教程；而在 B 站上，还推出了华服展示、国风歌舞、古代食物做法等内容。

特别强调的是，定制化内容将最大限度地满足用户的阅读场景。比如同一个人点开快手 App 和点开淘宝 App 时的目的和兴趣是完全不同的，前者更侧重于娱乐消遣，倾向于阅读"颜值"高、"短平快"的内容；而后者有相对明确的购买欲望，倾向于了解产品详情、使用教程、体验评价等信息。因此，花西子的定制化内容拥有更强的可读性，更容易引起受众共鸣。

在私域运营中，内容的应用几乎无处不在，类似花西子的做法通常被看作在不同社交平台的用户关联和渠道赋能行为。以抖音为例，随着内容创作者的不断增加，这个社交平台一天可以产生的短视频超过 70 万条（2021 年年初），如果想在信息的海洋里获得关注，只能用更快的速度推出更多的内容，否则就会被彻底湮没。特赞（上海）信息科技有限公司（以下简称特赞）前总裁杨振说，社交平台对内容数量的需求非常惊人，过去的一场营销"战役"只需要准备 100 个内容，而现在针对不同渠道和场景的需求，需要准备 10 000 个内容，甚至更多。

那么，在一个完整的私域运营链条中，从流量导入到最后转化，什么样的内容才能满足整体需求？为什么说内容是私域运营的"血肉"？我们不妨看看私域运营链路，如图 2-9 所示。

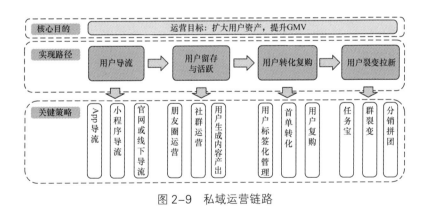

图 2-9　私域运营链路

通过上面的链路图可以发现，尽管不同模块的诉求不同，但可以肯定的是，几乎每个关键环节都需要内容触达和维护。在这里，内容营销不仅仅是一种图文、视频的输出，还包括了线上线下的所

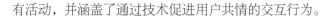

有活动，并涵盖了通过技术促进用户共情的交互行为。

比如用户导入环节，企业通常会用到的内容是文章、视频、游戏——尤其是游戏内容已经成为年轻人非常喜欢的沟通方式；在此后的社群运营环节，企业针对用户转化就需要借助更多有针对性的内容来实现；在转化复购环节，企业要做的事情不再局限于文字内容，而是实施一些有针对性的话术和解决方案；在最后的裂变环节，为了实现推荐拉新，企业则需要利用一些促销活动内容。

总体而言，企业在私域运营中所用到的内容包括但不限于产品文章、新闻稿、音频、播客、博客、音乐、动画、图片、在线教学或幻灯片、视频、研讨会、App、游戏等多种表现形式。

京东创始人刘强东非常看重内容的意义，他在描述无界零售的过程中，曾经有过一个形象比喻——"产品即内容，内容即数据，数据即服务"，即我们常说的产品内容化、内容数据化、数据服务化。在私域运营中，企业的产品都是运营中的内容，而这些内容都会转化成数据，并通过这些数据再服务到用户端。

有一点很重要，我们从前面章节的介绍中可以发现，私域运营的内容和技术之间的关系是互为表里的关系，缺一不可。但长期来看，内容似乎更为重要。毕竟技术可能会趋于相同，内容将成为竞争中的决定性力量。

第 3 章

迎接泛私域生存时代，找到企业画像和营销画布

3.1 看看自己的企业画像

当我们决定开始打造私域流量的时候，通常会陷入短暂的混乱状态，不知道从哪里入手，而身边也没有伙伴可以咨询；又或者简单盲目地以为，只要熟悉了一套技术系统，私域流量就会如期而至。

其实，万物皆有法则，不要被前面复杂的理论吓到，这个时候你首先应该做一个简单的判断，看看自己企业的类型，找到自己企业的画像。

所谓企业画像，是根据企业的规模、所处行业、品牌、产品和营销方式等信息抽象出来的标签化模型。我的朋友汤璇在《正视企业级私域的释能边界》一文中有过这样一段描述：

毋庸置疑的是，私域可以帮助企业与核心消费者建立深度关系，但是建设私域的前提是企业自身能够先对业务特点与组织构成进行全面的诊断。多维度地洞察目标受众，扫描企业与消费者可能存在的所有触点与互动关系，积极假设企业与消费者互动的全部应用场景，冷静而谨慎地进行私域建设。毕竟，没有任何一家企业可以网罗全部的目标受众，（让他们）成为自己的核心消费者。同样，在可以追求渗透率的阶段过分追求复购，似乎也有些揠苗助长，因小失大。

她认为，要做好企业诊断，主要从两方面入手，一方面是分型，即企业对自己的业务做出客观的属性分类。从商业模式的视角出发，是更侧重直营、分销还是直销模式？从销售的商品属性出发，是解决了消费者的刚性需求，还是弹性需求？购买的频次，是高频还是低频？从资源和资产配置的角度来看，企业目前是否拥有门店？是否拥有团队？又有哪些隐性优势？如渠道关系、政策利好、品牌价值等。另一方面是分期，即企业领导者应该定义自己企业的战略发展阶段，企业在不同的发展阶段，商业模式是存在显著差异的，需要厘清当前阶段最为紧迫的业务目标与最为恰当的衡量指标。

对于初创企业而言，当务之急是解决生存问题。所以，通常处于初创阶段的企业都会将追求终端营业额、快速现金回流当作最重要的目标。而当企业发展到了中期阶段，企业可能在营业额的增长上遇到了瓶颈，实现增长便可能成为一个战略选择的问题，是牺牲利润追求规模，还是不再过分追求用户规模的增长，充分挖掘单个客户的价值，提升客单价。市场不会允许所有指标都增长，企业决策者需要做出取舍并聚集资源投入，接受阶段性或局部的失衡，帮助企业挺过阵痛期，这也是企业战略升级的必经之路。

至于那些规模化之后的成熟企业，资产与资源的管理成了他们最需要考虑的核心问题。在这个不进则退、竞争激烈的市场里，哪怕企业运转已经调整到最优、准备继续沿着以往的成功路径稳步向前时，也有可能遇到意想不到的状况。因此，此时的企业增长重要指标就是如何通过管理的优化，提升抗风险、抗竞争的能力，降低熵增、保持活力，实现基业长青。

汤璇撰写上述文章时就职于群脉科技，我们一起针对群脉服务的私域客户特征进行过讨论，也正是在这个基础上，我们研究出了分型和分期的企业级私域诊断方式。事实上，汤璇提到的内容就属于本章所介绍的企业画像范畴。企业画像和用户画像构成如图 3-1 所示。

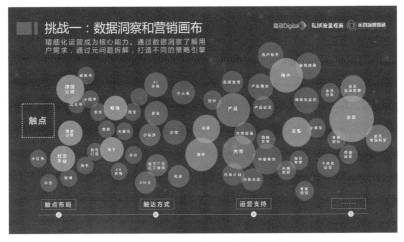

图 3-1　企业画像和用户画像构成

　　为了更好地掌握企业画像的内容，弯弓研究院根据企业规模、品类特征、销售渠道、交易方式、购买频率、互动特征、流量来源、产品数量（或 SKU）、产品价格九个方面罗列出 20 多个标签，对企业画像进行定义。比如通过这些标签，我们可以知道自己的企业处于什么行业？企业的目标用户是谁，C 端还是 B 端？企业的品类特征如何，快消品还是耐消品或者其他？企业规模大小，是大型企业，还是中型企业或者小微企业？企业的产品销售渠道如何，客单价处于什么区间？他们的购买频率如何？企业的用户消费旅程如何，转化周期如何？如果做私域运营，企业的流量来自哪里？

　　当把这些信息梳理清楚之后，基本上就可以勾勒出自己的企业画像，并判定自己的企业属于哪一种泛私域类型，再根据这些条件去构建自己的私域运营链路。而在规划私域运营链路模型的过程中，企业画像中有两点很关键，即用户消费频率和互动程度。

2020 年年初，波士顿咨询公司和腾讯研究团队就根据用户消费频率和互动程度共同发布了一张私域运营品类地图，如图 3-2 所示。在这张图中，波士顿咨询公司把企业按照产品类别分为 4 个象限，分别是高频、高互动，低频、高互动，高频、低互动，低频、低互动。

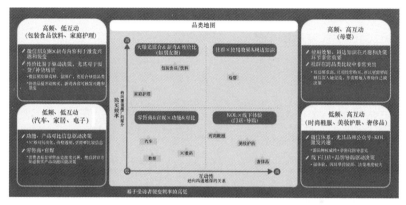

图 3-2　私域运营品类地图

按照不同产品类别的用户消费频率和互动程度，波士顿咨询公司给出了不同的私域运营建议。

第一类是高频、高互动企业，母婴品类是主要代表，往往已累积一定规模的活跃用户。其运营重点是进一步强化品牌联结，提升用户需求响应速度，并借助用户之力进行二次传播，扩大影响。

第二类是低频、高互动企业，代表品类包括时尚鞋服、美妆护肤、奢侈品，具备强大的品牌力与潮流引导能力。其运营重点是充分盘活线下用户资产，促使销售向线上转移，以网红和 KOC 导购为抓手，借助直播与社群工具赋能释放转化潜力。

第三类是高频、低互动企业，代表品类包括食品饮料、家庭护理产品，多为生活刚需品。其运营重点是，充分打通线上线下联动的销售闭环，并通过强化用户互动进一步提升用户消费频次；以线下网点和物流能力为抓手，拓展外卖场景，充分满足用户需求；以社群、直播等手段开辟全新的线上营销渠道，提升品牌温度与黏性。

第四类是低频、低互动企业，代表品类包括汽车、家居、电子，通常交易金额较大，往往不期待短期内显著提量。这类企业更适合做客户线索管理，并通过内容营销进行线索拦截，然后利用直播等高互动性手段复制线下体验，并配合公众号等方式促使用户留下个人资料（以下简称留资），完成从潜在客户获取到预定产品和售后关系维护的初步闭环。

从上述品类地图中，我们可以看到，适合重度私域运营的品类，往往具有消费频率高或者互动程度强的特征。以美妆护肤品为例，尽管消费频率不是非常高（很多女性在购买护肤品之后，往往会使用一段时间），但是在购买之前，消费者往往会与品牌方美妆顾问或可以信赖的第三方（比如知名博主）进行频繁互动，以确保买到适合自己皮肤的产品。

而家庭生活必需品消费则具有高频、低互动特征。比如，一位家庭主妇在购买生鲜产品之前，很少会反复与产品方或者第三方平台反复互动，通常是在商场或者超市看到了某个品牌之后，凭借自己的品牌印象，并在现场进行对比之后择优（惠）购买。因此，这样的私域运营存在较大的难度，必须充分研究这类消费者的行为痛点，制定有效的运营策略。

母婴产品消费则是另外一种情况。由于很多年轻妈妈对于养育孩子缺乏经验，因此需要不断学习育儿知识，包括孩子的喂养、健康、成长知识等，这个时候，如果品牌方能安排一个可信赖的专业人士（比如孩子王的育儿顾问）与年轻妈妈们进行反复互动，就可以获得更多的销售机会。我们知道，母婴产品有着特殊的消费周期，加上孩子成长速度很快，奶粉、服装、营养品等都要不断地更新，所以母婴产品消费是典型的高频、高互动消费。

综合来看，我们可以找到决定私域运营的 5 个关键因素，从重要程度可以分为 3 层关系，如图 3-3 所示。

图 3-3　私域运营的 5 个关键因素

第一层是交互程度。所谓交互，是很多互联网平台追求打造的一个功能状态。通过某个具有交互功能的互联网平台，让用户在上面不仅可以获得相关信息或服务，还能使用户与用户之间或用户与平台之间进行互动，从而碰撞出更多的创意等。我们发现，交互是私域运营的核心，也是决定企业私域运营相对关键的因素。类似美妆护肤、服装和母婴这些行业，消费者交流的机会越多，购买时关心的内容越多，企业进行私域运营的机会就越多，也越容易获得成功。

第二层是频率和价格。频率通常是指用户在一段时间内交易的次数，对于私域运营来说，交易次数越多也意味着复购率越高，也更利于私域运营。价格是指用于交易的商品定价，通常价格越高且利润率高的产品，会更有条件部署私域运营系统。这也是当下越来越多耐消品企业积极通过私域进行线索运营的主要原因。而对于企业来说，频率和价格在私域运营中起着决定性作用，也是交互存在的基础。换句话说，如果企业的产品没有足够的利润空间或者不能给单个客户销售多个 SKU 产品，并在一定时期内形成固定购买，就意味着私域的形态难以持续。

图 3-4 是一项来自微伴助手的调研，该图反映了支撑复购手段的重要性。调研结果显示，社群可追踪用户数持续增长，消费订单分布呈现"帕累托法则"的趋势，新增订单随活动增长，复购订单在每次拉新后实现小幅增加。这说明，新增订单对后续的复购有持续推动效果，而拉动复购的运营能力则决定企业长期的盈利水平。

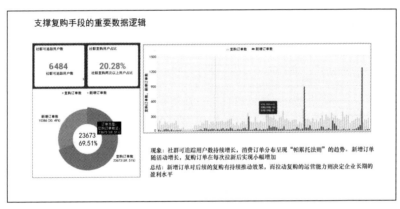

图 3-4　支撑复购手段的重要性

第三层是流量和 SKU。流量是指网站的访问量，用来描述一个网站的用户访问次数，以及用户浏览的网页数量等指标。SKU 表示存货单位，有时也译为存货储备单元，即库存进出计量的基本单元，以件、盒、托盘等为单位。对于私域运营来说，流量和 SKU 是重要的基础指标，甚至是企业规划私域的前置条件。因为流量的来源决定了私域运营能否起盘及其运营的长久性，毕竟每个用户都有消费生命周期，企业需要源源不断的流量导入；而 SKU 的多少则决定了用户的 ARPU 值和复购率，通常 SKU 越多，客户越容易选择购买。

基于上述的研究和判断，弯弓研究院提出了泛私域的分类方法，主要从用户运营的视角，按照不同行业的企业画像特征，对目前市场上的主流私域运营模式进行分类，重点分为强私域、线索型私域和经销型私域。

所谓泛私域，事实上是对营销数字化转型初期，从产品运营向用户运营发展的过程描述，也可以看作一种经营状态的映射。这种映射是以用户为核心，通过数字化手段形成的解决方案。

我们发现，随着数字化变革加深和私域流量渗透率增加，尤其 2021 年之后，私域进入了一个新的发展阶段，不仅美妆护肤这种竞争激烈的行业和母婴这种需求迫切的行业在关注私域流量，汽车、家居、电子等消费低频的行业也开始关注私域运营。本质上，这正是因为数字化重构营销底层之后，各行各业都在寻找新的营销范式的表现。但是，由于行业特点不同、产品消费特点不同，每个行业都有特殊的目标和抓手，相同的方法并非完全可以复用。我们必须从不同的企业画像入手，制定属于自己的策略，形成自己的营销画布，这也是泛私域的价值所在。

2022 年 8 月，弯弓研究院发布了泛私域应用波力图，展示了该阶段头部品牌的私域渗透特征和行业私域传导过程，如图 3-5 所示。该图包含了三层关系，即强私域、线索型私域和经销型私域，按照圈层和发展阶段不同，三者呈现波纹状扩散特征。可以看出，波心的强私域是最先爆破的点，目前处于调整期；第二层受影响的是线索型私域，正处于布局期；最外层的经销型私域受影响最小，正处于探索期。

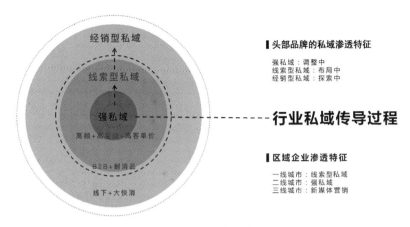

图 3-5　泛私域应用波力图

3.2　强私域的链路

强私域是一种深度私域运营状态，客户一般具有较强的互动性和较高的客单价。在购买频率方面，尽管有些品类不具有高频购买特征，但基于高客单价（往往意味着高毛利）的情况，买卖双方依然能够形成强有力的私域驱动关系。从波士顿咨询公司提出的品类地图来看，母婴、美妆护肤、奢侈品、时尚鞋服都属于这个类别，因此，强私域也是目前在市场上应用最广泛的一种私域运营模式。

以飞鹤奶粉为例。从备孕到育儿的各个阶段，每个妈妈遇到的困难都不相同，每个孩子在成长的不同阶段也会有不同的需求。尤其在孩子 0 ~ 3 岁阶段，随时解决育儿中出现的问题，是妈妈们不得不面对的挑战。如何利用这些现实存在的需求，与妈妈们建立强互动关系？飞鹤奶粉的做法是，打造专门的"星妈会"母婴服务平台，围绕"生养教"全阶段，为用户提供月龄定制、喂养攻略、专家课堂等服务。由于这些互动服务解决了妈妈的痛点，获得了妈妈的信任，飞鹤奶粉的转化率也随之大大提升。目前，"星妈会"会员数已经超过 4000 万，月活跃用户数高达 300 万。

奶粉是婴幼儿成长中必不可少的口粮，且客单价高，再加上不同年龄的婴幼儿需要不同的奶粉，因此这类产品的运营模式具备了高互动、高频率和高客单价的特征，属于典型的强私域品类。

为了更清晰地梳理强私域运营模式，我们通过 3 个飞轮来描述它们之间的逻辑关系，如图 3-6 所示。

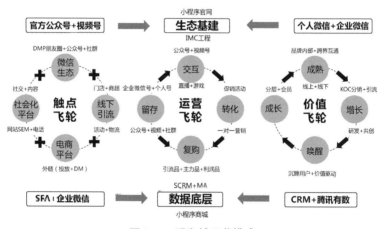

图 3-6 强私域运营模式

首先是触点飞轮。我们把触点飞轮定位成获得流量的主要来源，既可以是沟通的关键点，也可以是连接用户的纽带或者是促进销售的通道。在触点飞轮的规划中，拥有 13 亿用户的微信生态是主要"战场"，公众号、视频号、朋友圈、小程序、社群等，都是引流和设置"埋点"的好去处。

除了微信，触点布局还包括了其他社交平台和电商平台，以及各种线下场景。比如，小红书是很多女性消费品牌用来"种草"引流的地方，"包裹卡"是从电商平台沉淀用户的有效方法，而对于很多拥有大量沉睡用户的品牌来说，AI 对话系统是唤醒用户的优选。当然，线下引流在任何时候都是性价比最高的一种方式，尤其对于很多拥有线下门店的企业来说，利用流动的用户本身没有成本，只要导流的方式有效，通过店门口的企业微信扫码就可以顺利沉淀自己的私域流量。

其次是运营飞轮。运营飞轮是私域运营的关键环节，如果说触点飞轮实现的是在消费场景的 MOT 完成用户关联，则运营飞轮的目的就是转化留存下来的用户。运营飞轮有多个场景，有些已经实现用户数据私域化，有些还处于单向关注的状态，对于品牌方来说，重点就是通过各种内容、活动和产品促销实现用户的私域确权和交易转化。能够实现转化的手段很多，一段容易产生共情的文章或者一次场景丰富的直播，都是当下常用的转化手段。

比如，奢侈品被定义为"一种超出人们生存与发展需要范围，具有独特、稀缺、珍奇等特点的消费品"。而直播是一种"接地气"的销售模式，通过拉近企业和消费者的心理距离，促使消费者做出购买行为。随着用户线上购物习惯的改变，通过直播间推广产品的做法，也越来越被奢侈品企业所接受。

电商报 Pro 介绍，Burberry 在用做内容的方式做直播。2021 年 9 月，Burberry 邀请某时尚博主到上海恒隆广场某品牌童装店开播，整场直播以暖黄色调为主、视野开阔、观感舒适，着重介绍该品牌历史和设计元素。这场直播被录制下来，于 Burberry 直播间内循环播放，所有进入旗舰店的消费者都能感受到 Burberry 所希望传递的品牌价值。

COACH 等轻奢品牌在进行真正的日播，并根据各个平台的特性更换不同的在售产品。例如，COACH 在快手上的产品定价为 545 ～ 5950 元；在天猫旗舰店的产品定价为 450 ～ 22 000 元；在抖音上的产品定价为 357 ～ 17 500 元。

邀请明星或博主进入直播间，把粉丝效应转化为购买力，也是奢侈品牌常用的营销手段。DIOR 邀请刘雨昕直播，提前数日在粉丝社群内放出预热信息，引导粉丝进场。凭借粉丝庞大的购买力，当场直播的销售量创当月新高。

最后是价值飞轮。通过运营飞轮转化之后，用户经过关系确权和交易确权，就已经转化为真正的客户了。这个时候，企业就可以从用户生命周期价值管理的角度去进行私域运营。在这个过程中，用户前后处于成长、成熟、增长和唤醒几个阶段，会员系统是最为关键的工具和抓手。

在对价值飞轮的思考中，我们一方面关注增长环节，这是提升用户价值，尤其是延长用户生命周期的重要手段。另一方面关注唤醒环节，对于很多客户来说，尽管消费生命周期结束是一种必然现象，但尽量不要轻易放弃，因为保留一个旧用户的成本是开发一个新用户的成本的 75%。

3.3　B2B 和耐消品营销需要线索型私域模型

所谓的 B2B 是指企业与企业之间通过专用网络或互联网，进行数据信息的传递、交换，开展交易活动的商业模式。在中国市场上，B2B 通常指那些在公司与公司层面发生交易的行为。B2B 营销是针对目标企业或者组织提供的营销策略或内容。

如图 3-7 所示，B2B 营销和 B2C 营销之间存在很大的区别，除最直接的受众特征不同之外，还包括购买场景、决策人、购买动机、购买周期、产品价格、使用周期等方面的不同。因此，随着市场需求变化，B2B 行业营销方式也在不断变化，目前主要存在两种方式，一种是推式营销，另一种是集客营销。一般来说，推式营销是通过传统渠道或者人群进行营销，单向发布，广告流失率高；集客营销则是面向感兴趣的消费者，以内容获客，强调互动，营销精准度高。

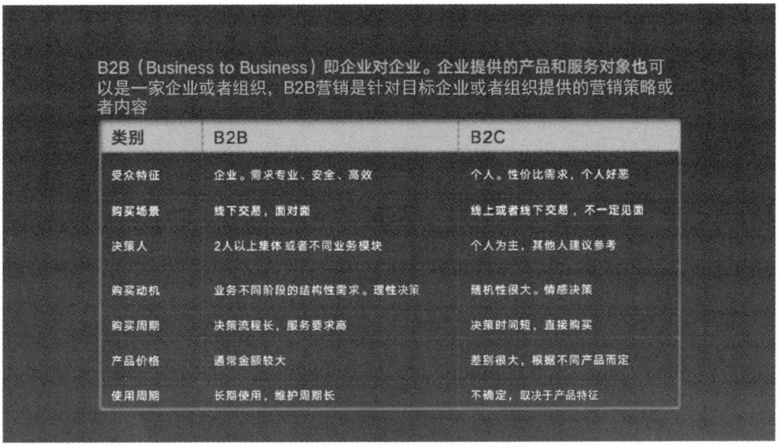
B2B（Business to Business）即企业对企业。企业提供的产品和服务对象也可以是一家企业或者组织，B2B营销是针对目标企业或者组织提供的营销策略或者内容

类别	B2B	B2C
受众特征	企业。需求专业、安全、高效	个人。性价比需求，个人好恶
购买场景	线下交易，面对面	线上或者线下交易，不一定见面
决策人	2人以上集体或者不同业务模块	个人为主，其他人建议参考
购买动机	业务不同阶段的结构性需求。理性决策	随机性很大。情感决策
购买周期	决策流程长，服务要求高	决策时间短，直接购买
产品价格	通常金额较大	差别很大，根据不同产品而定
使用周期	长期使用，维护周期长	不确定，取决于产品特征

图 3-7　B2B 营销和 B2C 营销的区别

在中国市场上，由于数字化营销手段尚不够成熟，因此 B2B 营销基本上是采取传统模式，客户转介绍或者搜索引擎营销一直是主流方式。眼下，随着社交媒体不断迭代和私域流量兴起，该行业的营销手段也发生了变化。

科特勒的一项调查报告显示，在国内市场的 B2B 营销中，内容营销、社交媒体、客户推荐、会议营销、搜索引擎营销、经销商/代理商渠道是最常用和转化周期最短的渠道。因此，B2B 行业最迫切的需求是通过营销数字化变革改变传统的营销模式，提升营销效率。重点在于实现三个转化，一是营销方式变革，实现核心渠道 /场景全覆盖；二是营销数据变革，实现全渠道数据打通和赋能；三是营销管理变革，实现营销流程精细化管理。

　　一直从事 B2B 自动化营销的径硕科技发现，如果按照企业画像来划分，目前中国市场上主要存在 3 种 B2B 营销方式，如图 3-8 所示。一是集客式营销，采用这种营销方式的企业客户来源比较分散；需要有效获客，沉淀需求；无法控制获客成本；需要销售线索和企业资产留存；需要追踪和提升转化率。二是 KA 营销，采用这种营销方式的企业往往目标客户比较集中，客单价较高；产品定制化程度高，客户专业性强；决策者众多，决策周期较长；营销在很大程度上靠关系驱动。三是渠道营销，这种营销方式的痛点是企业需要统一管理用户信息；需要触达并获得终端信息；需要进行渠道管理和沟通；需要进行渠道赋能及辅助转型；提升用户生命周期价值。

图 3-8　B2B 营销方式

　　总体来说，目前市场的 B2B 营销存在四大问题：一是跨渠道获客困难，营销有多种渠道，比如官网、微信、微博、抖音、邮件、客服、活动等，但通常缺乏工具，人工操作效率低且数据割裂；二是线索管理粗放，用电子表格管理线索，需要人工清洗、整合、筛选，只有基础数据，缺乏行为数据，能做的事情有限；三是市场与销售合作割裂，由于市场和销售数据是单项起步，市场部难以计算闭环 ROI（营销投资回报）并获得及时反馈，市场与销售的协同效率不高；四是线索转化低效，由于手段单一，转化过程缺乏干预，对新客户缺乏培养策略，流失率高，而老客户的活跃度和黏性低，不利于复购和加购。

　　事实上，不仅是 B2B 行业，耐消品行业也存在这种情况。

　　耐消品是指那些使用寿命较长、可多次使用的消费品，比如家用电器、汽车、家居建材、电子产品等。相对快消品而言，由于耐消品的消费者购买次数少，使用时间长，因而从决策到购买的行为都较慎重。

　　弯弓研究院在《2020 中国耐用消费品行业营销数字化洞察报告》中发现，耐消品的消费者行为画像有以下两个主要特征。

　　一是"重参与的购买决策过程"。纽约大学斯特恩商学院营销学教授亨利·阿塞尔（Henry Assael）根据消费者的参与程度和产品品牌差异程度，将购买行为分为复杂型、习惯型、寻求多样化型和化解不协调型。

　　以复杂型为例，耐消品客单价往往较高，因此消费者在购买此类产品过程中，经历了产品信息收集、竞品比较、慎重决策等阶段，在广泛了解产品功能、特点、用后评价的基础上，才能做出购买决策。

　　二是"多元化的品牌互动渠道"。这主要从时间和空间两个维度去考虑。在时间上，每位客户都处于不同的用户生命周期，如获客期、升值期、成熟期、衰退期、流失期，面向各个时期的客户，企业往往需要采取差异化的营销策略。而在空间上，耐消品消费者相对特殊的地方就在于，他们获取资讯、品牌沟通、完成购买、分享推荐、持续复购等多种行为往往不会在同一个渠道完成。他们愿意付出更多的精力，如在线下门店进行真实的产品体验，但在线上商城进行便捷的下单和物流追踪。

由于上述原因，企业在耐消品营销上就会面临用户多触点管理、用户数据洞察、获客与转化，以及用户维系等方面的难题。而要解决这些问题，传统的模式已经很难奏效，企业必须进行营销数字化转型，并构建线索型私域模型。

线索型私域是以线索孵化为主要目标的私域运营状态，客户的消费类型一般具有低频和低互动特征。由于该品类的使用长期性和高客单价，客户购买产品通常注重其功能，进行产品信息比对，以及参考第三方客户的评价。基于此，线索型私域的营销行为通常前置，获取线索机会并进行孵化是这个行业的主要特征。从波士顿咨询公司提出的品类地图来看，汽车、电子产品都属于这个类别。

在弯弓研究院发布的线索型私域链路图中，触点飞轮的构建也是在线上和线下进行，线上采用搜索转化和基于社交媒体的内容营销方式，线下则进行各种会议和沙龙，如图 3-9 所示。尤其要强调的是，对于 B2B 和耐消品企业来说，尽管社交媒体的应用已经非常广泛，但基于人和人之间的传统模式——转介绍，依然是核心而有效的方式。只不过，在进行转介绍的过程中，用来承载信息的工具发生了很大的变化。

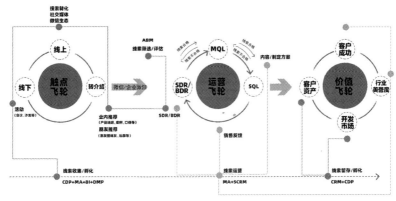

SQL：销售商机　MQL：市场商机　BDR：业务发展代表

图 3-9　线索型私域链路图

在线索型私域的运营飞轮中，如何鉴别线索，并通过有效的线索孵化，把冷线索变成热线索，最终把合格线索传递给销售部门，是线索型私域的主要工作。而为了使私域运营更高效，通常需要配置专业的 SDR（销售开发代表），并通过各种 B2B 营销工具进行赋能。

这样做可以实现三个目标：一是在决策端更精准，基于用户长期的行为数据，建立实时与精确的用户画像；二是在销售端更高效，自动化管理销售线索，通过多个触点免费地、反复地触达用户，实现水滴式营销；三是在运营端要更长期，发掘消费者的长尾价值，通过高频的用户互动，推动用户自发分享与传播。

3.4　经销型私域的 4 条链路

从经销型私域来看，这个领域的企业画像具有两个特点。第一个特点是产品客单价相对较低，用户购买频率高，但互动性不强。

由于用户随机购买的可能性大，产品替代性强。比如瓶装水，由于产品标准化程度高且试错成本低，不需要太多互动，但在消费者产生购买需求的那一刻，产品的品牌、包装新奇性、性价比和便利性会成为影响消费者购买的主要因素。第二个特点是渠道依赖性强，具有独特的消费场景。这种渠道依赖性有两种情况，第一种情况是要满足消费者的随机购买性，比如很多饮料、食品就具备这种特征；第二种情况是要具有多品类比对、一站式购买和场景体验式服务，比如购物中心、超市、餐饮店就具备这种特征。

弯弓研究院曾对宝洁、立白和嘉士伯等企业深入调研，发现在快消品领域，以经销商和夫妻小店为核心的渠道，销售占比至今仍高达 70% 以上，其次是 KA（重要客户）渠道，而线上渠道销售占比不到 10%。因此，尽管渠道越来越多元化，信息越来越碎片化，但人们对传统渠道的依赖仍很明显。比如饮料市场，虽然元气森林成为行业现象级品牌，但其影响力主要来自社交媒体和城市中心店，而要成为行业巨头，则必须深入数百万个广袤的"夫妻小店"中去，与农夫山泉、可口可乐等巨头抢位置。

但是，互联网的去中心化和信息的碎片化，注定会给营销带来巨大挑战。在这种环境下，由于用户不断流动，物理空间失去了传统的锚点效应，必须以用户为核心，建立新的空间数据运营方式，继而进行新的营销范式革命。畅销书《大数据时代》作者之一维克托·迈尔－舍恩伯格（Viktor Mayer-Schönberger）说，大数据时代的营销核心是思维方式的变化，即从过去的因果关系变成现在的相关关系。这句话也能应用到经销型私域范式中。

在经典的现代营销理论中，顾客、产品和渠道是一个黄金三角，经销商渠道就是企业组织的延伸，所有的产品都要依赖外部渠道进行销售。而随着数字化的出现，互联网成为企业延伸的新组织，产品和用户的主次（从经营产品到经营用户）位置发生了变化，渠道的定义也面临被改写的局面。比如，DTC 就是一种去经销商化的模式，企业连接用户的方式发生变化，品牌直接触达用户，形成新的营销形态。

在传统模式中，企业与经销商之间是一种控制关系，压货 / 卖货是经销商的主要责任。从某种意义上讲，企业不知道自己的消费者是谁，与消费者直接接触的是经销商和中小店。而对于一家全国性企业来说，由于空间和时间限制，在市场和经销商管理上存在滞后性，往往会形成一种控制和反控制的局面。

当年娃哈哈创始人宗庆后也看到了这一点。为了和经销商形成利益共同体，娃哈哈创建了联销体模式，通过股权实现利益绑定。品牌企业和经销商上下一条心，从而成就了娃哈哈的辉煌。

数字化时代，随着用户成为经营主体，品牌企业和经销商的关系也将发生变化。一方面，移动互联网和营销技术将大家紧密相连，实现了管理一体化，大大提高了时效性；另一方面，数字技术也促进了利益相关方的关系透明化。而从本质上看，经销商作为品牌企业的生态伙伴，将真正成为企业业务能力的延伸，企业和经销商之间不再是控制关系，而是业务赋能、销售驱动和共享规模红利的新型关系。

从这种意义上来说，经销型私域就是在品牌企业和经销商之间建立一种赋能型的关系，构建一种企业生态伙伴体系，是在品牌、销售、经销商、分销商和用户之间打造一种复杂利益共同体的过程。

总体而言，我们把经销型私域分成 4 种场景，即 D2C、F2B2b、F2b2c 和 F2c2b，每种模型的流转链路不同，价值也不同。图 3-10

为经销型私域链路。

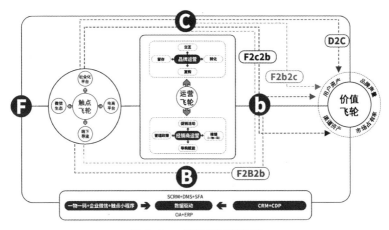

图 3-10　经销型私域链路

DTC 是指可直接面对消费者的线下线上营销模式，该模式通过与终端消费者建立直接联系，从而建立品牌信仰及黏性，并以此为目标而进行的传播、体验与销售活动。在具体操作中，针对忠诚用户或者网红/KOC 进行营销，是这种模式的主要体现。

本书第 1 章关于私域价值标签的介绍提到，资产的价值大于增长价值，这在经销型私域链路图中也有所体现。比如元气森林采取会员模式，其主要目的就是把忠诚用户变成关系资产，推动产品的研发测试和推广。而在对网红/KOC 的 DTC 营销中，联合利华的模式非常值得参考。

在调味品的营销中，厨师是非常重要的 KOC，为了实现精准营销，联合利华建立了一支以全国餐饮业实体为客户的 B2B 饮食策划团队，这个团队基本覆盖了中国 70% 的厨师。跟所有的 B2B 营销一样，联合利华同样采取了"打造场景→锚定目标人群→找到目标客户→线索转化"的链路。

首先通过烹饪技能竞赛以及与地方餐饮协会举办活动的方式，联合利华把厨师群体聚集在一起。然后，联合利华通过 CRM 系统、一物一码等数字化工具，围绕厨师进行忠诚度建设，让厨师更愿意使用自家产品。在这个过程中，业务员对厨师进行线索转化是非常重要的日常工作。

对于联合利华这类拥有强大品牌势能的企业来说，通过企业品牌的拉力，并结合经销体系的推动力，通常能够形成较好的私域营销效果。而高效的数字化体系，无疑能够驱动私域效能翻倍提升。

在 F2B2b 模式中，第一个"B"指的是大经销商，而第二个"b"通常指的是分销商，即终端门店。

在信息化时代，企业信息下达到终端，需要经过层层"阻碍"，终端信息反馈亦然，最终导致企业面对市场变化的敏捷度不高。而在数字化时代，信息的响应速度要快很多。比如，公司总部的政策和营销信息能够即时反馈到各个层级，而各个层级的产品、物流、营销、铺货、动销等供应链和交易信息，也能够在最短的时间内呈现在系统中，大大节约时间成本。根据这些数据分析，品牌方能够迅速制定针对性策略，调整渠道运营方法。

因此，F2B2b 相当于品牌企业采取"赋能 + 去中心化"模式，对重点的大 B 端进行赋能，以去中心化的方式对待小 b 端，即协助大 B 端对小 b 端进行赋能型管理，为终端提升触达消费者的能力，最终推动品牌企业的壮大。具体来说，这里的重点是提升经销商（大 B 端）对分销商（小 b 端）的赋能能力，因为品牌企业对不同级别的经销商有不同的政策。其中关键点是让小 b 端在最短时间内知道大 B 端的各种经销商政策，让大 B 端与小 b 端快速同步协作起来。在私域关系上，大 B 端和小 b 端才是私域的本身，从技术层次看，

其运营模式包括 ERP、OA、SCRM 等。

在经销型赋能私域模型中，还有两种围绕小 b 端和 C 端展开的模型，其核心意义是强化用户流动性，为区域伙伴调动赋能，我们把这两种模式分别称为 F2b2c 链路和 F2C2b 链路。

F2b2c 是品牌企业通过线上或线下平台，直接为某个区域的小 b 端进行定向导流，以及产品或服务信息的展示，最终把用户引导至小 b 端进行交易的模式。在此模式中，品牌企业辅助小 b 端更全面多维地满足消费者的需求，所以，F2b2c 的核心是品牌企业与小 b 端共同深度服务消费者。

波司登就经常采用 F2b2c 的营销链路模型。波司登的做法是，通过智慧导购的任务平台，将总部营销策略快速、高效地传递给一线的每一个门店（小 b 端），提高导购拓客裂变、会员运营和转化变现效率。同时，波司登还建设了千店千面的小程序商城体系，结合企业微信运营，将线上线下渠道全面融合，为消费者提供温暖、个性化的服务，形成全价值链的直连。

在 F2C2b 模式中，东鹏特饮是一个非常典型的案例。该企业的发力点不在于大量的广告，而是侧重于红包抽奖，尤其是在扫码激励的设置上。为了有效开展扫码业务，东鹏特饮共设计了 3 个码：箱内码、瓶身码及终端专用码。"箱内码"的设置是为了鼓励小 b 端开箱上架，通过扫码激励，总部即可知道这箱货卖到了什么地方，也可以掌握开箱上架的情况。"瓶身码"的设置是为了鼓励消费者购买产品和扫码获奖。一旦有人中奖，就需要去扫东鹏特饮给终端店家提供的"终端专用码"，才可兑到相应的奖金。为了鼓励终端店家兑换，在消费者中奖并兑奖的情况下，终端店家也会收到东鹏特饮的一份额外奖励。

显然，仅在一个终端专用码上就已经涉及品牌方、消费者和流通终端三方的数据和互动，并形成有效闭环。尤其对于小 b 端而言，消费者的购买和抽奖行为，除给它们带来饮料本身的利润之外，还有机会获得箱内码和终端专用码的两份奖励。这样以 C 端促 b 端的做法，不仅让消费者形成购买获奖预期，也大大提升了小 b 端的营销积极性。为此，东鹏特饮每年投入大量红包奖励费用，仅 2021 年的投入费用就达到 6 亿元。

从上述案例中不难看出，所谓 F2C2b 模式，是品牌企业将传统的、侧重于经销商的激励方式转变为更高效的、通过不同手段刺激用户消费产品的模式。这种方式的最大特点在于，以 C 端和消费者为核心，有效利用包括一物一码在内的数字化工具，加深消费者与品牌企业之间的互动，并借助消费者之手，最终深化品牌企业对小 b 端（零售店）的直接赋能与管理。

因此，有别于 DTC、F2B2b 和 F2b2c 以经销商能动性为主的模式，F2C2b 是先有消费者而后有经销商，即先满足消费者需求，再通过消费者赋能小 b 端。在这里，C 端和小 b 端之间不仅是单纯的买卖关系，还存在赋能关系，赋能的意义在于小 b 端可以运用 C 端的"支持"（如东鹏特饮案例，消费者扫码后终端可获得一份奖励），使品牌企业能够掌握当地的经销情况与产品销售情况，并据此制定有针对性的营销策略。

3.5 私域策略屋：顶层设计和岗位安排

谋定而后动。当我们清楚地了解了企业画像和泛私域特征，以及强私域、线索型私域和经销型私域的链路区别之后，就可以通过私域策略屋着手进行私域规划，建立属于自己的私域运作模型，如图 3-11 所示。

图 3-11　私域运作模型

我们对企业的私域规划可以从 3 个层面去思考，策略规划、SKU和组织架构属于第一层，决定了私域规划的方向，尤其是决定了能否按照正确的方向做正确的事情；IP 化导购、技术选型和内容管理属于第二层，也就是我们在第 2 章提到的 IMC 模型，这是搭建品牌私域必须要做的基础工程；而私域链路和营销画布所涉及的触点布局、社群运营、渠道赋能、会员系统、流量管理和数据洞察环节属于第三层，这个部分涉及私域运营的核心，从触点布局到运营转化，再到用户价值提升，不同的营销画布和私域链路将影响私域运营的结果。

所谓营销画布，是根据企业画像和用户画像而制订的运营流程，可以帮助企业构建全生命周期的营销旅程，主要包含营销对象筛选、营销策略编排、营销动作触达、目标转化及数据统计等满足营销场景闭环的产品能力。

比如，某美妆品牌希望通过"满赠"活动引导用户购买产品，提升销售业绩，就在营销画布进行了如下的营销策略规划：先把"累计消费满 500（元）赠送定制礼品"的活动通过短信、微信推送给客户；3 天后，如果发现参与活动的用户数量未达到预期，就生成新的营销规则，即"满 500（元）减 80（元），同时赠送礼品"。

用户参与度明显提升之后，企业又发现购买产品的部分用户中有 20% 只消费了 300 多元，无法参加"满赠满减"活动。于是，团队立即在营销画布制订新的营销策略规划，发短信提醒这部分用户加购即可获得礼品和优惠。

相对来说，私域运营最困难的阶段是起步搭建阶段，因为私域用户沉淀需要一个过程，只有在用户规模达到一定量级才能发挥私域势能。这个阶段，也是企业不断通过运营进行 A/B 测试，不断丰富营销画布的过程。随着运营工作的不断深入，就可以找到符合品牌私域运营特点的最佳实践——MVP（最小可行性产品），并不断优化，提升私域运营效率。因此，品牌企业首先需要做好心理准备，起步阶段要保持足够的耐心和投入。随着私域用户基盘不断累积，边际投入成本会逐步降低。

那么一个成功的私域运营项目通常具备哪些特征呢？弯弓研究院通过大量的访谈发现，这些企业通常做对了以下几点。

（1）根据用户和产品的特性，确定企业私域运营的目标和衡量指标。

（2）部署配套的组织架构，并在不同业务部门之间建立协同机制。

（3）配置私域运营的专业人才，自建团队或者选择代运营合作伙伴。

（4）搭建私域运营的工具，形成高效的运营系统。

如果把这几个步骤进行简单归纳，可以概括为定目标、搭架构、组团队和建系统，像极了一种非常传统的成功商业叙事方式。不过，在对比了那些失败的私域运营案例之后，我们便能够体会到这种叙事方式的生命力。

比如在定目标方面，由于私域运营是一个不断试错的过程，因此需要更多的容错空间。有些项目夭折的原因是决策者制定的私域运营目标过于乐观，在受到挫折之后，大家对私域运营丧失信心。

在搭架构方面，很多项目出现的问题是内部不协同。也就是说，由于组织架构设置没有考虑到现实中的障碍，各组织部门没有达成统一协同机制，导致在运营过程中出现内部阻力和不配合的现象，阻碍了私域运营的业务正常开展。

而在组团队和建系统方面，由于缺乏私域运营的人才和有效的数字化工具，就造成了项目运营如同盲人摸象，不能形成以数据分析为导向的运营方式。这也是造成很多项目失败的普遍原因。

实际上，数据分析是数字化运营必须掌握的能力。私域运营目标通常会按照时间来分解，数据颗粒度可以细化到年度/季度/月度/档期/周/日的不同节点，并且在对应时间会进行定期追踪。私域运营团队根据相关原始数据进行追踪和分析之后，定期整理活动复盘报告，优化各个数据指数和运营效率，优化范围包括但不限于提升用户数、转化率、复购率、客单价、销售额等。根据这些数据结果，并结合商品的实际销售情况，可以分析用户购物的偏好，进一步提出选品优化和调整建议，为下一阶段的数据提升打下基础。

在私域运营中，一直有着"三分技术七分运营"的说法，既说明了人员的重要性，又表明了私域运营是一个"人力密集型"业务。从组织赋能的角度，一套私域运营体系的规划包含了组织策略、团队搭建、运营流程和绩效考核等多个维度。其中，团队搭建代表了不同的岗位需要不同的人员，比如微信运营、用户增长、数据分析、内容设计等，对这些岗位人员的安排都要根据企业规模的不同而进行恰当的配置。

微伴助手（简称微伴）是一家企业微信服务商，有着丰富的私域运营经验。该服务商所提供的针对线上私域业务的"超人私域运营人员能力模型"重点关注 4 个核心岗位人员的能力要求，分别是内容策划、活动策划、社群运营和销售转化，如图 3-12 所示。按照不同岗位的技能要求，微伴把这些人员分为初级、中级、高级 3 档，共 9 个级别。这份岗位描述不仅可以让企业了解不同岗位的业务构成，也为企业考核不同级别的私域运营人员提供了参考标准。

内容策划岗主要负责内容生产和各触点的内容供给。该岗位人员不仅要有文笔基础，还要具备卖点提炼、审美、商业洞察等能力，因为这样才能够不断成长和提升。

活动策划岗主要负责私域运营中的活动策划。该岗位人员要具有丰富的活动经验，能够不断提出可行性高的创意方案，还要保证方案落地。这个岗位员工要具备的能力包括但不限于数据收集和复盘能力、数据创新能力、跨部门合作能力等，并且要求有一定的行业资源。

超人私域运营人员能力模型

🔲 微信助手

技能级别		内容策划	活动策划	社群运营	销售转化
初级	1级	• 有一定的文笔基础 • 可以编辑推送图文	• 执行力较强，能独立完成交办的所有活动的执行工作 • 会使用行业常用系统进行配置，辅助完成任务	• 能进行基本的客户服务、内容撰写、用户互动 • 会使用微信的多种工具方法，熟练使用微信多种工具 • 可以辅助常用/各类问题	• 对销售有热情，认可销售工作 • 个人目标感强，对结果高要求度高
	2级	• 会梳理卖点 • 有较好的审美能力，可以对商铺的配图有排版能力	• 拥有一定的组织活动经验，能提出可行性高的创意方案 • 可以独立策划小型活动，负责活动落地	• 有较高的客户满意度，了解客户痛点 • 能快速掌握公司产品的优势和服务为客户解答、与客户无障碍沟通	• 着手挖掘客户需求，了解客户情况 • 能熟练掌握公司产品的销售话术和服务流程(包含不同平台)
	3级	• 可以突出重点内容 • 有相关行业经验或者具备一定的用户洞察能力 • 审美能力较强，可创作精致的图片、进行美观地排版	• 可以独立策划中小型活动，具备较强的创意策划能力 • 有计划地完成任务 • 能对单次活动进行复盘	• 用户眼中的专家，可以解决用户大部分问题，掌握往往运营所需全面软件的使用指标	• 会通过多种销售模式维护各类客户关系(包含包含不同手机品牌、网络销售的服务均包含其中) • 能很好地完成个人业绩目标
中级	4级	• 资深从业经验，熟悉用户心理了解行业信息 • 会找准业务部门关键点、销售卖点等，有针对性地创作 • 包括用户关注点，有针对自发传播的文案	• 资深活动组织者，熟通参与者心理，具有极强的创造力 • 可参与完成一次大中型活动某个板块的任务	• 可以配合内容团队完成热点工作 • 对用户关心的行业议题较为敏感 • 策划线下部分线上活动，充分调动用户的积极性	• 了解销售全链路，通过AIDA模型吸引消费者购买产品 • 会分析产品销售背后的逻辑，例如某一类产品产出高，根据这类产品云做针对性地营销
	5级	• 长期输出文章引起广泛传播(捕捉大多数痛点) • 对运营内容有了解(TOB)、TOC/资料有了、材料、新闻资讯等 • 能组织小范围的跨部门内容创作	• 能够每天每行少诸创意，取得优秀的成果 • 可独立完成部门协调、辅助部门大型活动	• 行业级专家，可以用户产行有关产品和生态的专业内容 • 管理维系社群群口工作，并能有效组织小型跨部门队伍进行数据指标 • 会根据目标链接数据指标推进	• 会对客户分层，对客户进行CRM管理 • 有对销售信息比较敏感，可以快速对分析本公司对行业销售的良好产品之处，且进行转化
	6级	• 对某类内容有独到见解、知道如何提高某类内容的经验、进行文案创作 • 可调动外部资源进行内容创作，能够转化某类产品	• 具有明确规划能力、手续定位、创新点，并取得优秀成果 • 可独立完成大中型活动的某个板块大的工作 • 能够根据活动调整组织策略做行创新	• 行业级资深专家，承担通过数据分析数据特点、提炼客户画像及相关指标等相关工作、转化 • 带领团队负责跨部门工作，主导某一板块任务	• 在团队中长期担任销售冠军角色，或总绩效TOP35以内，能成功培养大客户且目标良好的业绩 • 可以培养团队成员角色，赋能团队做更多的销售的前端后
	7级	• 对内容体系内容有着安稳的结构框架、组织团队行长期的内容创作项目，并在这方面有较手调性、得到同行好评 • 能在新媒体传播项目	• 可独立完成调整整项目活动或者某大中型活动 • 并在跨部门门协调方面 • 具有较强的门门协调能力	• 行业级资深专家，可以进行社群运营，以及提供部分与业内服务 • 开发创新服务产品，自行输出、取得良好效果	• 专业能力强，可以多维度分析行业产地的前后后业，且提供解决方案 • 能独立规划且完成此类业务各方法、赋能团队，完成团队的目标
高级	8级	• 通过某种、激动调动团队资源，能够进行业内整合、整合团队、建立可持续生态团队，能将这续传播的内容资产 • 承担新媒体传播项目，可以出色地完成项目目标	• 在组织工作中，通过确定团队协作、有运行目标出色色完成任务 • 能过进行业务培训，辅助组织完成跨部门、跨企业的联合行动	• 维修维护型组织存在的问题、并协调解决 • 会通过某种调动团队的灵活性、建立可持续团队、出色会胜任 • 承担某任何战略项目，并出色完成任务	• 做好团队，成员因目标地低、分层因地制宜、团队、搭建和运营团队 • 以业务为成为中心，整合资源，为销售转化做支持
	9级				

图3-12 超人私域运营人员能力模型

社群运营岗主要负责社群运营和推广。该岗位的目标是岗位人员能够成为行业的资深专家。围绕个人成长，不仅要有基本的客户服务能力，还要会撰写文字、推送微信、了解行业资讯，具备行业咨询能力、数据复盘能力并可以开发社群服务产品等。

销售转化岗主要负责销售工作，这里指的是线上导购，岗位目标是成为销售冠军。围绕销售能力的提升，该岗位人员不仅要对销售有热情，认可销售模式，还要具备挖掘客户需求、多渠道营销、分析销售数据、对客户进行分层管理等能力。

不过，与线上私域运营岗位相比，线下私域运营的岗位要求则有所不同，线下导购的能力要求远高于线上导购。并且，为了更好地管理线下导购，企业还要设计相应的激励机制。关于这个话题，本书第 5 章有详细介绍。

基于对私域人才的关注，2021 年 12 月，北京见实科技公司与前程无忧平台发布了一份《2019—2022：私域人才需求与薪酬调研报告》，该份报告选取"私域"与"社群运营"两组关键词进行同期对比，数据显示，近 3 年两组岗位发布数量皆连续增长，且私域岗位发布量在 2020 年全行业岗位发布量发布不足的情况下逆势增长。

对私域人才的需求除"社群运营"外，私域多类型岗位（技术、销售、活动）也已出现，在前程无忧网站检索"私域"，直接出现的岗位包括但不限于以下几项：私域运营总监、私域安全高级技术产品经理、私域运营主管 / 经理、CRM 会员运营 / 私域运营、私域销售主管、私域活动运营、消费品社群运营等。相比社群运营岗位的发布量，私域岗位整体需求急速增长，这与私域快速发展期间职位需求更丰富、业态更完善有密切关系，说明私域运营已经被越来越多的企业所接受，并给企业带来新的战略调整和组织变革。

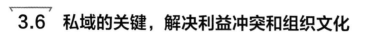

3.6　私域的关键，解决利益冲突和组织文化

私域运营的整体架构设计有两点很关键，一是如何解决不同利益冲突，二是如何建立有效的组织文化。

私域运营作为创新业务，企业一般会从部门归属、组织架构、目标设定、资源和资金投入等几个方面去研究立项，以此确保项目的有效推动。但从市场上的很多案例来看，有一点很重要，企业必须关注私域战略对消费者产生的影响，以及与经销商之间的利益冲突。换句话说，如果不重视这种利益冲突所带来的风险，将对企业的营销产生严重不良影响。

2021 年 12 月，完美日记 CIO（首席信息官）说，企业的私域运营基本上都是销售的一个组成部分，因此企业必须考虑它与其他经销商之间的平衡问题。完美日记目前把私域业务归属到 DTC 部门，由逸仙电商的 CIO 进行统筹，因此该部门可以充分调动企业的技术、数据、产品和广告资源，并获得了不错的销售业绩。但是，考虑到淘宝和其他平台之间的关系，完美日记的私域运营销售额占比只有 20% ~ 30%。

在母婴行业，美素佳儿奶粉的私域运营消费占比额曾一度达到 40%，但由于自有渠道销售占比额过高，影响了其他代理商的利益，美素佳儿最后被迫把私域运营销售额占比下降到 10%。群脉联合创始人车传利说，他们所运营的一家高端食品企业私域运营销售额占比是 10% 左右，因为企业意识到，如果私域运营销售额比例过高，将会严重影响整个销售生态的平衡。由于私域流量是一种数据私有化行为，而数据恰恰也是经销商的核心利益，如何说服经销商同意把数据共享到平台上来，并建立新的分销模型，会成为企业私域运营最大的障碍。

那么，如何解决经销商之间的冲突问题呢？珠海格力电器股份有限公司总裁董明珠的直播带货，可以说是线索型私域运营中典型的参考样本。

董明珠直播带货最早开始于 2020 年 4 月，当时并不顺利，只有 22.53 万元的销售额。但到了 2020 年 6 月 1 日，董明珠直播的累计销售额却高达 65.4 亿元。此后的整个 2020 年，董明珠直播出场 13 次，销售额达到 476 亿元，一时传为佳话。同样是通过直播小店带货，为何前后差距这么大？这是因为董明珠在第一场直播尝试之后改变了方式，充分调动了经销商的积极性，并获得了他们的大力支持和参与。

从品类特征来看，空调属于线索型私域的产品，具有低频、低互动特征。在消费者购买空调的过程中，他们会更相信朋友的推荐和自己进行产品信息比对，而不是单纯依靠与卖家的互动。因此，当一个用户购买格力空调时，其实他已经有了足够的了解。换句话说，董明珠尽管具有很高的 IP 影响力，但消费者不会因为冲动而去购买这种产品。而能够到董明珠直播间购买空调的人，基本上都是有了需求点，且大部分经过了经销商线索孵化。对于格力来说，董明珠直播间是促进转化的充分条件，真正的利益主体还是经销商，只有充分赋能经销商并获得经销商的支持，董明珠直播才有机会迎来较高的销售额。

那么，如何理顺企业与经销商的利益关系呢？格力的做法是把直播带货变成帮助经销商促销，而不是另外开辟自己卖货的新渠道。

这样一来，每次直播前，经销商就积极在线下聚集流量，通过地推活动邀请有意向的用户添加微信，为直播引流。

仅靠经销商单独努力还不够，如何吸引用户积极参与呢？格力的做法是使用"膨胀金"。在直播前，经销商会给到店用户或者有意向的用户发放专属的渠道二维码，用户只需要扫码预付 9.9 元，进入直播间后购买空调就可以当场抵扣 50 ~ 100 元（根据不同促销场景），对于真正有购买需求的用户来说，从 9.9 元到 100 元，一下子膨胀 10 倍，这无疑有着较大的吸引力。而用户在直播间下单后，后台将通过二维码识别用户来源，格力总部会根据线索来源返利给相应经销商。

如果用户不是通过经销商的二维码，而是通过格力的官方宣传等其他方式进入直播间，格力也会根据用户的收货地址，把订单分配给对应区域的经销商。由于这些用户不是经销商带来的流量，所以这个时候经销商赚不到差价，但他们可以获得一笔服务费。例如，每次安装空调的服务费是 200 元，扣除人工成本 100 多元，经销商还能获得几十元的利润。

通过这个案例我们可以看到，用户是经销商的"私域"线索，而经销商又是格力的"私域"伙伴，二者配合恰当才能充分发挥私域的价值。因此，私域运营虽为新事物，但只要企业在总体战略和利益分配上跟经销商形成共同体，就能建立健康、协作的生态关系，甚至帮助双方大大提升年度业绩的完成率（格力通过直播完成了年度业绩的 32%）。

事实上，私域流量是一种突破了线上线下物理空间和内部外部管理系统的新业态，必然会对既得利益形成挑战。除经销商的利益冲突之外，企业内部利益的协调也很重要，而部门利益冲突的问题，必然要从战略和组织层面去解决。

著名的管理大师德鲁克说过，不管基于何种原因，只要企业调整了战略，就必须调整企业的组织结构来给予配合。而有效的组织结构，就是使得这些关键活动能够进行运作，并取得成就的那种组织设计，并且一定要随着战略的调整而调整。

当下，无论是私域运营还是数字化转型，都是每个企业要面对的问题，从 Web1.0 时代到 Web3.0 时代，企业的数智化转型已经是大势所趋。因此，企业必须认真对待，并构建新的组织模式。

那么，数字化时代的组织结构有什么特点呢？

曾经风靡全国的《增长黑客》一书提到了企业在进行数字化转型中的人员构成问题，作者之一肖恩·埃利斯（Sean Ellis）提出的"增长黑客"小组打破了企业内部的传统"筒仓"结构，将数据分析、工程、产品管理和市场营销方面的员工凝聚起来，组成跨职能通力协作的团队，使企业能够将强大的数据分析、技术知识和营销能力结合起来，迅速寻找更具潜力的增长手段。

事实上，增长黑客这样的组织结构就是德鲁克提出的"任务小组"模式。在德鲁克的管理中，组织架构被分成 5 种，第 1 种是功能式结构，每个部门都因为功能而存在，供、产、销和人、财、物都相对独立；第 2 种是工作小组模式，为了某个项目而存在；第 3 种是联邦式结构，这样的企业在组织上通过授权产生，每个部门都相对独立运作，对结果负责；第 4 种是分权组织结构，也是每个部门相对独立运作，但要对具体盈亏负责；第 5 种是系统式组织，每个系统都是独立的个体，但工作时能够相互协作。

对于企业数字化转型，《变数：中国数字企业模型及实践》一书提出两种组织解决方案，第一种是集成策略，是指通过内部团队推

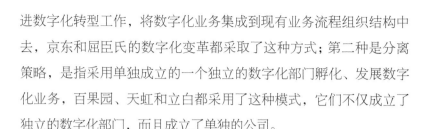

进数字化转型工作，将数字化业务集成到现有业务流程组织结构中
去，京东和屈臣氏的数字化变革都采取了这种方式；第二种是分离
策略，是指采用单独成立的一个独立的数字化部门孵化、发展数字
化业务，百果园、天虹和立白都采用了这种模式，它们不仅成立了
独立的数字化部门，而且成立了单独的公司。

理论上，私域运营属于数字化转型的一部分，其组织架构也应
该参考上述模型。而从实际操作来看，我们的确能够从百果园、完
美日记、屈臣氏等企业级私域案例中找到共同点，并形成一定的规
律性总结，我们称之为三大组织特征。

首先，私域是"一把手"工程，把私域归属于一个部门，并进
行充分授权是成功的前提，这是私域运营的第一个特征。《变数：中
国数字企业模型及实践》一书在"数字化战略"章节提到，数字化
战略的制定首先就是"一把手"工程，这代表了企业最高领导者对
数字化战略的认知、投入与参与程度。但是，"一把手"的参与方式
可以有所不同，有的是亲自参与战略实施，有的通过 CIO、CDO（首
席数据官）、CTO（首席技术官）来落实战略。无论采用哪种形式，
一个好的"一把手"必须重视数据的分析工作，清楚数据对组织的
价值，能够领导团队分析数据、洞察商业机会。

私域运营之所以是"一把手"工程，原因有两个方面：一方面
在于，企业的私域运营需要市场营销、IT、线上运营、线下门店、
财务、人力资源等多部门的协同作战，离不开"一把手"的统筹和
调度；另一方面，私域运营是大多数品牌学习经营用户的开端，也
是存量时代的企业生存之道，值得"一把手"从战略层面进行关注。
总体上，私域运营要具备长期主义思想，不追求短期 ROI，这也是
私域运营和其他销售业务的不同之处。而通过"一把手"工程，私

域组织力表现良好的企业，通常在如下一些方面形成了较好的协同。

IT、电商部门给私域基础设施搭建和业务运营提供支持；与线下渠道部门进行高度紧密的联动与合作，并实行原有线下渠道与小程序渠道业绩双计；各渠道部门协同进行跨渠道会员导流，共同支持私域资产沉淀；商品团队、经销商团队对私域认同与支持等。

在"一把手"工程中，宝岛眼镜是典型的案例。面对社交媒体的冲击，宝岛眼镜制定了全员线上营销的战略规划，要求所有员工在抖音、小红书等社交平台进行营销卖货，目标是把 8000 名导购变成 KOC。而为了保证员工的全力参与，宝岛眼镜从顶层设计开始推进，要求每个导购先辞职再竞争上岗。结果，宝岛眼镜的"MOC（会员运营中心）"计划大获成功，成为耐消品"私域"营销的典范。

其次，建立业务驱动型的数字化变革模式，是成功的私域运营的第二个组织特征。

腾讯在《2021 智慧零售私域增长指南》中列举了以小程序为核心的 4 种私域组织模式，分别是市场部主导模式、线下业务主导模式、电商部主导模式、独立团队主导模式，如表 3-1 所示。这 4 种模式各有特色，适合于不同状态的品牌。

表 3-1　私域组织模式

模式	市场部主导模式	线下业务主导模式	电商部主导模式	独立团队主导模式
私域主体	小程序、会员管理、品牌营销	小程序、线下运营、区域分公司	电商平台业务、小程序业务	小程序业务、会员管理
协同部门	线下零售、区域分公司、线下运营	商品部门、市场部会员管理、品牌营销	线下零售、区域分公司、线下运营	电商部平台支持、线下零售、区域分公司

续表

模式	市场部主导模式	线下业务主导模式	电商部主导模式	独立团队主导模式
适用条件	营销导向的品牌；流量触点薄弱；私域运营初期	销售导向的品牌；区域协同性强；适合终端式导购	需要公用电商资源推动；线下资源不易整合；需要明确利益协同	领导层重视，小程序定位为全渠道业务；明确了线下和电商之间的利益协同
优势	有利于统一规划触点；有效利用公域资源；新模式尝新	有利于线下合作统一调配资源；有助于搭建导购和社群触点	有利于电商运营；共用电商团队，能够快速启动	独立完整的小程序私域；有单独的预算和业绩考核指标
劣势	后链路转化存在割裂；线下渠道不统一	短期利益导向，缺乏长期规划；受到线下驱动，小程序考核和激励不充分	与线下业务利益不一致，缺乏线上线下协同	与线下和电商的利益点不一致；需要更多的资源和团队支持，起步较晚

通过对表 3-1 中的 4 种私域模式进行对比可以发现，市场部主导模式适合营销导向的品牌，有利于统一规划触点；线下业务主导模式适合短期利益导向的品牌，有利于调动导购和社群资源；电商部主导模式适合公用电商资源的模式；独立团队主导模式适合完全独立的业务模式，但要整合很多资源，都需要"一把手"亲自参与。

在市场部主导模式中，屈臣氏就是典型的案例。前面说过，屈臣氏的数字化转型采取的是集成策略，为了推动企业数字化转型，这家公司采取了如下管理模式：CEO 授权 CMO 负责屈臣氏数字化转型业务，CMO 下属的部门不仅包括会员管理、品牌运营、云店销售等，还有一个产品研发部门，这个部门主要从业务角度部署技术开发和选型工作。也就是说，在屈臣氏的数字化转型中，CEO 不仅赋予了 CMO 数据化会员的管理运营权，而且把技术开发和线上销售工作也转移到了这个部门，而这两个业务在过去分别属于 IT 部门和销售部门。

正因如此，屈臣氏能够根据业务需要进行数字化转型，同时尝试 80 多个项目运营，实现技术的优化和敏捷应用。比如，屈臣氏在发现了企业微信 3.0 的价值之后，迅速进行二次开发，不仅实现了导购赋能，成为有效的 SFA（销售能力自动化）工具，而且把会员数据通过企业微信导入，有效盘活 4300 万用户的数据；屈臣氏在 2020年年底上线"云店"系统，实现 2021 年线上营业总收入 35 亿元，为企业增长作出较大的贡献。

最后，不断试错、快速迭代是私域运营的第三个组织特征。

《腾讯传》的读者都知道，不断试错也是腾讯创始人马化腾的成功心得。正是凭借不断创新和变革，腾讯才从不断尝试中找到新的模式，成长为今日的超级媒体。私域运营和数字化转型作为新生事物，没有一种可以完全复制的流程和模式，只有不断迭代才能找到最优的运营模式。

回到开头提到的问题，企业级私域打造也是一个循序渐进的过程，技术选型是私域的刚需，但进行规模化运营之前，切忌大规模投入。在这方面，也许点燃私域创始人魏子钧的观点值得参考。

"品牌做私域的时候，一定会涉及一个问题，私域的系统怎么选型？每个人做私域的时候，（我们）听到的宣传都是'我要做一个数据中台，要把用户全部放到数据中台'。但你知道吗？数据中台可能要投入几百万元，才能搭建一个企业数字化营销全链路。因此，我们给品牌的建议是：开始私域（运营）的第一年，不要投入过多，只用市场上现成的 SaaS（软件即服务）或者市场上现成的小程序，甚至不要开发自有小程序，只用有赞、驿氪的小程序就足够了。当第一个半年，（企业）把私域模型、运营流程跑通了，验证了你的私域生意是一门成熟的、可以赚钱的生意时，你再做系统化的部署。只有这样做出来的数据中台才是符合企业业务需求的数据中台。"

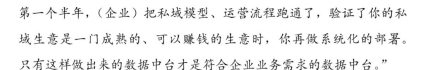

【案例研究】宝岛眼镜的私域变革模型

宝岛眼镜是一家目前拥有 3000 万私域用户、企业微信每月新增用户数达 40 万以上、单日私域社群联动直播交易量达 520 万以上的数据驱动型企业。宝岛眼镜 CEO 黄药师介绍，早在 2015 年社交电商兴起的时代，他们就已经意识到门店传统中心化电商平台的商业逻辑会被打乱，拥有大量用户的微信已经成为很重要的经营阵地。因此，在集团董事长的带领下，宝岛眼镜就开始了变革之旅。

传统零售商背负着租金和人员成本两座大山，往往很看重即时效益，而不愿意去做很重要的用户运营和服务。过去 10 年，品牌商其实把很多用户运营的工作交给了中心化的平台，这导致品牌与用户之间的联系和沟通非常少。很多品牌今天面临的窘境都根源于此。

实际上，无论高频还是低频的行业都应该进行私域运营，因为私域运营是一种非常有效的品牌与用户接触的手段，基于此，企业可以跟用户进行及时、有效、双向的沟通。为了建立线索型私域模型，宝岛眼镜启动"一把手"工程，从战略上解决两个"人"的问题，一是用户会员，二是导购员工。

围绕"以会员运营为核心"的战略，宝岛眼镜成立了 MOC 部门，总部的营运部、商品部、市场部均以它为核心。MOC 的主要职能是给公司赋能，通过数据分析帮助大区经理高效决策。通过这种变革，宝岛眼镜从以门店运营为中心的传统模式，切换成了以会员运营为核心的零售模式。

这套组织架构以及它背后的数字化工具，并非宝岛眼镜私域转型成功的最关键因素，核心是宝岛眼镜拥有一批认知水平高、有技术和执行力的优秀员工。系统和工具都是可以复制的，但是这样一群有能力的人，在无法立刻得到回报的情况下，愿意在零售行业做高强度的工作，并且持续3个月，甚至6个月，这一点是很难复制的。而支撑起这一人群工作的部门，是宝岛眼镜成立的MCN（多频道网络，又名网红孵化中心）部门，它的职责是将企业内部的近8000名员工培养成网络达人，到不同的流量平台开设账户，传递宝岛眼镜的品牌理念，对平台用户进行"种草"、拉新，吸引其添加企业微信，成为宝岛眼镜的私域流量。

从2019年至今，宝岛眼镜在品牌声量打造上最大的变化，就是把自己的员工变成了传播声誉的达人。员工既懂宝岛眼镜的产品，也懂眼镜专业。目前，宝岛眼镜不仅拥有总部视频号，旗下的高阶验光师也都开通了视频号，组成了一个庞大的视频号矩阵。

宝岛眼镜的做法是在消费者增权的时代，通过导购增权建立一种新的管理模式，而这种模式是由CEO亲自主抓。在推动变革中，宝岛眼镜有两点做法值得参考，一是为了让每个员工认真参与，CEO使8000名员工先"下岗"再"上岗"，让每个人真正掌握社交媒体运营的方式；二是在员工考核上采用了OKR（目标与关键成果法），而没有采用传统的KPI（关键绩效指标法），直到经历了近两年的探索，才对企业定位有了全新的认知，且该企业在私域运营领域有了更明晰的方向之后，才设定了具体的业绩指标。

第 4 章

**击穿用户认知三角，营销
触点布局和圈层化运营**

4.1 Z 世代特征和用户的真相

2020 年 5 月，B 站的破圈演讲视频《后浪》引爆了舆论。在该视频中，演员何冰登台演讲，描述新一代年轻人所面临的世界和未来。有人为"后浪"朝气蓬勃的精气神所感动，也有人认为视频中五光十色的后浪生活不切实际。但凭借强大的社交传播影响力，《后浪》却让更多人了解了 B 站这个"二次元"风格的网站，并深深感受到了"Z 世代"所带来的冲击波。

根据《Z 世代定义与特征：青山资本 2021 年中消费报告》，Z 世代（由于在这个时间段出生的人众多，人们给 B 站定义了 Z 世代的标签）是欧美国家对于 1995—2010 年出生的人的一种定义，15 年一个世代，是对 X 世代（1965—1980 年生人）和 Y 世代（1980—1995 年生人）的延续。如果按照这个定义来统计，我国 2018 年 Z 世代人数已达 2.3 亿，2019 年他们约占全球人口数的三成，2020 年，Z 世代占据四成消费市场。

青山资本却引用法国社会学家莫里斯·哈布瓦赫（Maurice Halbwachs）的观点，认为每一代人都被其时代的重大历史事件所塑造，而青春时期的集体记忆将影响其个体的生命历程。因此，中国的 Z 世代人群应该被重新定义。青山资本从信息媒介、社会事件、成长周期三个重要的维度来寻找 Z 世代的定义和特征。并强调，门户网站、移动互联网作为信息媒介，其发展极大地改变了信息传递的方式和人们参与社会事件的交互体验，这将令不同时代的人群形成不同的思考特征。

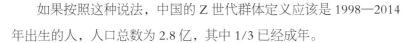

如果按照这种说法，中国的 Z 世代群体定义应该是 1998—2014 年出生的人，人口总数为 2.8 亿，其中 1/3 已经成年。

其实，无论是欧美传统定义，还是青山资本的新定义，Z 世代群体都正在成为社会的消费主流，而深入了解 Z 世代用户的特征，就成为研究和部署私域流量战略的基础工作。毕竟私域运营的本质就是以经营用户为核心。

在很多人的印象中，中国的 Z 世代群体（以下简称 Z 世代）大多是独生子女，人们在热搜上通常看到的是他们不喜欢出门（参与社会活动）而又悲观、任性、自私的一面，但真正有代表性的"后浪"是怎样的？是佩戴高科技设备环游世界，还是沉迷娱乐荒废无度？"吃瓜群众"或许只管猎奇，但对于各大品牌来说，"浪花们"一个小小的喜好、习惯都可能影响品牌营销的策略方向。为了全面客观地了解 Z 世代，我们研读了多份调研报告，综合后发现，这一代年轻人具有本土文化自信、关注虚拟世界、崇尚独立自主等特点。

本土文化自信是指大家对自身文化传统的认同，并由此形成荣誉感和自豪感。从美国、日本、韩国等国家的发展历程来看，人均 GDP 达到 1 万美元的时候往往是本土文化需求大幅崛起的时期。根据 2021 年的官方统计数据，这一年中国经济的增速达到了 8.1%，人均 GDP 达到了 1.2 万美元，恰好处于这个转折点上。正如《后浪》所描述，本土文化自信已经成为 Z 世代的基本生活态度。

那么，当一个国家人均 GDP 超过 1 万美元的时候，本土企业会发生什么呢？我们同样可以从发达国家的历程中找到答案。20 世纪 80 年代初，随着日本经济持续繁荣，很多代表本土文化的新品牌开始出现，无印良品就是那个时代的产物。而美国在人均 GDP 超过 1 万美元的 1978 年前后，就先后诞生了耐克、苹果等知名品牌。

同理，中国经济持续繁荣，诞生了很多本土品牌。最近几年，一大批新消费品牌出现在市场上，它们普遍的特征是高科技、高颜值、带有国风文化，具有较高的性价比，比如花西子、蕉内、蔚来等。

关注虚拟世界是 Z 世代的另外一个特点，"二次元"文化是其中的代表。"二次元"一词源于日本，来自日语"二次元（にじげん）"，本意为"二维"，日本早期动画、漫画作品均以二维图像构成，而通过这些载体创造的虚拟世界被动漫爱好者称作"二次元世界"。二次元具有架空、遐想、幻想、虚构之意，指幻想中的唯美世界，寄托了人们对理想生活的憧憬和期望。

东北证券的一份 Z 世代投资研究报告显示，Z 世代上网行为相对重度，月均使用时长为 174.9 小时，高于全网用户 34.8 小时，同时 Z 世代具有较强的消费意愿。此外，Z 世代对于二次元等亚文化的接受度较高，调研数据显示，Z 世代中核心二次元和泛二次元人群加起来已经占 Z 世代人群的 63%，并且伴随着大量二次元相关产品（国产动漫、JK 汉服等）不断出圈，二次元文化在 Z 世代群体中的接受度不断提升。

用户的需求就是企业的方向标，为了获得用户的关注，二次元和虚拟偶像应用正在成为企业的普遍选择。从 2020 年开始，越来越多的企业推出自己的虚拟偶像或者产品，花西子、欧莱雅、屈臣氏等化妆品企业是最早的探索者。

屈臣氏是长江和记有限公司旗下的国际零售及食品制造机构，

目前的经营核心是美妆护肤产品，迄今有百年历史。虽然身为年过百岁的"老人"，但其实屈臣氏早就开始接触新兴事物并尝到了甜头。2018 年情人节和《恋与制作人》游戏联手开设"恋上屈臣氏"线下主题活动，2019 年与《阴阳师》游戏合作推出"玩美召唤官"……屈臣氏联动线上线下造势，吸引了大批粉丝来店。

早在 2019 年 7 月，屈臣氏就宣布推出 AI 品牌代言人"屈晨曦 Wilson"（以下简称屈晨曦），2020 年 9 月，"屈晨曦"还登上《嘉人 NOW》杂志的封面，受到了时尚媒体的关注。

首先，屈晨曦外形十分讨喜，墨绿眼睛、暖色系穿搭和阳光的笑容让人想起《恋与制作人》中的周棋洛。其次，屈臣氏在推出自家偶像时强调了其高新科技加持的能力——覆盖文本、语音、图像全领域，具备识别和生成的双向能力，是一个非常智能的虚拟偶像。屈臣氏相关负责人强调，屈晨曦处于"成长学习阶段"，并表示希望各位消费者来决定他的未来——这表明屈臣氏在有意培养符合消费者观念的虚拟偶像。

和真人版的明星不同，拥有自家虚拟偶像不仅能帮助企业设立人设，也能保证人设的稳定性和方向，在明星形象与品牌企业利益关联的当下，每个品牌企业都害怕其品牌代言人出现负面新闻，虚拟偶像似乎是品牌企业更为稳定的选择。

但是，屈臣氏没有声音库等娱乐资源，旗下的屈晨曦不能靠劲歌热舞圈粉，也无法在完整的剧集、游戏场景中塑造人设，他凭什么能成为偶像呢？

如今屈晨曦已"出道"3 年多，我们不妨复盘一下屈臣氏的造星之路：在身份定位方面，屈晨曦是屈臣氏代言人、屈臣氏活动 HWB（健康美丽大赏）制作人和时尚美妆博主；在形象宣传方面，屈晨曦有微博账号，发布内容包括宣传视频、杂志采访、漫画剧场等，并被尝试打造成爱美妆、爱撸猫的都市男孩人设；在跨界借势方面，联合明星做公益、进入一些大咖直播间互动，充分利用了屈臣氏的品牌资源；在粉丝互动方面，基于"屈晨曦""屈撸猫吧"微信小程序和微博平台进行对话、小游戏、抽奖互动。

这些手段的效果如何呢？屈晨曦最新的宣传视频歌词几乎概括了他对屈臣氏的贡献，他这样唱道："我的小程序无所不备、24 小时陪伴、学习做最懂你的人，我也会给大家发福利，没事可以找我撸猫。"这几句歌词也可以解读成以下几点。

（1）通过"屈晨曦"小程序，屈臣氏可将直播、会员权益、"种草"社区和拼团等小程序功能串联在一起。屈晨曦的聊天室就是消费者自然进入屈臣氏各个消费场景的起点。而邀请消费者进去的开场白是："嗨，很久没有聊天了。"

（2）即使屈晨曦人气不高，他也取代了冰冷的品牌名称和客服代号，以比较有温度的人设与消费者、明星、网红互动。

（3）屈晨曦创造了培养用户黏性的新场景。在"屈撸猫吧"小程序游戏中帮他完成撸猫、喂猫、打卡等轻松简单的工作就能获取爱心值奖励，兑换优惠券。

（4）面对新晋美妆集合店粉嫩可爱、华丽炫酷的形象风格，上百岁的屈臣氏推出屈晨曦就是其品牌年轻化极其讨巧的一步：不需要动不动就进行门店翻新装修，一个虚拟偶像的人形立牌或许就能让消费者感受到一丝新鲜气息。

这样看来，即使 Z 世代没有喜欢上屈晨曦，只是留下一个大概印象——"原来屈臣氏也引入了二次元"，但是对一个有年轻化需求的零售品牌而言已经算是获取了一定的成功。

　　只不过虚拟世界的变化比想象中要快得多，企业要面对的数字化挑战也越来越多。2021 年 11 月，美国社交平台"脸书"创始人马克·艾略特·扎克伯格（Mark Elliot Zuckerberg）宣布，市值 9000 亿美元的 Facebook 改名 Meta，吹响了进军元宇宙的号角。随后，阿迪达斯、耐克、奈雪等品牌纷纷响应，在各自领域推出自己的元宇宙产品。一时之间，如何抢占 Z 世代用户的品牌心智，已经成为领先企业最关心的事情之一。

　　当然，Z 世代用户特征不只是关心虚拟世界，环保和公益也是他们关注的领域。多份调研报告显示，随着越来越多的消费者表示愿意为环保产品支付比过去更高的价格，这种理念正以可持续消费的方式倒逼企业改革：从支付宝的蚂蚁森林、肯德基的"抗疫不吭指"、公平贸易咖啡到星巴克的纸质吸管，不少品牌从产品设计生产到宣传全链条嵌入公益理念，向消费者传达社会责任的温度。

　　回到最初的问题，Z 世代是任性妄为"垮掉"的一代吗？一份调研报告让我们看到了他们博爱、踏实、自信的价值内核。观察越多越会发现，他们不是被审视的一代，而是创造和改变世界的一代。

4.2　流动的消费者和七大平台的用户运营特点

　　按照美国皮尤研究中心和美国心理学会的年龄定义，"Z 世代"也被称为"数字原生代"，即他们的工作生活都在数字化状态下进行。

　　青山资本的研究也显示，Z 世代的线上娱乐时长比全网平均值高出 30%。其中，每天超过 3 小时的人数占 Z 世代整体的 71%，他们除娱乐之外，作业、学习、工作也都在线上完成。可以说，Z 世代不再"上网"，而是生活在"网上"。

这就意味着，由于长期处于在线状态，Z 世代的数字化消费行为也有很大的不同。

现如今，我国的市场是一个始终处于"流动"状态的市场，经济增长、人口结构变化、城镇化发展及数字技术创新，这些力量交互塑造了一个充满活力、持续变化的多元消费市场。消费者越来越"挑剔"，25% 的消费者表示不愿购买"不懂自己"的产品，64% 的消费者表示，如果企业不能持续提供强关联度，他们将更换和使用其他更相关的品牌。

埃森哲通过调查发现，现在的用户都是"流动消费者"。从消费者旅程来看，过去是一个相对单纯静态的线性过程，现在却变成了一个"无限的体验"过程。这主要在于，随着营销技术应用，企业的声量和影响力快速提升，用户接收到的信息和噪声也大幅增加，导致消费者兴趣变化加速，对品牌的忠诚度难以维持。调研显示，近三成消费者在过去一年里更加频繁地更换品牌，其中 67% 又是被一些新的品牌吸引，而不是对当前品牌不满意。

这份调查告诉我们这样一个道理，去哪里找到用户，以及如何留住用户，成为所有企业在数字化时代的最大难题。

如何在不确定中寻找确定？弯弓研究院发现，尽管这些消费者是流动的，他们却生活在不同的圈层。换句话说，按照兴趣和价值观的趋同分析，我们就可以找到合适的营销触点和方法，继而获得有价值的消费线索并实现营销转化。青山资本的研究也显示，平台正在破圈，而用户却在圈子里筑高墙，形成一个又一个散点。Z 世代在媒介的使用上，表现出了显著的圈层化特征，他们热衷在微博超话、豆瓣小组或 QQ 兴趣群里交流。

凯度公司是一家国际性的数据和市场调研公司，曾经连续多年发布中国社会化媒体生态的相关内容，该公司把中国市场上的社会化媒体分为 20 多个类别，包括了核心社会化媒体的即时通信、交友、兴趣、新鲜事等，以及衍生社会化媒体的网络游戏、影音娱乐、图片社交、知识资讯、电商购物等。经过移动互联网的持续发展，市场上开始出现 5 亿以上粉丝体量，具有强大的搜索、交友、娱乐、通信、购物等特征的复合媒体（比如微信、微博、抖音、快手等），视频购物正在成为新的生活方式。

与此同时，这些社会化媒体已经逐步形成自己的内容特色和圈层特征，如图 4-1 所示。秒针和中国广告协会曾经联合发布了一份社交媒体平台研究，发现目前许多平台都在加速搭建生态闭环，社交、短视频、电商平台的界限逐渐模糊，而平台的形式多元化和内容多样化，也带来了不同的标签化特征：比如 B 站是 Z 世代的聚集地，目前有 7000 个用户圈层；而微信则是最大的私域社区；微博像一个广场，是年轻人的话题平台；小红书基本是女性读者群，是最佳的分享"种草"社区；抖音则是一个时尚群体，以兴趣视频内容"种草"为主；快手则是"老铁文化"，是视频领域中较理想的私域流量池。

在数字化时代的品牌营销中，不同社交平台如何服务于品牌需求？弯弓研究院深度拆解了七大主流社交平台之后发现，基于平台层需求，每个平台的应用价值不同，营销链路也各有不同。图 4-2 为 2022 年中国社交平台营销链路图。

平台方：加速闭环生态搭建、尝试站内流量变现；社交、短视频、电商平台合的界限逐渐模糊

	社交平台	私域内容社交	年轻流量舞台	"老铁"经济腹地	分享"种草"社群	Z世代聚集地
用户量级	日活跃用户数 2.52 亿	日活跃用户数超过 8 亿	日活跃用户数超过 7 亿	日活跃用户数 3.46 亿	日活跃用户数近 1 亿	日活跃用户数 8350 万
平台特点	• 公共属性强、全民可参与 • 热点舆论场、多垂类内容覆盖	• 全私域+高质量内容+深度交流 • 视频号、小程序直播、订阅号三种形态共同作用	• 以精细化制作视频为主，打造 • 以内容"种草"为核心爆款	• 偏私域、"老铁"文化 • 营造平民化、去中心化的社区氛围，生活化视频直播	• 口碑"种草"+社交电商 • 用户较垂直，拥有强大的美妆流量池	• 新生代话题营销阵地，强圈层效应
达人生态	• 具有庞大的KOL体量，生态相对成熟 • 借力粉丝经济扩大影响	• 内容为王，软性植入为主 • 精准沟通、裂变式营销	• 头部KOL依靠卡点炫酷视频、热门挑战赛造势 • KOC发布UGC内容进行泛传播，积攒口碑	• 在"老铁"文化下，粉丝黏性极强，衍生出甩榜、挂榜、连麦等极具快手特色的玩法	• 明星头部KOL做影响力背书，海量KOC进行笔记分享	• 颇具创意的高品质内容，呈现"出圈"之势 • 生活区、游戏区、时尚区"恰饭"程度高
近期动作	• 微博小店上线 • 微博视频号内测 • 独立短视频App "星球视频"内测	• 微信小商店上线 • 微信群小店上线 • 微信视频号突破 2 亿个	• 成立电商事业部，重点发力抖音电商 • 抖音直播间禁止跳转第三方链接	• 成立快手电商总部，上线小店通、商家论坛与电商学院，快手好物联盟等 • 与京东零售达成战略合作	• 发力直播电商，已打通淘宝 • 仍在探索解决供应链和缺乏头部KOL等问题的办法	• 与阿里巴巴电商体系有深入的合作 • 7月上线花火平台，服务优质UP主与品牌主的商业合作

图 4-1 社会化媒体已经逐步形成自己的内容特色和圈层特征

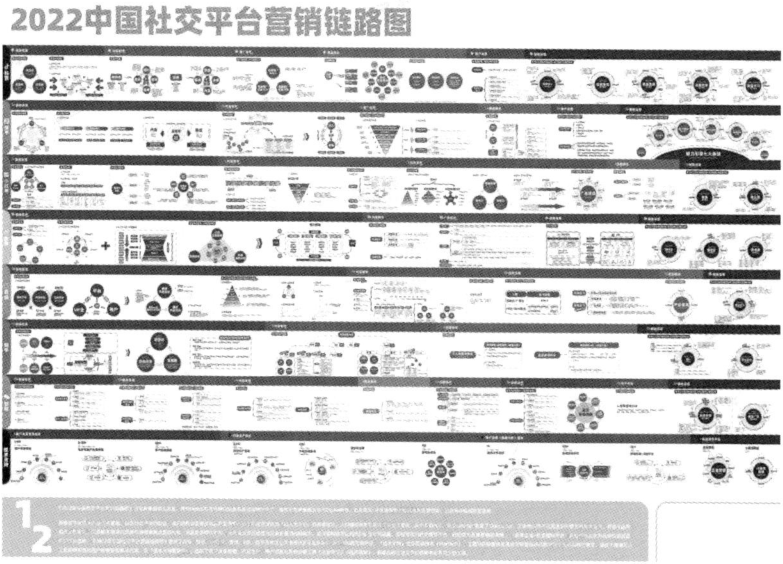

2022中国社交平台营销链路图

图 4-2 2022 年中国社交平台营销链路图

1. 抖音平台

抖音是北京字节跳动科技有限公司孵化的短视频社交平台，2022 年上半年抖音用户数量在 8.09 亿左右，日活跃用户数超过 7 亿。从用户画像上看，抖音的男性用户占比约为 55.4%，女性用户占比约为 44.6%，男性用户略多于女性用户；30 岁以下用户占比约为 48.5%，并且以 24 ~ 30 岁的用户居多。

抖音的流量逻辑是中心化分法模式，即通过抖音的内容生态和算法推荐机制，激发用户的兴趣，从而转化为购买行为。因此，兴趣电商是抖音平台的主要营销定位，并且抖音在 2022 年 5 月把兴趣电商升级为全域兴趣电商。

随着抖音"兴趣电商"生态的发展成熟，很多品牌开始将资源从传统渠道转移到抖音平台上，并通过短视频、直播等优质内容创作,发现有购物兴趣的消费者,并利用抖音完成品牌传播、营销获客、渠道交易等。在大幅降低消费者决策成本的同时,也缩短了品牌建设时间并节省了费用。

当下,抖音最常见的广告营销方式主要有开屏广告、视频流广告、直播投放、发起挑战、品牌官方账号宣传等,对应的产品为观看体验类、社交体验类、互动体验类三大类产品。

结合数字化时代品牌营销生态底层,我们不难发现,品牌企业可通过抖音营销方式及功能实现战略层中的品牌打造,完成战术层中的拉新获客和留存转化,这三大功能同时也是抖音营销中的强项。后续,品牌还可借助 MCN 机构、全渠道服务商与技术机构的能力优势,实现营销高效匹配。

综上所述,抖音可补足品牌短板,缩短与消费者之间的链路,实现"品效销"。因此,抖音在品牌营销中的主要贡献是"沉淀品牌粉丝""实现产品转化"与"打造品牌"。

不过,基于抖音中心化分发流量的底层逻辑(而私域是去中心化的产物),抖音要想把粉丝转化成忠诚的"私域用户",实际上还存在底层逻辑互斥的现象。也就是说,品牌企业可以通过抖音短视频和直播实现产品转化,却很难在抖音电商建立私域流量池。相关数据同样显示,目前抖音的复购率非常低,不足 5%。

2. 微信平台

微信是腾讯旗下的即时通信社交平台,截至 2022 年 6 月 30 日,微信拥有 12.99 亿用户,日活跃用户数超过 8 亿。

与抖音平台不同,微信生态一直奉行去中心化逻辑,"不打扰用户"是微信信奉的准则。也正是基于这个逻辑,品牌企业能够安心在微信生态经营用户,经营企业和用户的私域关系。同时,基于微信强大的社交属性，微信平台已经成为企业首选的私域运营平台。

从目前微信生态的完备程度来看，经过企业微信不断改版，以及视频号的强力推广应用，微信已经建立了完整的私域营销闭环。比如在触点布局中，微信公众号依然是大多数企业的官方形象入口，而短视频和直播的应用，则在图文基础上进一步丰富了其表达形式，增加了用户留存和转化的手段；而在私域流量的管理端，企业微信是主要的流量入口，也是企业重要的私域操作平台；在生态协同方面，微信打通了腾讯会议、腾讯文档的应用，并鼓励通过企业微信实现企业间的连接，形成了良好的私域用户管理体验。

因此，与其他社交媒体相比，微信生态对于品牌营销而言，可以说是功能和链路最为完善的平台。在用户端，微信可以实现海量的用户拉新、获客、留存、交互、转化、复购；在产品端，无论是产品测试，还是产品首发、销售数据监测等环节，微信均能通过域内生态为品牌企业提供孵化和增长服务；在渠道端，微信凭借生态优势，已经形成了"品效销"合一的场景体验。

从这种意义上来讲，微信生态在企业数字化营销中，无论对于什么量级的企业，都可以作为产品研发 / 迭代、渠道管理运营、用户运营，以及品牌形象 / 声量打造的"一站式"推广阵地。

3. 微博平台

微博是基于用户关系的社交媒体平台，也是一款为大众提供娱乐休闲生活服务信息的分享和交流平台，用户以文字、图片、视频等多媒体形式，实现信息的即时分享、传播互动。截至 2022 年 6 月 30 日，新浪微博拥有 5.82 亿用户，日活跃用户数达 2.52 亿。

微博是国内最大的社会化营销阵地，也是很多企业重视的舆论场。由于微博公共性强，年轻人多，具有很强的公域广场话题讨论能力和私域作者粉丝互动评论能力，是品牌营销中破圈与圈粉的重要阵地，也是企业私域运营布局中的一个重要触点。

基于微博庞大的用户数，该平台具有话题发酵速度快、内容传播范围广的特点，比较适合品牌新品发布、爆品打造及公关服务。而多元的内容场景、评论区沉浸式的分享讨论、多圈层的传播，则为品牌长效、深度"种草"提供了肥沃的土壤。微博平台广告形式丰富，结合微博自身的数据整合能力，还可以帮助企业多点、多样触达消费者，让品牌广告更精准地曝光在目标受众面前。

此外，企业通过自由组合微博广告资源位，还可达到对外发声、提高声量、与消费者实时对话和销售产品等目的。例如，在提升品牌认知度方面，针对认知度较低的新产品或新活动，可通过"话题资源位置＋超级粉丝通＋网红矩阵"的组合，在微博公域投流广告位，快速聚合用户关注度，提升品牌知名度。然后再利用微博私域功能，实现用户深度互动和转化的效果，与用户形成全链路的情感共鸣，提升用户对品牌的好感度。

总体而言，微博是品牌对外发声的有力阵地。企业在不同阶段、不同体量、需要不同营销效果时，均能通过微博找到补足营销短板的解决方案。而在品牌产品变现方面，微博更多地依赖外部平台，比如与阿里巴巴开展了深度的电商合作计划——"U 微计划"，为品牌产品提供从声量曝光至销售转化的完整营销链路。

4. 小红书平台

小红书是年轻人的生活方式平台，由毛文超和瞿芳创立于 2013 年，以"Inspire Lives 分享和发现世界的精彩"为使命。用户可以通过短视频、图文等形式记录生活点滴，分享生活方式，并基于兴趣形成互动。

截至 2022 年 6 月，小红书日活跃用户数近 1 亿，其中 72% 为"90

后"，50% 来自一、二线城市，其中女性用户占比高达 70%，共有
4300 多万的分享者。小红书站内主流人群划分为 6 项：Z 世代、新
锐白领、都市潮人、单身贵族、精致妈妈和享乐一族。无论是从应
用数据还是对人群的细分都不难看出，小红书的用户画像是对生活
品质有较高追求的女性。

　　在用户高度结构化的情况下，对比抖音、快手等内容平台，从
品牌孵化和获取客户的层面而言，小红书的投产比相对较高，用户
质量较为优质、稳定，利于新品牌孵化。作为众多年轻用户心中的
"消费决策"平台，小红书的商业价值不容小觑，尤其是在国民消费
升级、"她经济"和健康生活等大环境的驱动下，众多品牌需要通过
小红书这样的社交媒体去拓展市场、触达精准用户。

　　企业在小红书做营销大多以平台用户思维为主，配合铺量投放，
以"内容 + 投放模型"为主要营销模式。例如，强关联内容精准触
达目标人群，弱关联内容广泛触达潜在人群，泛关联内容传递品牌
调性，同时，精准定位品牌的每个阶段，进行内容热搜词的布局和
网红营销。但由于小红书商业化生态起步晚，"内容社区"属性强烈，
"种草"能力远大于"拔草"能力，用户往往通过"小红书种草→电
商平台拔草"的路径完成消费。2022 年，尽管小红书平台也推出了
达人店铺，并为品牌电商的整合营销开发了更多的流量端口和营销
工具，但平台内变现能力仍不容乐观。

　　在这一点上，建议企业可将小红书视为品牌、新品"入圈"工具，
将营销重点放在转化前链路（内容营销）中。

5. 快手平台

　　快手是一个短视频社交平台，用户可以用照片和短视频记录自
己的生活点滴，也可以通过直播与粉丝实时互动。截至 2022 年 3 月，

快手平台拥有 6 亿用户，日活跃用户数达 3.46 亿。

与抖音不同，快手使用的是"去中心化"逻辑。所谓的去中心化，就是让非网红、非"大 V"的长尾用户发布的内容也能够得到推荐、曝光，避免了平台的关注度和注意力集中在少数头部内容生产者身上。去中心化的算法，有效提高了快手用户生产内容的热情。根据快手招股书的数据，快手播放量大于 50 万的头部视频约占总体流量的 30%，其余 70% 的流量均分摊给大多数普通内容生产者，且有 26% 的月活跃用户为内容生产者。

此外，除推荐流量外，快手更加注重社交"关注页"和"本地页"的半熟人分发模式，更为内容创作者提供了带有社交氛围的社区。因此，用户在快手平台除了通过消费内容获得满足感外，快手的"老铁"社区也让用户获得了社会认同感与群体认同感。该社区一方面通过社交关系，提高用户留存积极性、忠诚度与黏性；另一方面，社交、社区关系更容易培养信任感与相互认可，更容易推动独特的平台形成。

企业在快手进行营销时，应重点关注快手网红人设，人设针对性强的带货主播自带信任光环，半熟人式的带货模式更加容易获得信任、促成交易。另外，快手前期引入淘宝、京东等第三方商城，接入丰富的供应链货源，能够实现成交量的快速增长。因此，对品牌营销而言，快手平台布局可作为品牌营销初始阶段的策略之一，即进行新产品引流 / 铺量、品牌认知宣发，为后续品牌营销做好"基础设置"搭建。从私域运营的角度来看，具有深厚"老铁文化"的快手更适合用户留存和经营。

6. B 站（bilibili）平台

B 站原是一个 ACG（动画、漫画、游戏的总称）相关的弹幕视频分享网站，现在以 PUGV（专业用户创作视频）为主要内容。不同于抖音、快手、小红书等社交平台，B 站人群圈层更为明确，拥有 200 多万个文化标签和 7000 多个核心圈层。截至 2022 年 6 月，B 站拥有 3.06 亿用户，日活跃用户数达 8350 万，月均活跃 UP 主（上传音频 / 视频的人）数量达 360 万。

在 B 站，近 86% 的月活跃用户在 35 岁以下，其用户以 Z 世代群体为主。年轻用户造就了独特的弹幕文化，因此相较其他平台而言，B 站 UP 主更加注重与粉丝的情感联系，粉丝黏性更高，粉丝与粉丝之间的联系也更密切。目前，B 站每月有 220 万创作者上传 770 万条视频，产生 66 亿次互动。

在用户文化特征方面，虽然 B 站起家于 ACG 文化，但随着用户数量的增加，文化开始往多元化方向发展，游戏、动漫、科技、音乐、时尚、美妆、生活、影视等内容也变得非常丰富。目前，B 站已经撕掉了亚文化社区的标签，传统的二次元内容的访问量在总访问量中的占比也越来越小。

在内容类别上，科普、知识学习等特色垂直领域发展迅猛。因此，在"种草"环节，各类专业人士会通过专业、科学的方式全方位解读产品，内容的真理性、创意性、技术性极具说服力。独特的内容属性也为高知识浓度的知识类内容的发展提供了土壤，"弹幕""课代表"等特色"种草"工具助力"种草"内容延伸拓展，便于用户快速匹配自身需求。

然而，B 站目前还未形成有效的商业变现生态，这并不利于站内转化，从品牌营销角度看，B 站更合适作为品牌年轻化 / 专业化形象的输出窗口。因此，品牌商进驻 B 站应该确定自己的目标，确定自己是为了提升品牌曝光度，还是进行产品推广。如果是为了提升品牌曝光度，可效仿小米、钉钉和小鹏汽车，它们在 B 站建立了自己的品牌号，发布具有 B 站属性与话题性的内容，从而获取关注与潜在用户。或者品牌商可以提供素材引导用户进行 UGC（用户生成内容）生产，比如雷军的"Are you ok"系列视频，虽然被不少人吐槽，但也收获了不少的流量和知名度。

对于私域运营而言，B 站的圈层特征也有利于引爆一些热点话题，获得用户自带流量的传播，从而获得更好的品牌效应。

7. 知乎平台

知乎是一个以中文互联网为支撑，提供高质量问答的社区和创作者聚集的原创内容平台，于 2011 年 1 月正式上线，以"让人们更好地分享知识、经验和见解，找到自己的解答"为品牌使命。

知乎对用户的影响源于其针对泛生活需求的解答和帮助，以及多维度中立的测评和解读，使得用户在浏览中了解更多、更有效的生活方案，从而在需求萌芽和决策支持维度影响用户。有数据显示，86% 的知乎用户有过针对目标产品做最后的购买前确认的经历，知乎基于其专业性，对购买前确认的影响力优于其他平台。其中，家电、汽车、保险理财等，是知乎主要影响的领域。

我们从知乎的内容构成发现，知乎内容的连接具有精准性，其问答机制能够构建需求与解答之间的最强关联性。在知乎上，品牌商可有效缩短和简化用户消费决策链路，并对用户产生认知层面的影响。基于知乎内容的呈现形式——"一个问题一条街"，让知乎图文问答可以被反复激活、让平台可以一直产生互动，从而形成强流通性，在这方面，品牌商可形成自身长期、持续的增长效益，有助于品牌商进行多维度全方位、更专业、有趣、有深度的宣传与心智建设。

不过，尽管知乎具有强专业性，可进行内容推广，也推出了自营电商业务，但电商购物路径目前仍待完善，域内变现链路依然不够清晰。例如，电商入口无明显标识、没有购物车功能及无法在页面上实时进行客服咨询等，造成用户体验感下降。

对于私域运营而言，知乎最大的优势在于，优质的内容给用户带来获得感，而持续的获得感带来信任。基于这一点，品牌商在营销中可在知乎中树立行业专家形象，并把知乎作为挖掘和满足用户需求、获取认同的平台，为品牌做好信任背书。

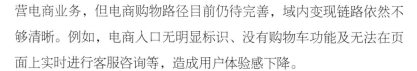

4.3　从入圈到破圈，如何布局社交圈层

Z 世代的社交方式可能正在重塑营销本身。对喜欢汉服的 Z 世代而言，大洋彼岸同样喜欢汉服的某个陌生人可能比他们身边的人更加贴心。与父辈的交友方式不同，Z 世代更喜欢基于共同兴趣爱好与陌生人建立社交关系，再小众的风格的群体也能"圈地自萌"。面对分散在各个兴趣个性标签下的 Z 世代，圈层营销趋势应运而生。比如，花西子的出圈动作之一是找资深国风 UP 主周深担任品牌大使，发布同名歌曲；针对汉服、古玩等国风子圈层，优选最匹配的网红进行组合投放，更能激发各个小圈层的能量。

也正是基于用户的兴趣基础，抖音在 2021 年 4 月发布了兴趣电商的战略定位，并把这个市场定义为万亿电商的新格局。这同时也意味着，企业要想找到自己的目标用户，就要深入不同的社交平台，根据不同平台的人群特征建立自己的媒体矩阵。

那么，在私域运营中，企业如何通过圈层营销进行市场破局，触达自己的目标用户，继而实现有效的流量转化呢？我们以花西子和完美日记为例，分别从"入圈"和"出圈"的视角，看看它们是如何通过圈层营销来起盘项目、实现业务突破的。

首先，我们来看完美日记早期的"入圈"案例。

完美日记的用户定位是 Z 世代，更准确地说是刚刚走进大学或职场的美妆领域的新人。这些人基于不同的兴趣爱好，在互联网上参与并构成了一个个圈层，我们可以通过大数据在互联网上快速定位她们。但完美日记真正令人眼前一亮的操作是，在品牌发展的不同时期，该企业会锁定不同的用户以实现阶段性的营销目标。

《数说故事品牌加购指南》显示，与完美日记关联度较高的圈层分别有娱乐粉丝圈、自然保护圈、国风圈、时尚圈、艺术圈、丽人圈，而结合完美日记 2017—2019 年的圈层变化特征来看，完美日记有着不断迭代进化的流量营销思路。

（1）在品牌初期，完美日记基于自身"从 T 台获取灵感、提炼时装周元素和色彩"的产品方向，从时尚圈、丽人圈起步，以强调品牌定位，获取核心用户的欢心与口碑。

（2）在品牌中期，完美日记开始寻求用户规模更高，但仍然有一定关联度的圈层，如流量粉丝圈、艺术圈，可见随着销量上升，初期圈层中的声量逐渐饱和并触及圈层规模的天花板，完美日记急需新的可扩张的圈层阵地。

（3）在品牌成熟期，完美日记开始有能力和余力去探求更多的可能性，此时关联度已经不太重要，是否有鲜明的主题和大量的用户规模，反而成为圈层选择的重要考量。

在灵活的圈层组合之下，完美日记到底把资金投放在哪些网红身上？以"探险家十二色动物眼影"为例，从 2019 年 3 月份的预热到 2019 年 4 月该产品走向常态运营，完美日记在此期间选择的微博网红及其互动量如图 4-3 所示。

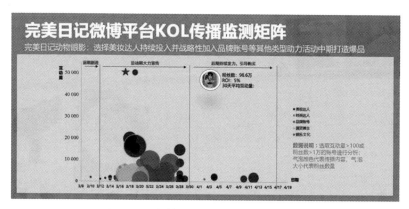

图 4-3　完美日记微博网红及其互动量

这个图表看似有些复杂，但简单来说我们可以总结出以下网红投放规律。

（1）"美妆达人"这一高度精准的网红是完美日记长期保持资金投放的对象，并且完美日记通常会选择微博互动量在 20 000 以下的小型网红。显然这部分流量对完美日记而言是性价比最高、转化率也最为理想的流量。

（2）符合完美日记要求的优质"美妆达人"数量有限，因此在需要大力宣传明星产品的阶段，比如 2019 年 3 月 16 日—3 月 22 日这段时间，完美日记会寻找关联度较高的其他圈层网红（时尚达人、品牌账号、搞笑博主），以求在短期内达到较高的曝光量，引发话题讨论。

（3）在新产品拥有足够的市场认知度之后，完美日记就会迅速放弃对其他圈层网红的投入以节约经费，仅保持对优质的"美妆达人"的持续发力，引导用户购买新产品。

这里以两个具体的例子作对比。

一个是粉丝数高达 178 万的微博博主"奇迹暖暖高分攻略组"，完美日记仅在 2019 年 3 月 20 日这一天与其进行了探险家十二色动物眼影的广告合作，从评论 1498 条、转发 3645 条来看，声量效果良好，但后续完美日记并没有继续投放资金给该账号。对完美日记而言，或许这只是在冲击品牌声量时才会考虑的合作选择。

而另一个是粉丝数仅 23 万的微博博主"鱿鱼 iouu"，在其微博主页搜索"完美日记"关键词，足足有 90 条微博，虽然转评赞在偶尔较高时只有 3 位数，但他却是完美日记的"长期合作对象"——粉丝数少而具潜力的垂直型网红。

除了对网红的组合优化，完美日记的精细化流量运营还体现在推广内容的制定上。我们抓取了完美日记在小红书 2019 年 3—4 月（同样为探险家十二色动物眼影上线推广期间）的内容变化数据：在探险家十二色动物眼影这一新品推出的初期，传播的内容重心是产品信息的输出和植入，快速让用户了解产品核心优势或进行爆点打造。在这一阶段，完美日记的内容形态是以博主试色、体验描述为主的"产品推荐"。

但随着整月的重点曝光，用户必然会产生阅读疲劳，致使转化率下降，此时完美日记迅速转为以"化妆教程"作为投放的重点——发挥"知识干货"的价值，这一内容具有更显著的可读性，在维护品牌美誉度的同时又保持了品牌声量的稳定输出。

最终，完美日记 2019 年的品牌购买潜力相较于 2018 年实现了 2431% 的增长率，并且在品牌美誉度上，也从 2018 年的 18.6% 提升至 24.2%，真正实现了营销者不断追寻的"品效合一"。

至此，我们可以清晰地总结出完美日记获得用户并成功入圈的执行路径。

（1）基于品牌需求，通过关联度数据确定种子用户在互联网上的"位置"，即圈层。

（2）根据圈层、网红、用户标签等数据的分析与筛选，建立自身多元化的数字推广渠道。

（3）根据不同的营销节点与目的（如新品推广、节日促销等）实时调整渠道组合，进行全域流量优化，从而达成营销目标。

这个入圈路径让完美日记广泛地切入时尚圈、粉丝圈、艺术圈……在不断的跳跃间创造了惊人的品牌声量。而其中最关键的是，品牌营销在进行圈层引爆的时候，如何进行流量的优选和优化呢？

（1）针对圈层用户规划出品牌的"大流量阵地"。比如针对"00后"女学生开展数据挖掘，发现这一圈层活跃于微博、抖音，并且热衷于明星 A，喜爱综艺节目 B，那这里的微博、抖音、明星 A、综艺节目 B 就是品牌可以进驻的大流量阵地。

（2）基于内容生态、数据格式、营销目的等不同，采用最合适的流量优化模型。比如假设"00后"热衷的美妆网红有 10 位，且他们之间的粉丝数相差无几，但品牌可以计算目标用户在各个粉丝群中的比例，从而找出与受众最匹配、与品牌关联度最高的网红 1、网红 2、网红 3。又可以进一步通过重合度计算剔除部分选择，避免把预算放在同一批用户上。还可以根据品牌当前需要着重提升曝光量或美誉度，调整不同网红配比以达到各阶段的营销目的。

不同的品牌会涉及大量不同的数据处理与计算模型，但总体的数据营销逻辑仍然是不变的"广覆盖 + 可优化"。

接下来，我们再看看花西子早期"出圈"的案例。

大体上，小圈子用户的黏性较强。2019 年，国货品牌里美誉度排名第一的是一直以来持续深耕"国风"圈层的花西子，其美誉度高达 43.6%，要知道前文所提到的现象级品牌完美日记，其美誉度也仅为 24.2%。

花西子创立于 2017 年 3 月，"东方彩妆，以花养妆"是其产品理念，以花为核心的国风特色进行营销是花西子迅速崛起的主要原因。根据《晚点 LatePost》判断，2020 年花西子的 GMV 约为 30 亿元，收入为 18 亿元，累计购买过产品的用户超过 800 万人，客单价约为 169 元；2021 年，花西子的整体营业收入达到了 55 亿元。

但不可否认的是，小圈层有着明显的规模天花板。品牌专注某一小圈层，就像拍电影坚持拍文艺片题材，在豆瓣上较容易拿下较高的评分，但票房和观众却往往较少。但花西子偏偏在保持"国风"定位的前提下，在 2019 年的品牌影响力增长了近 30 倍。花西子打破了规模限制并迅猛出圈，成为一个现象级品牌，这也是花西子私域运营真正出彩的地方。

其一，"国风"是一个充满了增长潜力的垂直圈层。数说故事发布的《Z 世代人群圈层研究报告》显示，越年轻的用户对国风越感兴趣，而"攻陷"年轻人，就意味着攻陷了未来的市场消费主力。

其二，花西子单品爆发。我们不妨先将花西子的"动作"及其带来的声量"结果"在时间线上一一对应。花西子的圈层策略如图 4-4 所示。

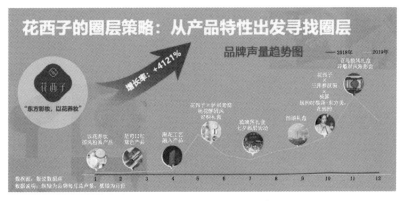

图 4-4　花西子的圈层策略

从这张图中可以看出，品牌声量最直观的增长点似乎就是明星产品带来的单品爆发。比如花西子在 2019 年 4 月中下旬推出"雕花工艺口红"，花西子 4 月份的总体声量值仅为 839，到了 5 月份其声量值就迅速增长至 8298，增长了近 10 倍，而一年内仅仅和雕花相关的用户评论就有 11 743 728 条。

花西子 2019 年 10 月中下旬推出"百鸟朝凤眼影礼盒"，这时花西子的声量值仅为 7820，但到了 11 月份其声量值已经翻倍并增长至 16 178。2019 年，仅关于"百鸟朝凤浮雕彩妆盘"的相关的用户评价，就达到了 3 382 259 条。

对于数据表现优秀的明星单品，花西子不留余力地持续投入营销推广。2019 年 10 月，花西子与《时尚芭莎》杂志携手推出全新雕花口红，开创式地将"雕花""浮雕"等国风元素融入产品，这是花西子声量暴涨的原因，但单品爆发还不是最根本的奥秘，花西子的奥秘在于对内容的持续深耕。

其三，花西子力图将内容做到最高处，穿透不同圈层，从而成为国风文化标杆。

那么，如何做到这一点呢？花西子的核心就是不断融合各类新元素，重新定义国风。

比如，其最初针对国风圈的少女受众推出"粉系"主题国风产品；在"星穹口红"颜色之外，新增"闪光"这一独特的视觉感；和泸州老窖联名推出的"桃花醉"，更是具有李白咏叹"花间一壶酒"的诗意；在 2020 年秋冬纽约时装周上，花西子、三泽梦、杨露三者跨界合作，以瑰宝《本草纲目》为灵感来源，将东方元素的多样化魅力展示得淋漓尽致。

事实上，无论在什么行业，"内容"都是一个宏大的命题，人类个体很难攻克某一内容领域的所有知识，但对于一个品牌企业而言，在数字化时代深耕内容赛道，拥有强大的认知能力却是必要的。

如果品牌企业想要真正有效地深耕内容，就需要根据不同的圈层、平台、用户属性进行有针对性的内容定制，但面对浩瀚的互联网和社交媒体，单纯依赖人力进行内容的分类与识别是不太现实的，这就必然要借助数字技术对热门内容、明星话题、圈层语言乃至视频配乐进行数据分析与展示，从而定制输出内容，并持续优化。

4.4 触达企业用户：用户触点管理和全渠道私有化部署

对于私域运营而言，用户触点是出现频率最高的词语。无论是用户拉新、日常沟通，还是场景营销，以及前面提到的圈层营销，触点都是无所不在的环节。可以说，企业进行私域运营的过程，就是一个不断进行用户触点管理的过程。

何谓用户触点？简单来说，触点一般指品牌、产品、服务在渠道中与用户直接或间接联系的信息或者动作，包括视觉、触觉、听觉、嗅觉、味觉及心理上所接触的每一个点，这些都可以叫作触点。正因如此，用户触点管理又可以看作营销的 MOT 管理，即通过预设和自定义规则，分析洞察用户行为，自动在客户关键时刻为代理 / 导购提供关怀、服务策略。

一个颇为有趣的现象是，尽管私域和 DTC 模式简化了中间交易环节（没有中间渠道商赚差价），但销售触点却变得更加复杂。IAB曾用两张模型图展现传统品牌和 DTC 品牌的渠道差异，如图 4-5和图 4-6 所示。

图 4-5　传统品牌模型

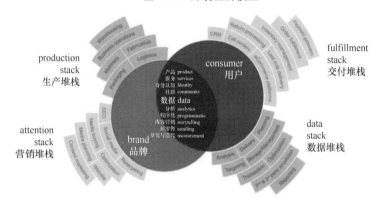

图 4-6　DTC 品牌模型

从两张图片对比来看，在传统营销中，从品牌到用户需要不少中间环节，但相对而言这还是一个线性过程；在而 DTC 模式中，虽然品牌和用户是直接关系，但营销过程却更为发散，形成了去中心化的多点结构。也就是说，即使企业和用户之间建立了私域关系，如果不能提供全方位的触点管理，用户流失的概率也会很大。

青山资本的研究也证实了这种观点。他们发现，Z 世代的消费决策建立在充分透明的信息上，行业信息和其他品牌的信息在网上如此透明，包括折扣信息、各种活动信息，再到内容平台的开箱、评测信息等。企业如果想激发 Z 世代的消费热情，就必须真实展示

127

信息，同时充分沟通，讲好故事。传统的市场营销、广告和销售技巧不再产生作用。和 Z 世代打交道，必须进入他们的世界，用他们的话语风格，在他们喜欢留存的地方，真实地展现品牌理念。

此外，Z 世代消费者还非常看重他人的意见，差评会严重影响其购买意愿。他们会仔细阅读买家评论，好评可增加产品的可信力，真实的反馈能够精准"种草"Z 世代，而负面的评论也会削弱一个产品的吸引力。最吸引 Z 世代消费者的是社交媒体上的相关信息，比如，个人关系网络中有人买、明星都在用、网红在推荐，都会成为重要的参考项。

因此，我们可以从两个方面解读用户触点管理的重要性：从主动进攻的角度来看，进行触点布局的目的是更好地服务用户，通过更多媒体渠道实现全面触达，为他们带来可感知的全新场景及更加多维的互动体验；从被动防御的角度来看，由于社交媒体碎片化带来的影响，用户在"流动"到任何一个触点的时候，都有"流失"的可能性，因此必须以用户为中心，建立全方位的触点管理系统，提升用户黏性。

那么，企业如何通过全渠道布局来实现私域运营触点的管理？

在麦卡锡提出的营销 4P 经典理论中，渠道是指产品或服务转移所经过的路径，由参与产品或服务转移活动以使产品或服务便于使用或消费的所有组织构成。而全渠道销售则是指企业为了满足消费者任何时候、任何地点、任何方式购买的需求，采取实体渠道、电子商务渠道和移动电子商务渠道整合的方式销售商品或提供服务，带给顾客无差别的购买体验。

牧田幸裕在《Digital Marketing 的教科书》中总结说，良好的全渠道运营必须具备 5 个条件：用户 ID 统合和顾客理解、线上线下全渠道无缝衔接的购买体验、线上线下全渠道无缝衔接的物流网建设、支付情报的取得、销售额统计的指标和统计方法的制定。也就是说，全渠道数字化变革不仅要打通全部数据，还要资金流、订单流、财务流和物流等不同环节的匹配。

在传统的 4P 理论中，企业并不直接面对消费者，而是注重经销商的培育和销售网络的建立，企业与消费者的联系通过分销商来进行。而在全渠道销售时代，企业能通过各种渠道直接与顾客互动，包括网站、实体店、服务终端、直邮、呼叫中心、社交媒体、移动设备、游戏机、电视、网络家电、上门服务等，打造一体化无缝式的体验。

点燃私域创始人魏子钧介绍，在微信生态中，触点主要在公众号、小程序、企业微信、个人微信、社群、朋友圈等各个阵地。通常情况下，商品性的品牌和用户之间至少有 29 个触点，如果是线下服务型品牌，能够梳理出来 74 个触点。用户与品牌的 29 个触点模型如图 4-7 所示。

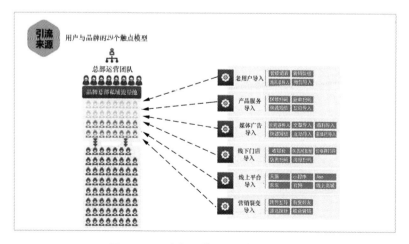

图 4-7　用户与品牌的 29 个触点模型

从这张用户与品牌的触点模型图中可以看到，商品性品牌的触点可以分为老用户、产品服务、媒体广告、线下门店、线上平台和营销裂变 6 个类别，每个类别里面又可以细分出多个业务场景，实现用户触点营销。

零一数科 CEO 鉴锋也在实际操作中发现，对于不同行业来说，用户引流的渠道也不同，比如，电商行业的存量用户往往来自 DM（直接邮寄广告）单、短信、手机号等渠道；零售业存量用户主要来自线下门店导流。但从目前市场现状来看，用常规手段进行导流运营，电商包裹卡的引流率只有 5% ~ 10%；门店的普通曝光的引流率只有 1% ~ 5%；公众号文章的引流率只有 3% ~ 10%，而模板消息的引流率更是只有千分之一。

较低的引流率不仅效率低，更会造成大量获客费用的浪费。因此，对引流方式的优化十分重要。同样是门店引流渠道，零一数科曾试过用利益诱导，将 1% ~ 5% 的引流率提升到 50% 以上。

总体上，引流的优化策略至少有 3 种，包括了爆款优惠、多版本引流品测试和多维推送。爆款优惠指利用用户对价格敏感的交易属性，通过爆款折扣、低价商品包邮、新人红包等策略进行引流；多版本引流品测试通过对"引流品 + 优惠方式 + 呈现形式"的不同组合，寻找最优引流率版本；多维推送指利用 App/ 小程序活动引流、电商平台通过商品详情页、店铺客服、短信等方式通知的策略，多维度触达用户。

我们以宝洁海外旗舰店的私域运营为例，讲述如何用多版本引流品测试策略优化引流。

在宝洁项目中，零一数科的目标是将流量从电商平台引到微信平台上，包裹卡是项目团队选择的最佳引流方式。在这个过程中，项目团队设计了利益型样式、功能型样式、创意型样式等多个版本进行 A/B 测试，在 5 个月内依次投放，分别统计其添加人数和添加率，分析其优缺点，提炼可以进一步优化的机会点。

最终，宝洁项目积分包裹卡的加粉率是 11.89%，高于行业平均范围的上限。它的吸引点是企业可以配合店铺的会员机制，为客户提供后续服务，进一步结合店铺内部的活动开展包裹卡设计，提升引流率。

不过，不同引流渠道影响引流率的因素不同，优化的角度也有所不同。比如，门店引流渠道可以从店面陈列、店员话术等方面设计优化。零一数科就曾经通过陈列展示物料吸引用户进店，并在显眼位置放置私域引流触点进行初步引流，通过店员引导实现二次引流，将引流率提高到 70% ～ 95%。

在了解了触点的构成之后，企业到底应该如何管理这些触点并设计相应的营销画布呢？首先，企业不妨以"时间"和"空间"作为尺度，为自己要服务的私域用户进行行为分类。

在时间上，每一位用户都处于用户生命周期中的不同阶段，如获客期、升值期、成熟期、衰退期、流失期，面向各个时期的客户，企业往往需要采取差异化的营销策略。比如商品的配置策略不同，针对不同时期的用户，可以将产品分为导流产品、爆款产品或复购产品；比如话术不同，获客期的沟通利益点就完全不同于流失期的利益点。基于用户生命周期的不同阶段采取的有针对性的触点组合及运营方式如图 4-8 所示。

在空间上，消费者获取资讯、品牌沟通、完成购买、分享推荐、持续复购等多种行为往往不会在一个渠道内完成，他们愿意付出更多的精力去完成自己的购买行为。最常见的行为是，有些用户会在

线下门店进行真实的产品体验，但在线上商城进行更便捷的下单和
物流追踪。

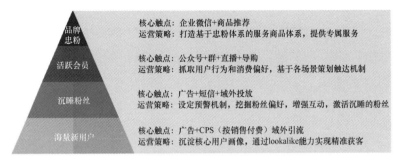

图 4-8　基于用户生命周期的不同阶段采取的有针对性的触点组合及运营方式

在了解了用户上述行为特点之后，企业就可以制定相应的触点
管理策略。以飞鹤奶粉为例，根据妈妈们获取信息的渠道，飞鹤奶
粉团队进行了如下触点布置。

在小红书平台做产品体验分享，在宝宝树平台讲述母婴知识，
借助影视的权威性和媒体的高端覆盖性实现用户触达。同时，持续
在抖音平台以碎片化、沉浸式的形式和用户沟通，用"新鲜育儿
观""品牌溯源大片"等优质内容提升用户对品牌的好感度。始终
不变的是"更适合中国宝宝体质"和"更新鲜"的品牌承诺，用优
质内容和渠道布局实现品牌理念的知行合一，从而加强品牌和用户
的关联。

一般情况下，不同消费者获得信息的渠道往往具有如下特点：
通过搜索平台和垂直媒体，完成资讯获取；通过销售人员和官方网
站，进行细节咨询；通过线下门店和主题活动，获得产品体验；通过
电商平台或线下门店，完成交易行为；通过社交平台和 UGC，进行
长期互动。

　　由此可见，在用户触点布局中，品牌不仅要有狭义的、基于人群属性的"千人千面"，更要实现基于时间、空间的"一人千面"。难点在于，由于行业特点不同，用户产生的数据反馈也有所不同，企业必须做到精准识别才能产生品牌价值。因此，建立全渠道管理系统，布局"复合触点体系"，并形成有效的营销流程画布，就成为触点管理的一个关键点。而要实现这一点，企业就离不开各种各样的数字基建。

　　以常见的零售业态为例，我们可以把触点管理的数字化布局分为 3 种类型，即泉眼式、川流式和海纳式。

　　泉眼式：通常是指独立生态的触点管理方案。比如建立一个基于企业微信的内容管理系统，通常只需一个成本极低的 SaaS 插件即可实现。市场部 / 运营部可以统一上传图文、H5、视频等内容素材，并给导购布置分发任务，还能全盘追踪用户打开不同内容的比率，以及通过用户的浏览行为判断其感兴趣的程度等，从而不断复盘并优化营销策略。

　　但这样做的缺点在于，用户画像的标签和维度较少，通常是企业微信有什么就用什么，触达手段较为单一。像一个泉眼，能取水但难以形成川流不息的数字生态。

　　川流式：通常指跨生态的手段。基于企业原有的社交平台用户管理系统，可以在上述基础上将公众号运营数据、会员数据进行整合打通，这种做法适合大部分企业。不仅用户画像更精确，触达手段也更多元，相比"泉眼式"的简单内容分发，打通微信生态的"川流"模式，还可以通过小程序实现商城、拼团、AR 等功能，整体营销效率大幅提高。

　　举个例子，在完美日记所构建的触点管理系统中，其团队采取从小红书"种草"到天猫"拔草"的方式，再通过包裹直邮引流到微信并留存，就是一个较理想的"川流"私域模式。

这样做的前提是，企业自身具有良好的社交平台运营基础，且如果企业除单一体系（如微信生态）之外，还有线下门店、电商、搜索广告等丰富的营销渠道，但会遇到新的障碍。因为这些渠道相当于其他的"川流"，企业需要进一步考虑如何扩大范围。

海纳式：这种布局方式适合全渠道运营，它能整合包括线下门店、电商平台、社交平台等不同领域的用户数据，实现最理想的精准营销。在 MarTech 领域，我们将能够完成以上功能的系统称为客户数据平台，它可以对来自不同渠道、不同场景的实时和非实时的客户数据进行采集、整合、分析和应用，以实现客户建模、设计营销活动、提升营销效率和优化客户体验的目标，从而促进企业业绩及利润的增长。

对于来自不同触点的用户而言，经过数据清洗之后，每个人身上都被打满了标签，都具有了清晰的画像，按照不同的流程画布，这是一场充满欣喜的私域旅程。从企业的视角来看，最齐全且最精确的用户洞察、活动策划、内容素材等已经备好，一线员工可以随时调取，只需动动手指就能完成 KPI。而对一名门店导购而言，掌握了营销技术的线上营销，就像玩一场由后端市场部、运营部、品牌部共同设计好的网络游戏一样，手机屏幕是决定性的赛场。

【案例研究】元气森林：用数据洞察一切用户需求

用户触点管理是一个循环的过程，其顺序通常是：导入用户，识别用户，转化用户，进一步标签化用户，然后再把数据返回到触点环节，进行新一轮的用户营销。从这个过程中我们可以发现，用

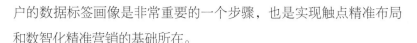

户的数据标签画像是非常重要的一个步骤，也是实现触点精准布局和数智化精准营销的基础所在。

如何实现呢？消费者往往"口是心非"，抓住用户需求最好的方式，就是采取全方位的客户体验管理手段，在前中后的不同阶段关注用户消费行为和实际需求，才能真正找到价值。

如前所述，元气森林是国内新兴的饮料公司，凭借"0 糖 0 脂 0 卡"的苏打气泡水一炮而红。中国饮料市场是一个高度市场化的行业，不仅竞争激烈且早已巨头林立，那么，元气森林为何能够脱颖而出呢？

其实，元气森林的成功主要基于三方面原因。

一是精准锁定目标人群。元气森林采用的是典型的用户中心化模式，他们锁定的目标群体有着清晰的画像，她们是 20 ～ 40 岁的上班族，爱健康产品，消费能力强，能够接受价格不菲的瓶装饮料。这也是元气森林 0 糖 0 脂 0 卡饮料产生的原因之一。

二是找到了行业竞争缝隙。长期以来，中国饮料市场一直是可口可乐和农夫山泉等巨头的天下，除饮用水、碳酸饮料、果汁、茶饮料、牛奶这些之外，一直没有新的大单品打破僵局。元气森林气泡水的出现，不仅在产品种类上取得了突破，而且在价格上为分销商留出了足够空间，使得这款产品能够顺利摆放在用户面前。

三是线上线下渠道全覆盖。与传统的渠道营销方法不同，元气森林把重点放在了便利店，一方面是因为便利店是目标受众频繁进出的地方，另一方面是便利店能够精准了解用户的消费行为。此外，元气森林把线上渠道也用到了极致，尤其是小红书平台达人不断地"种草"传播，实现了目标受众的"围猎"式营销，形成了线上线下全覆盖，进一步促进了线下交易行为的发生。

由此可见，元气森林成功的关键是通过手机、便利店等精准渠道，触达年轻爱健康的白领（尤其是女性）这一群体。而元气森林这套新策略的支撑，就是大量的营销技术应用。接下来，我们从用户消费行为洞察和产品需求测试两个视角，讨论营销技术在用户触点管理中的应用。

观远数据有限公司是一家数据分析和商业智能公司，该公司的主要业务是通过对用户消费行为进行数据分析，为企业提供智能决策方案，元气森林是其所服务的客户。其创始人苏春园透露，元气森林的员工入职之后，首先要做两件事，一是开通 OA 软件账号，方便内部管理，二是开通一个 BI 数据账号，要求员工把数据分析作为日常工作重点，通过数据时刻分析用户的需求变化。

比如一位新入职的一线销售人员，他有自己的数据权限，去看他所负责的不同市场点位的数据情况，比如哪些店的产品卖得特别好？还能去和隔壁的销售员作对比，看看什么新品更受欢迎？从而找到新的商业机会。虽然没有"一招鲜"的流程和方法，但是"从数据里面找到答案"这一解题思路是值得肯定的。对于很多中国本土企业来说，这种做法可以说是"史无前例"的转变。

不过，元气森林更大的动作在产品研发端，这也是元气森林能够在中国市场上迅速崛起的重要原因。增长黑盒曾经详细分析过元气森林的"数据驱动的新品测试"行为。元气森林早年测试了几十种方案才确定了"燃茶"这一产品，而气泡水更是经过了 100 多种方案的测试，花了 1 年多时间才被确定。为何元气森林能够如此高效地进行新品测试呢？

在介绍元气森林新品上市策略之前，我们不妨先来看看传统消费品公司常用的手段，比如举办焦点小组座谈会。通常，这种座谈会从所要研究的目标市场中慎重选择 6 ~ 8 人组成一个焦点小组，由一名训练有素的主持人以自然的方式与小组中的被调查者进行交谈、填写问卷等，从而获取被调查者对产品和品牌的看法。

这种方式已经在快消品行业应用了几十年，自然是已被验证的科学方法。但这其中存在的问题有两个：一是价格贵，交给尼尔森等头部市场监测和数据分析公司来做，价格要几十万元；二是周期长，招募到适合的目标人群，非常耗时，一个项目执行下来需要 2 ~ 3 个月。

所以，传统公司如果采用这种方式，再加上各种烦琐的审批流程，开发一款新产品的周期可能要一年。而根据元气森林前研发总监叶素萍的说法，元气森林的研发走的是快速试错的研发路径。以口味为例，内部平均一两天就做一次饮品口味测试，然后快速调整，整个研发周期控制在 3 ~ 6 个月，快的时候 3 个月就可以推出产品。

这是因为，元气森林再次利用互联网进行了"降维打击"，把做游戏产品的策略运用到了饮料产品测试上，用一手数据说话，成本低、速度快。互联网行业存在着"A/B Test"或者"Multivariant Test"，即为产品界面或流程准备 N 个版本，在同一时间和维度，分别让成分相似的目标人群随机访问这些版本，企业收集各群组的用户体验数据和业务数据，最后分析、评估出最好的版本并正式采用。

也就是说企业可以为广告 Banner（横幅）设计若干个版本，先用少量投放预算试试哪个版本的点击率高，最后决定用哪个；也可以选择部分用户测试 App 里按钮的颜色到底是红色好还是绿色好。无论在国内还是国外，这都是一套非常成熟的方法论，比如 Facebook 每时每刻都有 10 000 个测试在运行，只为提升哪怕 1% 的产品数据。

其实，元气森林正是沿用这种思路来测试包装、卖点、概念等。元气森林有上百个 SKU 的"库存"储备，不断进行着测试和对比，一旦经过验证随时可以投入规模化生产和推广。

不过，这种数据驱动的测试方法并不是一成不变的，而是需要通过慢慢摸索，实现迭代变化，甚至企业同时会运用多套模式。从时间顺序来看，元气森林产品测试大致分为 5 个阶段。

（1）口味测试

最早的产品测试似乎并无章法，而是单纯追求速度快的目标。比如，包装设计和配方研发直接找专家来做（如燃茶依托日本的研发中心），新款饮料推出之后先由销售人员品尝，如果过关了就去铺货。但后来发现这样做的效果并不理想，毕竟销售人员跟真实的消费者有区别。于是元气森林就进行了口味测试的第一次迭代，先锁定目标人群，然后进行调整，比如让大学校园的学生品尝新产品，在"95 后"和"00 后"中进行第一轮内测。

（2）电商测试

与免费试饮相比，线上电商渠道是更加精确数据的关键来源。这个时候，元气森林会把经过初步验证的产品先挂到电商平台——主要是天猫旗舰店和京东售卖，通过后台的数据指标来判断一款新品是否达到了规模化的标准，然后再到线下渠道销售。

这种方法是计算投入产出比的重要手段，目前一直在沿用。举例来说，如消费者之前并没有在商超里看到过某个产品，但这款产品在天猫店每月却能销售近 2 万箱。背后的原因，就是该产品目前还在测试阶段，但数据似乎没达到标准，所以线下没有铺货。

（3）便利店测试

既然线下是饮料销售的主要场景，那么消费者在商店里的真实行为是最应该被测试的。为了解决线下数据获取难的问题，元气森林使用了十分直接的手段：把新款产品摆放到竞品的旁边，然后利用人工盯梢或者摄像头录像的方式，记录消费者选购时的行为。通过判断抬头率等数据，可以清晰地了解一款新品是否会受到消费者欢迎。当然，为了让产品更贴近自己的目标人群，便利店成了最好的选择，比如元气森林最早就是在便利蜂进行测试。

与传统便利店不同，便利蜂主要通过数字和 AI 驱动门店运营，全链条自动化，用算法提升服务效率。例如，除了售卖、上货、清洁需要人工处理，订购、生产、排班、定价都交由系统自动完成。在便利蜂，订购决策都是通过系统进行的，研究人员曾经做过对比，使用自动订货系统的决策准确度比最有经验的店长高出至少 40%。

而基于对消费与社交数据的关注，便利蜂还拥有一套自主研发的智能选品系统，通过对全网消费者的舆情监控，收集并分析消费数据后，团队能够快速发现、判断并引入成名的"网红"品牌和产品，也能为他们寻找到合适的用户。

对于品牌而言，便利蜂是直面消费者的端口，各类商品、用户消费行为都会以"数字化"的形式沉淀在系统里，并且系统能够快速分析和总结趋势。

元气森林与便利蜂合作，不仅仅是看整体的销量，也看哪些门店能卖出更多的商品。便利蜂对于元气森林而言，不光是终端，更是一个洞察窗口，通过数据挖掘，把恰当的产品供应给恰当的消费者。

（4）信息流投放测试

元气森林还会通过今日头条投放信息流广告，来测试产品卖点，这也是收集产品研发数据的主要做法。比如，元气森林未来可能会发布一款豆乳产品，便投放了多个素材，分别凸显了"高蛋白和高钙""双蛋白""未加蔗糖和低脂肪""低糖和低脂肪"等不同卖点，用户点击相关链接之后，页面会跳转到天猫旗舰店首页（并无真实豆乳产品在售）。在圈选的投放人群基本一致的情况下，通过统计点击不同卖点进入旗舰店的人数，便可以看出消费者更愿意为哪种描述买账。用这种方式来测试，显然使数据维度更丰富、成本更低。

（5）DTC 渠道测试

无论是问卷调研还是试吃，都是常用的测试方法。但按照传统的方法，一大难题就是如何招募合适的人来参加调研。所以，元气森林从 2020 年开始运营微信私域流量，其主要目的是低成本、高效地进行测试活动，并将活动命名为"体验官"活动。

例如，元气森林会在"元气会员店"（之前名为"元气研究所"）小程序里发布新品测评活动。经常活跃在元气森林小程序里的多是忠诚用户，他们便会主动申请试用，待中签后仅支付运费便可拿到商品。用户在收到商品后，进入专门的试吃交流群，这时元气森林的产品助理会引导大家填写问卷。据观察，目前测评过的产品主要有用赤藓糖醇制作的可代替白糖的"0 卡糖"、低脂的"鸡胸肉肠"，北海牧场新品"宝石杯酸奶""爆珠波波酸奶"，还有"外星人"功能饮料等。

第 5 章

数字化导购的能力边界

5.1 泛 IP 化的时代

说起 IP 这个词，有人会联想到美国迪士尼的米老鼠和唐老鸭或者日本宫崎骏的动漫，也有人会联想到休闲食品中的三只松鼠……那么，到底什么是 IP？为何每个人的认知不同？本书在私域 IMC 方法论中提到的 IP 和上面这些品牌有什么关系？

我们不妨先看看 IP 在中国的发展历史。

IP 这个词最早于 17 世纪中叶由法国学者卡普佐夫（Capzov）提出，比利时著名法学家皮卡第（Picardie）将之概括为"一切来自知识活动的权利"，基于创造性智力成果和工商业标记依法产生的权利的统称。1967 年，随着《建立世界知识产权组织公约》签订，这个词逐渐被国际社会所接受。传统意义上，我们可以把 IP 分为 4 类，分别是内容知识产权、企业商标和包装、专利发明、自然知识产权。

过去几十年，中国人对知识产权的认知主要停留在发明专利、版权创意等内容知识产权上。大量来自国外的动漫或者文化作品，以及由此带来的各种文创衍生品，比如吉祥物、服装、箱包等，都被看作知识产权的象征。在国内，能够上升到国民级认知层次的知识产权并不多，《熊出没》颇有代表性，曾风靡一时，但偏向于幼童，注定了目标人群和发展规模的局限性，难以引起更多群体的共鸣。

故宫 IP 的出现，却一下子丰富了人们对"知识产权"的想象力。从 2013 年开始，故宫博物院对自己的 IP 进行了系统打造，从雍正和乾隆这些"萌萌哒"的子 IP，到《我在故宫修文物》和《国家宝藏》的硬核内容输出，再到"冷宫"冰箱贴和故宫口红等文创产品开发，以及"紫禁城上元之夜"等带有穿越感的活动体验，故宫博物院运用强大的社交媒体平台，通过情感代入，树立了一个全新的超级 IP 形象。随着国民对故宫好感度的提升，故宫旅游人数不断增加，声量也不断扩大，2017 年，仅故宫文创产品的营业收入就达到了 15 亿元。

故宫 IP 火爆的原因有两个，一是通过商业方式抓住了成年人这个具有消费力的群体；二是在故宫尽人皆知的历史文物中找到共情方式，并实现了高颜值产品的开发，从而引爆了市场。人们一下子发现，故宫 IP 让中国传统文化变得时尚和有趣了，而且不再冷冰冰，离自己很近，甚至成为自己情绪的一种表达渠道。

2015 年前后，很多根据不同著作权改编的知名网剧在国内盛行，知识产权的价值在娱乐内容领域获得提升，IP 的魅力不断彰显。在这个阶段，微信公众号也进入黄金发展期，一批知名"大 V"崛起，并由此开发出一系列延伸业务，个人 IP 的影响力开始在知识产权领域崭露头角。

2016 年，人们对 IP 的理解开始不再局限于发明专利和内容版权。人们开始用一个 IP 概念，将文创、影视、动漫、游戏与品牌营销、文旅、商业、设计、个人、潮流时尚充分串联在一起。此时谈的 IP 已经泛化，不仅仅是故事可以 IP 化，产品也可以 IP 化，知识也可以 IP 化，创始人也可以 IP 化，IP 已经进化成一个多元化物种生态链。人们开始关心如何打造个人 IP，学习打造超级 IP 必须具备的能力，比如独特的内容能力、自带话题的势能价值、持续的人格化演绎、新技术的整合善用，以及更有效的流量变现等。

同样是在 2016 年，有两件事情对 IP 的火爆起到至关重要的推动作用。首先是 2016 年 3 月淘宝直播上线，开启了直播电商元年，掀起了互联网平台发展直播的高潮；其次是 MCN 机构进入高速发展期，从 2015 年的 160 家发展到 2016 年的 420 家，再到 2018 年的 5000 家。在各大互联网平台和 MCN 机构的共同推动下，越来越多的个人 IP 开始在短视频和直播中崭露头角。

2019 年，中国在线直播人数已经达到了 5 亿，2021 年，各个平台的主播注册账户达到了 1.3 亿个，在社交媒体打造自己的个人 IP 已经成为很多人的职业选择。

2019 年，随着私域流量崛起，个人 IP 概念开始被运用到私域运营中。在全员营销的浪潮中，网红成为 IP，企业员工（包括导购）成为 IP，短视频和直播达人、专家甚至人设也成为 IP，他们都能够成为私域运营互动的主体。格力的董明珠、小米的雷军和蔚来的李斌成为 IP 导购，完美日记的小完子、喜茶的阿喜也成为 IP 导购。至此，如何经营好 IP，并把 IP 应用到营销当中，已经成为所有人关心的话题。

正如吴声（场景实验室创始人）所说，在移动互联网时代，离散的碎片在网络叠加中不断形成多中心与新连接。那么，在这种信息碎片化且过剩的状态下，IP 化表达成了新的连接符号和话语体系。

《超级 IP 孵化原理》的作者陈格雷认为，在泛 IP 时代，各行各业都可以孵化 IP，重点包括文娱、旅游、体育等领域，营造企业 IP 已经成为产品营销和品牌建设的重要方式。2021 年年底和 2022 年年初，随着元宇宙概念的火爆，国际品牌纷纷入局虚拟人和 NFT（非同质化通证）的应用，从而丰富了企业 IP 化的内涵，拉近了品牌与 Z 世代用户的距离。

对于企业如何打造自己的 IP 化体系，陈格雷建议从三重体系入手，即产品 IP、品牌 IP 和个人 IP，如图 5-1 所示。产品 IP 是把产品或渠道变成 IP 化的表达，帮助企业更多地实现产品差异化，比如M&M's 把巧克力豆变成卡通宠物，江小白在每一个表达瓶上写心情语录，以及"熊猫不走"蛋糕由身穿熊猫服的配送人员免费送货上门并提供跳舞服务都是典型的案例。

图 5-1　企业 IP 化的三重体系

品牌 IP 主要包含了形象派和场景派两种，具体而言，形象派是通过突出 IP 化形象来打造 IP 化品牌，场景派是通过营造 IP 化情境来打造 IP 化品牌。形象派包括那些名字自带人格化、生物化属性的品牌，比如天猫、猫眼、飞猪、樊登读书等；场景派包括那些自带人性场景属性的品牌，比如良品铺子、气味图书馆、马蜂窝等。

个人 IP 无疑是重中之重，可以由领导者、员工和合作伙伴构成，也可以由虚拟人构成，但无论如何，这样的 IP 一定是代表企业专业度和价值观，并拥有强烈个人特征的集合人设。尤其在私域运营中，个人 IP 更是承担了连接、互动、销售和服务的功能，是企业形象的重要代表。

接下来，我们重点讨论 IP 如何为导购赋能，尤其在数字化的驱动下，如何把导购打造成决胜终端的关键人物。

5.2 IP 化导购的分类和分级

本书对于 IP 化导购的定义，是具有 IP 化特征的销售人员，这种销售人员具有强烈的行业属性，往往以专家人设作为 IP 身份界定。而在市场上，我们还可以按照空间、行业和专业度进行细分，可以发现导购作为销售环节较为复杂的一面。

首先来看空间的划分。数字化时代与传统时代的一大不同，就是把销售高度在线化和智能化。这也意味着，很多导购的工作场景也从物理空间搬到了虚拟空间。尤其对于很多电商销售人员来说，他们甚至完全脱离了物理化的门店，每天的工作就在淘宝、微信、抖音等互联网平台的店铺或社群中进行。

而在私域运营中，基于用户需求的不断变化，导购工作几乎没有了线上和线下之分。有些订单是在线完成交易，却在线下进行交付，有些订单是线下完成交易，但需要大量的线上沟通，全方位互动是私域运营的主要特征表现。但为了方便读者了解私域运营场景，基于导购工作侧重点的不同，我们可以从空间视角对泛私域模式进行划分，主要包括中心式、终端式和分销式三种类型，如表 5-1 所示。

表 5-1　泛私域模式类型

泛私域模式	运营特点	适配类型	品类
中心式	统一人设 / 中心化运营 / 完整消费链路	强化域 / 弱私域 / 赋能型私域	完美日记：小完子 /300 人后台；A.O. 史密斯：线索
终端式	专家模式 / 导购赋能的方式 / 实现私域运营	强私域	孩子王：有几顾问 6000 人 /400 多家门店
分销式	社区团长 / 微商模式 / 基于信任的分销链	强私域 / 赋能型私域	兴盛优选：社区门店 / 团长；肆拾玖坊：合伙人

从表 5-1 中可以看到，在中心式中，导购的工作场景主要在线上，通过中心化运营的方式在线完成交易和配送闭环。中心化场景往往有统一的虚拟人设，导购分为前端导购和后端导购，前端导购扮演虚拟人设助手的角色，通过线下门店或个人微信等触点导入私域用户；后端导购则代表统一的虚拟人设去做用户运营，包括用户导入和转化、整个用户旅程的管理、用户体验的优化等。目前很多头部企业都采取这种模式，比如屈臣氏、欧莱雅、完美日记、WonderLab 等。

在终端式中，导购的工作场景主要在线下。这些导购往往以专家的人设出现，他们的身份与自己所从事行业的专业要求高度吻合。与中心化场景的统一人设相反，终端式导购在触达用户之后，往往以个人身份进行深度服务，营销效果取决于导购自身素养和能力。对于企业而言，通过中台系统提供动态的用户数据、多元化的营销内容，并实现对导购的全方位赋能，是支撑这种模式的关键所在。在前面列举的案例中，孩子王的做法就是非常典型的终端式。

分销式则是泛私域的一种特殊场景，这种模式往往不拘泥于线上或线下，而是以人为核心，通过利益驱动的方式进行营销。换句话说，分销场景的导购实际上是靠信任和利益来驱动营销的，多出现在微商和社交电商领域。一般来说，这些人本身就是一个局部的意见领袖，他们是具有一定话语权的消费者（如 KOC），他们往往通过自己的信任背书，打造一种基于信任的分销链。

在日常生活中，很多社区团购中的团长就扮演了这种角色。以兴盛优选为例，该团队围绕门店建立了一种新型的分销模式，每个门店都有不同的团长导购，负责周边社区的营销和推广，达成交易后，社区门店就成为前置仓和配送点。

不过，无论哪种模式，对行业的专业理解能力都是根本性要求。这是因为，不同行业的商业特点和用户需求有很大区别，如果不能体现出自己的专业性，就很难和用户建立信任关系，继而无法开展深度的私域运营和转化。因此，行业导购的背后往往是深入的商业认知研究。

那么，从行业的角度如何对导购进行划分呢？具体如表 5-2 所示。

表 5-2 导购划分

行业	名称	服务场景	专业要求
美妆	BA/ 美容顾问	专卖店 / 美容院	美容师 / 造型师
汽车	汽车顾问	4S 店 / 体验店	汽车营销师
金融	理财顾问	银行网点	理财师 / 保险师
房产	置业顾问	房产中介门店	房地产经纪人
健康	健康顾问	药店 / 健康中心	医师 / 营养师 / 心理师
服装	置装顾问	专卖店 / 商场	服装搭配师
母婴	育儿顾问	专卖店	国家育婴师

续表

行业	名称	服务场景	专业要求
茶叶	茶艺师 / 茶事顾问	专卖店	茶艺师
教育	老师 / 课程顾问	教育服务网点	教师资格证

这里列举出了美妆、金融、房产、健康、服装等九大行业中的专业导购的名称，以及他们的服务场景和对应的专业要求，虽然无法列举所有行业，但基本可以说明不同行业导购的划分情况。如果按照这样的分类，专业化导购又代表了什么样的趋势和需求呢？

通过上述列表对比，我们可以得出如下判断。

首先，每个行业都有自己的特点，专业性是导购业务转化的关键。很多行业都有自己的专业化特征，如果导购不能深入了解自己的行业，不仅无法体现自己的专业性和服务优势，还会降低用户信任程度。因此，企业要想做好私域运营，就必须了解自己的企业画像，熟悉行业特点，对行业了解越多，就意味着互动话题越多，实现转化的机会也就越多。

其次，资格认证是导购的进入"门槛"，也是一种信任"背书"。在私域运营中，关系来源于信任，信任来源于专业，专业来源于知识积累和第三方认证。从上述的行业对比来看，不同的行业有不同的专业要求（甚至是准入门槛），而这些专业要求同时也是势能壁垒，可以轻松获取用户信任，并成为导购被认可的条件"背书"。比如在母婴行业，如果导购获得国家育婴师认证，就能够获得妈妈们的第一层认可；在健康行业，如果导购有心理师 / 医师的证书，就可以轻松打破用户的沟通防线；在金融领域，如果导购能够获得理财师或保险师等资格，就具备金融业上岗资格，这同时也是一个金融导购必须跨越的门槛。

当然，很多 B2B 行业对导购的专业要求也很高，尤其是面对复杂的科研、制造、施工应用等领域，工程师"导购"将大大降低信任壁垒，更容易实现营销。鉴于 B2B 企业的复杂程度，很多科技公司一方面推出了 SDR 的线索转化岗位，另一方面部署了客户成功部门，通过不同角色的配合，最终保证业务的有效落地。

最后，多元化的场景服务是对导购的个性化挑战。私域导购是以人为核心建立的服务体系，围绕用户提供个性化服务，就成为考验导购私域运营能力的关键，即除标准化产品之外，每个用户都有自己的个性化需求，如果导购不能及时满足或者处理欠缺，就会影响到用户对自己的评价。

比如在孩子王的私域会员服务中，如果要把每个妈妈会员的服务做深，导购就不能仅仅局限在门店，进行全天候的线上沟通以及上门服务也成为不可或缺的选项。换句话说，在不同的物理空间进行驻场服务，并形成企业专业化服务的延伸，是这类导购的主要特点。

从空间和行业的角度介绍完导购的区别之后，我们对于导购的分类有了一个基本的了解。在实际操作中，这两种划分方式也可以看作导购入行的必要门槛。接下来，我们从专业能力提升的角度进一步讨论导购的分级方式。

早在 2018 年，腾讯和波士顿咨询公司就发布了一份《新时代的中国消费者互动模式研究报告》，希望帮助企业打破时间、空间限制，融通线上线下，随时随地利用微信为主体的移动社交生态提升销售能力。这套基于微信生态研究的互动模式，对私域运营中的导购能力提升非常有帮助。

该报告将社交互动模式的人设主要分为三种，一是购物助手，

二是话题专家，三是私人伙伴，分别适配不同业态或者阶段的互动
需求，如图 5-2 所示。如果结合导购所服务的品类专业，以及消费
频次和客单价，还可以按照进阶的方式把这 3 种导购分为 3 种级别，
即初级导购、中级导购和高级导购，如表 5-3 所示。

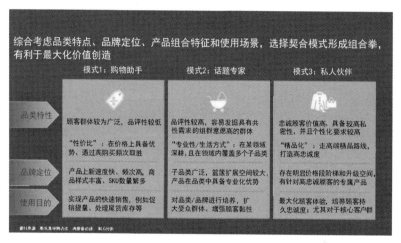

图 5-2　社交互动模式的人设分类

表 5-3　导购的 3 种级别

导购 IP 分类	身份定位	服务要点	产品特征
初级导购	购物助手：提供商品和活动信息	以消费者兴趣为主，提供简单直接的标准化服务	商品性强，促销驱动营销，决策链路短，如普通快消品
中级导购	话题专家：专业人士主导，高质量内容	深耕一个领域，成为话题专家，让客户产生归属感	话题驱动型产品，适合群体属性强的产品销售，如母婴产品
高级导购	私人伙伴：通常是一对一专属服务，全方位满足客户需求	深入个人生活，用心沟通和交流，提供朋友般的情感关怀	溢价高，重体验，适合高忠诚度的品类销售，如奢侈品

初级导购就是购物助手，是导购中最基础的角色，也是销售中
的促销员，主要特点是利用移动社交工具为顾客提供商品和活动信

息。这类产品的商品性强，属于促销驱动型产品，适合决策链路短的品类销售模式。这类消费者偏向个人兴趣，导购的工作就是提供简单直接的标准化服务。同样，由于业务要求不高，这类导购也很容易成为单一标签的导购，如福利官，成为其他 IP 矩阵的组合。

话题专家属于中级导购的级别，由专业人士主导，适合组建社群分享品类干货信息，发布高质量内容，互动讨论较多。这类产品属于话题驱动型产品，适合群体属性强的品类销售模式，如前面提到的母婴类用品、教育类产品、高端化妆品等。这类导购由于其专业性要求强，往往会深耕一个领域，成为话题专家，能够让客户产生强烈的归属感。

私人伙伴属于高级导购级别，通常需要提供一对一个性化专属互动，全方位满足顾客生活诉求，与顾客建立朋友般关系。这类产品属于服务驱动型产品，往往溢价高、重体验，适合高忠诚度的品类销售，如奢侈品、汽车及家居等线索孵化要求高的品类。这类导购要围绕消费者，深入个人生活，用心沟通和交流，提供朋友般的情感关怀。

同样，在 B2B 领域对 SDR 也有相应的层级划分。

初级 SDR 是营销的参与者，通过电话等方式对线索进行甄别，然后把合适的线索分配给销售团队，对营销的导向性不强；中级 SDR 是营销的影响者，他们具有一定的置业敏锐度，脱离了单一工具人的角色，能够从更加宏观的视角看待线索，对销售产生促进作用；高级 SDR 则是营销的引导者，可以更主动引导销售工作的方向，有效促成交易。

在了解了不同角色导购的专业能力划分之后，接下来，企业就可以根据自身的个人 IP 构成特点，在企业内部进行角色匹配，发挥每个员工的主观能动性，为私域运营赋能。

在一家企业中，领导者通常是最大的个人 IP，由于掌握了企业最多的品牌和产品信息，也是最有价值的话题专家人设。当领导者亲自为企业代言，并在社交媒体进行带货营销，对产品的影响自然不言而喻。乔布斯之于苹果如此，雷军之于小米如此，梁建章之于携程如此，束从轩之于老乡鸡也是如此。

"老乡鸡"是一家来自安徽的中式快餐连锁公司。2020 年年初，老乡鸡创始人束从轩开始着手一系列自救式营销，不仅凭借个人 IP 意外蹿红，一场充满幽默色彩和视觉反差的"2020 老乡鸡战略发布会"更是征服了无数粉丝。通过一系列的运作后，老乡鸡转危为机，甚至在 2021 年 11 月份申请了 IPO，成为市场上为数不多的"逆袭者"。

实际上，束从轩的个人 IP 并非孤立行为，整个老乡鸡团队一直保持着用户互动的真实性和趣味性，并形成独特的沟通风格。比如，在拥有 43 万粉丝的微博上，老乡鸡的用户黏性非常强，即使发布"咯咯咯咯哒"这样模仿鸡鸣的文字，都能够获得千人互动的效果。此次自救则可以看作从员工到领导者的一次企业 IP 化完美演绎。

当然，企业在私域运营中的主要角色还是员工。无论是购物助手、话题专家，还是私人伙伴，员工都可以找到自己的 IP 定位。即使企业所处的业态不同，每个个体的分工不同，但总体的角色扮演都有行业属性。比如在 LV（路易威登）的私域运营中，就采用了私人伙伴模式（即一对一购物顾问模式），这些员工人设就是非常专业的奢侈品顾问，他们了解客户偏好，能够提供有针对性的个性化服务。

合作伙伴作为 IP 导购的作用也非常重要。无论是线上代运营，还是线下促销员，作为距离用户最近的人，都代表着企业的品牌形象。因此，无论这样的导购在哪个服务岗位，都应该按照一体化的 IP 部署，扮演好不同的 IP 角色。

那么，一个企业到底需要多少个 IP 角色呢？针对不同的 IP 角色，这里有两点建议，具体如下。

从虚拟 IP 的设计上，不要把一个人变成全能标签，这样会失去真实感。人无完人，IP 也不可能完美无缺。而要吸引更多的用户关注，就要设计组合 IP，用不同的人设来形成互补关系，除前面提到的完美日记之外，国际化妆品巨头欧莱雅也采用了这一思路。欧莱雅集团在设计虚拟 IP 的过程中，打造了"欧爷"和"莱姐"两个人设，创意缘起是纪念欧莱雅创始人欧仁·舒莱尔（Eugene Schueller），传递"将美带给所有人"的愿景，打破美妆只与女性有关的刻板印象。这两个 IP 的角色也不同，"欧爷"负责对外发声和专业观点的输出，活泼聪明的"莱姐"则承担着与粉丝互动的重任，通过"莱姐说心事"栏目，与大家讨论社会热点，管理社群。

"莱姐"的工作：对于单个品牌而言，运营私域社群已经成为必选项。社群聚集了欧莱雅集团中国社交平台上的活跃粉丝，"莱姐"每天都在社群中与他们进行深度互动，以朋友的角色聆听他们的声音。除通过粉丝互动和派发福利维护关系外，"莱姐"还要与粉丝共创内容。比如在正式推文被发布之前，"莱姐"会将候选标题先通过群聊发布出去，邀请粉丝以投票的方式选择他们喜欢的标题。在创作内容时，团队也会从粉丝群中洞察，找到内容沟通角度。这一切都是为了更好地满足消费者的需求。

"欧爷"的工作：他目前管理着四大内容栏目，分别是"欧爷百事通"，为用户带来最新美妆动态；"欧爷说成分"，为消费者揭开化妆品的成分秘密；"欧爷面对面"，带领用户认识名人朋友，让用户聊聊他们对美的看法，分享多元化的美；"欧爷莱姐做公益"，呼吁大家一起来为社会每一类值得被关注的人群做一些力所能及的事情。

在 IP 导购的人设上，企业的最佳选择是准备一组 IP，而不是一个 IP。同样的道理，不同的角色可以服务不同的人群，而在同一个社群里，不同的 IP 可以给用户带来不同的价值和互动体验。一般来说，IP 导购的设计可以从福利、专业、服务等不同维度进行。比如零一数科在给博时基金打造的 IP 人设中，就根据理财产品的特点，推出了粉丝福利官（活动发起 / 粉丝互动 / 福利发放）、产品严选官（产品科普 / 理财推荐）、服务顾问（服务跟踪 / 一对一答题）、理财贴士官（干货分享 / 知识答疑 / 热点播报）四个人设，每个 IP 各司其职，扮演不同的角色。

导购的人数配置主要取决于企业的规模、业态和导购类型。销售规模越大的企业，自然需要的导购人数越多。同样，导购服务的专业度越高，需要的人数也会越多。比如，孩子王的导购服务属于知识专家型，目前有 6000 个导购和 4200 万个会员，这就意味着一个导购平均可以服务 7000 个会员。而对于泛用户，导购的服务数量可以达到 2 万 ~ 3 万人的水平。

5.3　数字化导购的 IP 养成

蓝鲸私域是一家私域代运营机构，2021 年 6 月，获得梅花创投和天图资本等机构的数千万美元投资。创始人高海波认为，微信生态是一个10万亿容量的私域市场，市场空间巨大，但无论是基于社区零售和微商渠道的私域，还是品牌私域，运营都离不开导购，且导购培养也是最难把控的重点之一。

高海波说，他所定义的导购是私域中维护用户及卖货的人。这里的关键之处还是导购跟粉丝沟通的能力，以及取得信任和建立关系的能力。这样的人，在目前的私域行业并不常见。

高海波认为，私域有一定的"小黑盒"属性，私域里的运营数据是不可被看到的。品牌商需要代运营，是因为品牌商通过交易工具只能看到结果，看不到过程。整个运营策略不同于淘宝的运营策略，并不是一打开后台，所有的链路都可以被清楚地看到。而且微信"TP"的相关交易取得进展后，项目里的导购文化会深刻影响粉丝。所以相对"淘系"来说，项目的不可替代性会更加突出，门槛也更高。KA客户对导购的要求也很高，大客户起步可能就要求20 ～ 30个有经验的导购提供服务。

那么，到底如何培养有经验的导购？针对处于不同场景的导购，可以用什么样的手段来提升他们的自身素养和私域运营能力，并形成强大的销售转化？这关键在于3个方面，即角色扮演、品牌势能和价值观。

在我们研究的私域运营案例中，禾葡兰是较早采取这种模式的化妆品企业，禾葡兰CEO张茗程曾经详细介绍过自己打造个人IP的过程，以及培养团队的心得体会。

张茗程说，他最早打造个人IP是在腾讯QQ空间，本来是基于爱好不断发布观点，却无意中打造了自己的医美专家形象。后来，随着粉丝越来越多，他就尝试推荐一些自己信任的产品，竟然获得了较好的转化效果。于是，张茗程就不断强化自己的 IP 形象，并尝试更多产品的销售研究。

真正的规模化运营是在微信社交平台出现之后。张茗程发现，微信是天然的社交商业流量洼地，通过群控机导流和一些技术加粉手段，可以用极低的成本获得用户，但获客之后如何转化却不是一件容易的事情。毕竟基于个人微信号的一对一运营方式需要大量的人力和时间。于是，张茗程设计了一套人设打造方案，按照自己的经验模式，复制了几千个专业美妆顾问进行私域流量的运营。

禾葡兰打造个人专业 IP 的时间是两个月，如果不能成功地转化用户，IP 就会被淘汰。在这两个月的时间，打造人设的核心是先分析目标用户数据，确定自己的风格、爱好和专业度，并保持朋友圈形象的一致性。假如营造一个爱旅游的人设，朋友圈当然要不断出现各地的旅游体验，并以此和用户产生沟通机会，为下一步营销转化打下共情基础。

很明显，张茗程的成功首先取决于他对自身人设的培养，以及对这种能力的复制，如果一开始就思考如何卖货，未必能够成功。正是一段"无心插柳"的经历，让他收获了粉丝的信任，并逐步实现了业务转化。这就是我们强调的第一个关键方面——角色扮演，如图 5-3 所示。

所谓角色扮演，是指在私域运营中如何包装自己，有 3 点很重要。

首先，要有一个清晰的定位，告诉别人你是谁，你有什么样的性格特征，包括但不限于身份设定（有资料、有情感、有故事、有专长）、IP 形象（头像、背景、表情包等）、角色表达（爱好、性格特征、口头禅等）。

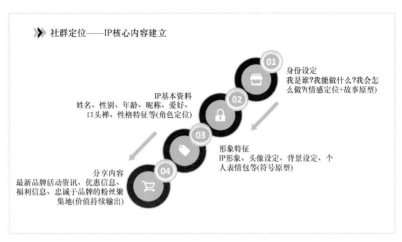

图 5-3　角色扮演

其次，要显示你的专业，前文说过，IP 导购的进阶过程也就是专业知识的提升过程，从开始用促销吸引人，到后面的话题营销，考验的都是专业知识。因此，在力所能及的范围内，提升自己的专业能力，进一步丰富自己的内核，是角色扮演的内在价值体现。

最后，还要多用生活场景沟通，内容是私域运营中的血肉，要善于在不同场景中运用不同的内容，你（或你注重）的生活方式是非常好的话题，而且这种生活方式和目标用户崇尚的生活方式应该相同，并在社交媒体上保持内容和人设信息传递一致。另外，作为处在品牌一线离客户最近的人，表达方式要接地气，尽量避免公事公办的表达方式，亲切、自然、不失服务感地和用户交流。

第二个关键方面是品牌势能。品牌势能的核心，就是把企业的品牌特征融入个人 IP，形成具有品牌特色的 IP 导购。这里主要考虑两个方面，一是打造个人积极、乐观、向上的形象，多传递正能量，使用户跟随；二是把企业的品牌价值传播放在主要位置，并通过价值观实现共情营销。

正如营销大师科特勒所言，我们正处于一个消费者平权的时代，价值观是我们触达用户的有效方式。克莱尔·布鲁克斯（Claire Brooks）在《共情营销》中也强调，对于营销人士而言，在他们的学习之旅中，从文化和社会范式的角度去深刻理解消费者的价值观至关重要。因为文化价值观既是品牌杠杆的潜在支点，也有可能是损害品牌形象的潜在来源。社交媒体时代，员工对消费者的共情力被看作一项非常重要的竞争优势。

在强调专业严谨的中国金融机构中，招商银行（以下简称招行）是共情营销的高手。招行公众号以"小招"为人设，通过专业的金融产品和紧密结合热点的服务打造内容 IP，凸显出一家零售银行独特的创新和服务形象。2017 年 11 月，一篇《世界再大，大不过一盘番茄炒蛋》的视频刷爆网络，视频讲述的是留学大洋彼岸的孩子向母亲学做番茄炒蛋的故事，目的是推广招行留学卡，由于成功运用了母子亲情的经典桥段，一下子戳中公众泪点，成为招行内容营销的经典之作。

其实，招行这段视频也恰恰说明了 IP 运营中的第三个关键方面——价值观。企业作为社会的主体之一，要承担社会责任，传递正确的道德价值观，而不能仅仅以利益为导向。尤其在企业私域运营中，单纯为了博眼球而获取流量，忽视道德和法律边界，最终会得不偿失。

为了更详尽地展示打造个人 IP 导购的方法，这里介绍一个案例。狮明亮曾经就职于宝洁公司，后来加入一家新西兰自制酸奶企业，负责中国区市场和销售的业务起盘和增长。作为一个刚进中国的

"三无（无资源、无团队、无方向）"新品牌，通过精准种子用户招募和私域化运营，结合内容"种草"的策略，天猫旗舰店第一周销售额达到了上百万元，以及获得了开店两个月后的"双11"乳制品旗舰店全网第三名（仅次于安佳和蒙牛，高于伊利）和第一年近4000万元的销售额（极低的营销费用率）。

狮明亮团队是如何打造员工的个人IP呢？从运营的过程出发，再结合项目复盘，其私域运营主要涉及以下三大核心。

（1）人设定位

人设定位，即人物设定。一个IP为什么会受人追捧？原因在于其具有立体性，即人物是一个活生生的、多维的、完整的人物，但这并不意味着人设可以随意设定，而是需要基于企业需求选择性地展示"真实的自己"，放大IP身上的特色和闪光点。为什么我们会关注一个博主？归结起来一点就是：对方身上有一个吸引我们的闪光点。因此，运营IP首先需要确定IP的人设定位是立体的，并不是一味追求所呈现的内容垂直，关键在于其人设是一个活生生的且有特点的人。

狮明亮介绍，品牌启动之初为了不让种子用户觉得有距离感，首先打造了一个名为"Yo妈"（品牌的英文名EasiYo，寓意Easy Yogurt）的人设，让Yo妈作为与种子用户在微信好友端、朋友圈端和社群端的核心对话人，输出内容化的品牌与产品。狮明亮团队基于当时的社会环境（母婴人群对于食品安全的顾虑）对品牌受众进行了分析洞察，发现大部分受众都有"当了妈妈后觉得自己做的（食物）是最安心的，并希望给家人做简单易学的美食"的想法，并以此奠定了Yo妈的人设定位：有孩子、爱DIY食品、爱生活、爱分享，且打造了Yo妈的独特的记忆点（说话方式、表情包），让用户形成信任感。

私域的本质是用户经营，在私域打造 IP 的目的，也正是基于人设 IP 建立用户的信任感，升级与用户的生产关系。

人设定位更多的是顶层设计，顶层设计属于 IP 打造中的"道"，掌握了"道"也就明晰了规律和方向。但是，要打造真正的 IP，还需要"术"的支持，即落实到个人号运营、朋友圈运营这两大模块。

（2）个人号系统四要素

个人号的打造需要输出各种不同的内容，而当下内容正逐渐成为品牌企业的高质量、低成本获客、留客、转化客的路径，私域体系内每个部分的内容都是销售达成的关键。因此，企业在打造个人号的时候，要特别注意个人号的各个细节内容输出。总结起来有 4 个需要重点打造的内容点，分别是昵称、头像、个性签名及背景图。

① 昵称：容易被记住、有品牌属性的，比如 Yo 妈（后续又出现了 Yo 爸和 Yo 宝，形成了"吉祥三宝"）；如果是零售门店，可以将店员的私域号统一命名为"店名 + 昵称"。

② 头像：辨识度高、真实可靠、贴近职业，比如是穿着工作服以店铺为背景的照片。但要避免使用随意的风景照、偶像照、宝宝照等自我娱乐式头像。

③ 个性签名：使用和产品或人设有相关性的签名，突出优势，体现专业性，突出你是谁 / 你带来什么价值。字数最好不超过 30 字。Yo 妈当时的签名是"一个热爱 DIY 的妈妈，自制更满意"。要注意的是，个性签名不应使用"鸡汤"式文字、名人名言或空着。这是展示个人号价值的地方之一。

④背景图：可以是代表自己定位的场景照或者自己带给用户价值的图像化展示。

（3）朋友圈

作为 IP 的重点内容输出阵地，朋友圈需要根据运营节奏制订相对应的排期，以专业知识分享、宠粉福利官、热点追踪、产品解读为主题，制订"落地式"朋友圈规划。围绕打造人设朋友圈，具体有 4 点值得注意。

① 内容适度，多样有机：生活场景型内容 + 产品体验型内容 + 有奖互动型内容 + 活动通知型内容。

② 设置话题：如"健康下午茶自制方法"，既方便形成栏目化内容，让消费者形成期待，又能体系化地帮助打造个人 IP。

③ 内容有营养且有视觉冲击力：每次发布的内容都能潜移默化地触达和影响用户，并在用户脑海中形成记忆，一定要注重内容的价值。

④ 注意发布频次和时间：一天不宜超过 3 次，最多不超过 5 天，并在发布后按小时观察互动情况，记录、了解用户的活跃时间段。

零一数科也曾经为博时基金打造过一套个人 IP 策略，这是一个打造金融机构官方私域 IP 人设的案例，相关策略可以作为不同行业打造个人 IP 的参考，如图 5-4 所示。

博时基金目前对外的企业微信 IP 为"博时小金豆"，因为"博时小金豆"不是真人，会给用户带来一种"和机器人交流"的感觉，所以在打造真人 IP 的时候，头像应选择真人照，名称为"大力 / 力哥"，塑造更像平常人的 IP 名片。

● 打造金融机构官方私域IP人设

◆ IP人设定位：真人IP塑造，而不是"机器"

◆ 用户身边的财富管理专家：做最有趣、最接地气的理财科普，提供最适合的财富管理建议，改变强促销模式，以市场热点与知识分离型打造达人设；有专业背景，正能量，敬岗爱业、爱生活

◆ 素养需求：专业知识丰富，有趣、亲和的理财达人，同时紧跟市场热点，用最接地气的语言传播专业财富管理相关内容，全方位、多场景的产品结合，让理财更省心、更好玩，积极向上的生活价值观，赢得用户喜爱与追随。无限宠粉，最大力度地给用户提供福利

◆ 用户感知体系：朋友般的理财业内人士，靠谱、有内容、有福利

图 5-4 打造金融机构官方私域 IP 人设

在微信生态做基金交易和推广，主要解决的是信任问题，在有品牌做背书的情况下，私域运营打造专业的、有温度的个人 IP 形象利于实现转化，所以设置了"硕士学历""热情""专业"等标签。

个人 IP 的内容输出主要由人设"大力／力哥"完成，内容围绕基金展开，如基本知识、市场回顾等。内容的形式包括但不限于基金相关的视频、图片等，人设引导用户分享与基金相关的资讯，与用户共创二次内容。由于"大力／力哥"发布的内容与用户利益相关，且内容有价值、有深度，所以博时基金 App 粉丝群活跃度较为理想，用户交流频率高。

博时基金个人 IP 打造的朋友圈节奏和内容构成也值得借鉴。如图 5-5 所示，该内容主要以专业知识、市场热点、福利活动和产品解读为主题，其比例分配为专业知识占比 30%、市场热点占比 40%、福利活动占比 20%、产品解读占比 10%。这种内容组合提醒我们，朋友圈人设的"经营"需要大量有营养的"干货"来填充，如果大

部分是销售信息，在很大程度上会给用户形成"骚扰"，会有被用户"拉黑"的风险。

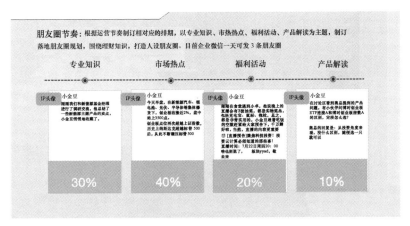

图 5-5　IP 朋友圈规划

5.4　数字化导购的能力边界

特步是一家以设计、研发、生产运动鞋为主要业务的体育品牌集团。在 2022 年 8 月发布的半年报中，特步上半年收入达 56.84 亿元，同比增长 37.5%；经营利润实现 9.22 亿元，同比增长 34.8%。很多研究者将这样的业绩归结于"跑步经济"和健康概念，而实际上，特步在营销数字化转型方面的努力也功不可没，尤其是在导购数字化赋能方面做了很多尝试。

微盟旗下的"超级导购"是特步的服务商，早在 2021 年年初，弯弓研究院就曾访问过"超级导购"时任 CEO 李治银，从他的分享中，我们可以领略到特步导购的新策略。

李治银这样描述特步"超级导购"的一天："早起一睁眼，马上打开手机 App 了解今天的任务；在通勤路上或忙碌的间隙完成学习、测试、发布等任务；线上实时监控销售动态并同时管理多名客户，及时与客户沟通、达成交易；还要留意分店业绩在全国的排名、产品相关的新闻、新出的激励政策。一个导购上线能管理多达 10 个社群、过千名客户，下线能露出甜美笑容向你介绍新品特性。"

李治银说，导购在私域运营中非常重要，也是品牌攻陷私域城池的"特种兵"，而他们设计的超级导购 App 则好比是练兵场。基于对导购多年的洞察和理解，超级导购练兵自有一套。在李治银介绍的超级导购运营理念中，最重要的就是赋能和激励。以此为核心，超级导购 App 围绕利益驱动、名誉激励和赋能成长三个方面，设计了导购赋能、导购成长、导购激励和导购社群四个系统。

其中，导购赋能和导购成长系统是一个知识库，让新员工和老员工都能从中学习实战知识；导购激励系统中包含无形的荣誉激励和有形的奖金奖励，可以实现导购的自我认同和驱动。李治银说，赋能的关键在于要运用导购能理解的内容。因为，导购的学历水平普遍不高，流动性大，容易造成"决策不落地""执行不给力"的困境。

因此，导购赋能系统的任务设置也需要简单明了、标准化的流程。从总部传达下来的促销和奖励规则通常需要经过"超级导购"运营团队的"翻译"，变得更容易理解，操作性更强。比如在手机上，导购就可以直观地看到自己达到多少业绩，能拿多少提成，并自动形成工作动力。

导购群体之间的互相赋能也十分重要。最实用的经验往往是一线明星导购的经验，因为导购之间有互通的语系。

早在 2019 年，直播就是很火的销售模式，是很多导购销售的突破口。至于如何提高直播转化率和商品连带率，这些经验会以短视频或音频的形式推送给所有导购。李治银认为，这些内容形式非常鲜活，一看就懂，一听就明白，可以被复制和学习。这样做还有一个好处，即容易形成"星火燎原"之势，一瞬间全面铺开，动作标准，执行规则一致。尽管如此，直播业绩理想的导购并不多。

但为什么有些企业仍要求所有的导购去做直播？李治银说，超级导购追求的赋能效果不仅是获得一套工具以及相应的权限，而是帮助企业转型为学习型组织。在这里，所有导购都会共同成长。比如，特步 2019 年的"超级导购"定义是年销售额达百万级的导购，2020 年的年销售额已经升为两百万级。这些充满内生动力的员工聚集的能量不容小觑。

当然，训练的另一个要点是有明确的利益机制。在直播带货中，连锁零售企业直播是一项看似简单实则复杂的营销活动。比如，如何带动导购群引流到品牌直播间？如何处理各层级错综复杂的利益链条？这都需要仔细考量。"超级导购"的做法是，将直播直接嫁接到门店独立的小程序上，形成品牌、加盟商、区域、门店、导购直播体系。这样一来，每一位导购、加盟商的客流和业绩都有迹可循，也可以规避诸多矛盾。

在泛私域的企业画像中，特步所在的鞋服行业属于低频、高互动品类，具有潮流引导和社交驱动的消费特征，由于客单价高，决策难度大，导购在销售中的引导很重要。因此，通过数字化为导购

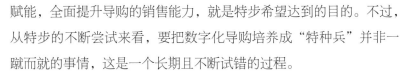

赋能，全面提升导购的销售能力，就是特步希望达到的目的。不过，从特步的不断尝试来看，要把数字化导购培养成"特种兵"并非一蹴而就的事情，这是一个长期且不断试错的过程。

如何建立有效的导购赋能机制？目前市场还没有一套完美的解决方案。但通过对泛私域行业的深入研究和抽象分析，弯弓研究院发现了一些共性。也就是说，尽管企业画像不同，但企业要培养一批能征惯战的数字化导购，除形成良好的环境氛围之外，还有如下几个关键点。

平台的选择是赋能导购的第一个关键点。目前私域运营的主战场为微信生态，尤其完美日记等企业倡导的中心式，主要依赖微信平台进行。但是，随着直播带货的崛起，如何通过直播的方式实现私域运营和转化，成为导购能力的新考量。尤其对于终端式私域导购来说，基于天然的场景优势，以及全方位私域运营的需求，更需要寻找有效的平台进行直播带货。

抖音是合适的选择。一方面因为抖音体量大，无论平台的日活跃用户数还是"兴趣电商"运营模式都处于行业前列；另一方面基于平台之间的生态关系，抖音更容易和企业微信打通，实现微信生态留存和抖音直播转化的模式。目前，根据抖音平台官方数据，截至 2021 年 10 月，拥有活跃粉丝的企业号数量为 65 万，企业号商业内容的日均观看量为 200 亿。2022 年 6 月 1 日至 18 日，抖音电商直播总时长达 4045 万小时，挂购物车的短视频播放了 1151 亿次。

基于抖音不断扩张的兴趣电商规模，泛私域中的不少行业都在抖音生态建立了自己的账号矩阵，实现对数字化导购的赋能。那么，如何在抖音直播的场景中实现数字化导购的赋能呢？我们不妨看看星麦云商打造的多元矩阵布局，如图 5-6 所示。

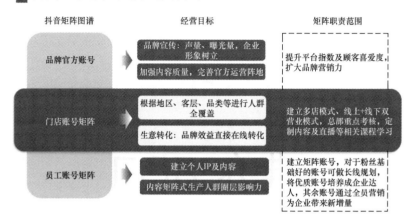

■ 围绕统一的内核，打造多元的矩阵布局

图 5-6　星麦云商打造的多元矩阵布局

星麦云商是一家企业内容营销 SaaS 服务商，已经帮助慕思、顾家家居、索菲亚、斐乐等品牌建立了数字化导购的管理体系。在他们所设计的终端式导购赋能体系中，采用了 1+N+X 的抖音矩阵模式，即一个品牌官方账号 +N 个门店账号矩阵 +X 个员工账号矩阵的模式。其中，品牌官方账号重在品牌宣传，提升品牌影响力；门店账号采取多店模式，线上 + 线下双营业，根据地区、客群、品类进行覆盖，重点是实现生意转化；运营员工账号的目的是建立个人 IP，扩大品牌影响力，通过全员营销带来增量，培养企业达人。

建立控制系统，是赋能导购的第二个关键点。和前面提到的特步案例一样，控制系统的核心就是约束和激励。如图 5-7 所示，星麦云商在建立了抖音矩阵之后，一方面要制定考核指标，包括学习情况、直播时长、用户数、浏览数等；另一方面是要制定激励政策，涉及品牌资源、流量资源、团队奖励、实物奖励等。而这些业务行为最终都会被进行数据汇总和归因分析，最终影响到新一轮的管理优化和政策制定。

■ 矩阵规模化运营策略　聚沙成塔

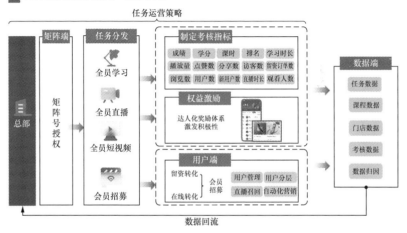

图 5-7　星麦云商的控制系统

那么，基于抖音平台需求，一名导购如何才能成为合格的直播达人呢？我们可以将直播达人分为初级、中级、高级三个等级，初级水平的达人要掌握抖音平台的基本知识、账号定位，以及短视频制作的基础内容，比如脚本制作、基本拍摄和剪辑技巧等；中级水平的达人要掌握账号定位、直播间搭建方法和直播间基础运营技巧，比如直播脚本编写、直播话术、直播流程等；高级水平的达人要具备直播深度复盘能力，掌握爆款直播间搭建方法和直播间高级运营技巧等，重点是掌握剧本优化和营销提效的方法。星麦云商经过深度门店调研，制定了专属课程体系，如图 5-8所示。

深度门店调研，制定专属课程体系

团队
- 目前团队成员组织结构
- 工作时间
- 绩效考核
- 经营目标
- 日常工作流程
- 内部协作方式：沟通工具、沟通形式

人员
- 基本信息：年龄、性别、学历、入职时间
- 内部培训情况调研：培训成长体系、培训周期、培训效果
- 抖音认知阶段

账号
- 账号开通情况
- 账号基本信息：账号粉丝、账号形象设计
- 运营情况：短视频发布频次、直播开播频次及时长、是否挂载经营工具、经营效果

初中高进阶课程体系

课程名称	课程安排	时长
抖音平台认知	第一节：抖音的底层逻辑 第二节：抖音流量的分配机制 第三节：企业自播的底层逻辑 第四节：抖音的相关平台的认知	2小时
账号定位	第一节：抖音账号的定位及包装 第二节：如何快速找到对标账号 第三节：账号案例分享与学习	1小时
短视频基础制作内容学习	第一节：短视频类型及价值 第二节：适合各行业的3种爆款短视频现案例、数据分析 第三节：脚本创作与视频拍摄脚本 第四节：视频剪辑技巧及剪辑技巧及工具的运用	2小时

课程名称	课程安排	时长
账号定位	第一节：我司账号的定位及及包装 第二节：如何快速找到我司对标账号 第三节：账号案例分享与学习	1小时
直播搭建	第一节：常见直播间类型 第二节：直播间常用道具 第三节：直播间团队搭建 第四节：直播间装修	2小时
直播间基础运营	第一节：直播脚本编写 第二节：带节奏的话术 第三节：账号直播违禁词 第四节：直播流程	1小时
直播间深度复盘 轻松转化力能力	第一节：直播复盘的重要性 第二节："装修"是否具备身份标识 第三节：直播间的人、货、场 第四节：直播间是否正朝良性发展 第五节：热场直播间的场景复盘	2小时
直播间场景	第一节：直播间场景搭建 第二节：直播间配置编写与优化 第三节：直播间视频学习与分享 第四节：直播间团队搭建及及人员分工	2小时
直播间运营	第一节：直播互动话术引导 第二节：直播间高光时刻切片 第三节：直播间如何搭建人设 第四节：直播间营销临效及方法	1小时

图5-8 星麦云商制定的专属课程体系

在终端式私域中，中台的赋能非常重要，无论是对客户的行为洞察分析，还是大量的内容供给，都是导购在营销中必须具备的能力。那么，如何做好企业的内容供给呢？这就是第三个关键点，企业需要建立一个知识赋能体系，也就是内容中台。关于这部分内容，本书第 7 章会详细介绍，这里不再赘述。

　　特别要注意的是，所谓数字化导购，本质上是数字化时代的导购能力边界延伸。因此，通过技术提升营销效率和精准度，是每个导购都会面临的问题。结合当下的市场竞争环境，弯弓研究院发现，要想成为一名合格的数字化导购，必须掌握 7 种能力，主要包括 IP 人设、图文应用、朋友圈运营、社群运营、直播、短视频、数据分析，如表 5-4 所示。如果按照岗位要求、技能级别和价值指标进行细分，我们可以清晰地看出数字化导购在不同阶段的成长和价值表现。

表 5-4　数字化导购需要掌握的 7 种能力

类别	岗位要求	技能级别	价值指标
IP 人设	人设规划清晰，具有良好的辨识度	普通—KOC—网红	非常重要
图文应用	朋友圈文案和图片应用	转发—独立制作	一般重要
朋友圈经营	通过各种素材和内容，建立画像	产品—场景—价值观	重要
社群运营	社群互动和转化	分享—交互—转化	非常重要
直播	直播带货	直播间规划—直播—带货	非常重要
短视频	拍摄短视频	设计脚本—拍摄—剪辑	一般重要
数据分析	分析销售数据	读懂—洞察—运营提升	重要

　　从表 5-4 中可以发现，对于一名数字化导购来说，IP 人设、社群运营和直播都是非常重要的选项，而朋友圈经营和数据分析属于

重要选项，图文应用和短视频属于一般重要选项。鉴于 IP 人设和抖音直播的做法前面已经详细描述过，接下来，我们重点讨论提升社群运营能力的关键所在。

在私域里，社群运营是比一对一私聊更有用的流量落地方式，然而社群运营的策划设计、执行管理都相当烦琐，既要懂零售方法和用户的消费及社交行为心理，又要进行数据驱动的精细化运营。但归根到底，做好社群运营要制定 3 个核心步骤：群分类、撰写群剧本和群转化。

群分类的意义在于规划好社群的定位和目标，群剧本是指社群运营的内容及分发节奏，这两步都是群转化的基础。

《小群效应》一书指出，社群运营有六大驱动力，分别是荣誉驱动、利益驱动、地域驱动、关系驱动、事件驱动和兴趣驱动。这些驱动力反映了不同人群的不同诉求，也是我们掌握社群运营的基本参考点。以零售、快消品行业为例，最常用的 3 种群是福利优惠群（利益驱动）、兴趣群（兴趣驱动）和快闪群（事件驱动）。福利优惠群和快闪群往往和日常优惠以及节庆促销相结合，采取强运营的方式，快速推进和结束。兴趣群则不然，一般会设计好群规策略，通过社群成员的共同互动来完成运营。这种社群的参与感越强，对于企业私域运营越有利。

以福利优惠群为例，这里的活动虽然由利益驱动，但也可以设计丰富的规则，不失趣味性，常用的规则如下。

（1）社群定时抽奖：每周群内定时抽奖（实物 + 优惠券）。

（2）用户晒自己做的美食参与抽奖。

（3）猜谜语互动，答对有奖。

（4）群接龙：用户购买前需要参与接龙预定，再购买下单。

（5）好物推荐：精选性价比高的好物进行群内推荐。

兴趣群的规划方向可以从用户属性和用户兴趣两方面入手，如用户属性可以分为地域、用户身份、婚恋状态等，从而分出宝妈群、单身群等。以用户兴趣为标准则可以分出美食、健身等主题群。

还有一种方法是通过调研设计群主题，在用户沉淀于个人号后，运营人员通过朋友圈调研用户喜好，设计带有偏好属性的用户主题群，后期通过社群话题、社群福利、UGC 提升用户留存率及转化率。比如，在名创优品前期有关美妆、居家、厨艺、零食、盲盒的主题调研中，美妆主题群投票占比为 57%、零食测评群投票占比为 45%，这些数据有助于更精准地进行群主题的设计。

快闪群的定位是每月主题活动，通常会以周年庆、美食周、家庭日、品类专场等作为主体。这种群通常会建立一个活动专场，给用户营造活动氛围，打造"限时限量购"主题，刺激用户消费。主要的活动机制有买一送一、限时秒杀、下单抽奖等。

做好社群运营的第二个步骤是撰写群剧本。撰写群剧本是复杂且细致的工作，要根据群的主题定位设计好每天的规则和相应的话术内容，比较常见的内容方向有知识分享、日常话题、服务性活动和互动小游戏，但无论是何种内容，都必须围绕企业品牌、产品或IP 人设展开，具体如下。

（1）知识分享：主要针对主题群进行设计，不同的主题群设计不同的内容展示，为用户复购做铺垫。使用经验让人设型销售从卖货人转型成为推荐官，提高社群用户的购买欲。

（2）日常话题：为社群的自运营打基础，建立社群属性，维持社群基本的活跃度。

（3）服务性活动：包括会员权益主题活动、感恩节活动等，主要针对复购群体，在群内开展营销，同时向外输出品牌价值，让消费者完成对品牌的认知和价值认可。

（4）互动小游戏：包括接龙、抽奖等趣味性或利益驱动的活动，能提升社群活跃度。

对于社群运营来说，群分类和撰写群剧本两个环节属于叙事铺垫环节，最后的关键是制定群转化策略。群转化一般都是通过群主来主导，并通过营销人员的不同角色扮演来实现。常规情况下，200人的社群里有 3 ～ 5 人是运营团队，IP 是群主，其他人往往扮演KOC 的角色，主要工作就是配合 IP 做好社群互动。

撰写群剧本要根据不同群的定位目标设计相应的内容，运营的侧重点也不同。比如打卡返现群的目标是提高社群复购 GMV，群主需在固定时间在群内发布打卡通知，以"利益 + 从众"模式驱动用户互动。而日常群的目标是维护社群日常运营节奏，运营重点是通过栏目化运营，培养用户对品牌的认知，促进成交。

用户的转化复购有导购个人成交和群转化两种模式。从个人号首单成交到社群复购，会经过图 5-9 所示的转化路径，分别需要从不同的抓手切入，提升指标完成率，其中 3 个关键抓手为：用户分层标签化管理、首单转化、用户复购。

（1）用户分层标签化管理

总体而言，用户可以按照价值、意向度、购买倾向、促销敏感度、预复购时间、购物频次等维度进行分层，尤其要注重高客单、高复购频次的用户，如图 5-10 所示。用户数据可以来源已有的消费记录、网上互动行为的记录、微信生态上开放的数据，还可接入品牌的 CRM 系统监测的数据，最终形成完整的用户标签体系，指导精细化运营。

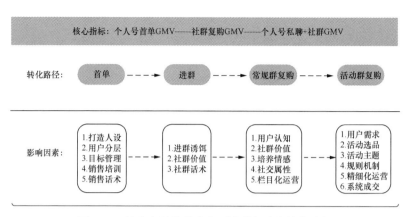

图 5-9　从个人号首单成交到社群复购的转化路径

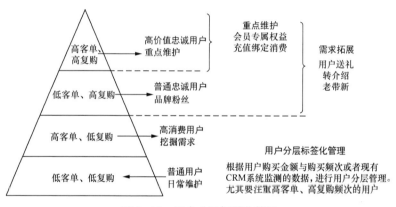

图 5-10　用户分层标签化管理

（2）首单转化

个人成交的私域模式适合产品客单价高、用户黏性强的行业，例如护肤品行业、美妆行业、高端女装行业等。从流程上来讲一般分为 4 个阶段。

① 客群引流

明确产品受众，调研目标用户人群特征，找到目标用户所在的聚集地，设置引流诱饵将目标客群引流到微信私域流量体系内。

② 数据入库

通过客群的朋友圈及个人号互动，了解目标客群的需求、痛点、喜好等数据资料，将数据标签化。

③ 人设运营

通过打造专业、真实、有温度的人设，在朋友圈建立用户对人设的认知、信任和追随。

④ 个人号成交

通过与用户交流的标准流程，引导用户信任产品，完成用户成交。与用户交流的标准流程包含破冰、互动、成交、关单的用户路径，各路径有不同的运营手段，如图 5-11 所示。

用户路径	破冰		互动		成交		关单	
核心目标	让用户认识你		老用户		提升意向度		提升转化率	
运营手段	1.精准判断客户心理 2.巧妙打造人设 3.因人而异的破冰技巧		1.巧妙降低"呵呵"的防御机制 2.高级的需求挖掘提问技巧		1.销售人员的高客单价意识 2.高客单价报价的思路 3.强大的客户说服话术		1.销售的时间管理 2.客户资源的精准分层 3.识别及成交时机	
用户分层	新用户—老用户—非意向用户—意向用户—高客单价客户—低客单价客户—未下单客户—下单客户							
销售话术	挖掘新客 介绍产品 用户共鸣 效果背书	身份肯定 用户福利 福利的价值	定制优惠 吸引成交 如何下单	成交限时 限量	不同功能商品连带 销售 多种组合搭配		优惠券捆绑 场景捆绑 需求捆绑	进未付费群 群内成交	发抽奖链接 进会员付费群 群内成交

图 5-11　与用户交流的标准流程

在销售与用户的私聊中还要注意话术逻辑，可以从以下 4 个方面进行设计：建立真人（不是机器人）信任感；用最短的时间提供给用户最想要的内容；对产品特性和用户痛点要有足够的认知；系统的标签化设置。

（3）用户复购

导购个人常用的复购策略是主动提醒 + 福利转化，即筛选在近段时间内有购买产品需求的用户，群发优惠券或促销信息，以福利唤起用户的复购需求。这一步需要以用户分层和标签化设置作为基础，只有这样才能有针对性地推送用户需要的产品。

导购也可以将用户导入复购社群。以某品牌为例，图 5-12 展示了导购个人号与各类型社群的关系及用户路径，社群类型可以分为主题群、活动大促群和团长群，社群定位和运营手段都各不相同。

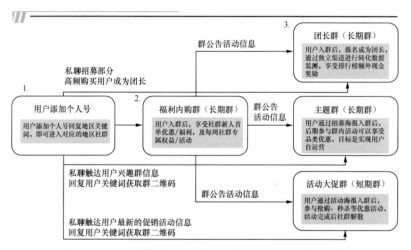

图 5-12 导购个人号与各类型社群的关系及用户路径

被誉为大数据时代的预言家的维克托·迈舍 - 舍恩伯格（Viktor Mayer-Schönberger）说，大数据时代开启了一场寻宝游戏，但能否淘到宝，则取决于人们对大数据的看法以及对于由因果关系向相关关系转化时释放的潜在价值的态度。因此，如何用大数据给导购赋能，甚至把他们变成营销中的"特种兵"，可以说是这场寻宝游戏中非常有价值的一件事情。

事实上，随着数字化转型的不断深入，市场的各种要素都在发生变化，企业不得不做出相应的动作。一方面企业处于存量市场竞争中，用户的权力在不断增大；另一方面，随着技术的革新和人力成本的增加，导购的权力也在增大，如何更好地通过导购实现销售增长，已经成为当下亟须解决的问题。左手是消费者增权，右手是导购增权，企业要想赢得先机，就必须迅速提升导购能力，形成一套有效的策略。

第 6 章

技术驱动增长，打开私域运营的 MarTech 航海图

6.1 私域运营技术简史

在私域运营技术简史中，微信生态一直扮演着重要角色。由于大多数企业的私域运营都依附于这个超级生态，从微信产生私域价值开始，这里就聚集了大量的资金和参与者。MarTech 机构都希望通过自己的研发和投入，开发出最佳的私域运营工具。

有流量的地方就有利益，技术开发者们希望最大限度地获取流量红利，而考虑到应用安全以避免用户受到过度骚扰，一些平台则制定了相应的规则。

在微信官方的表述中，有两种违规行为是主要打击对象：一类是用各种噱头诱导用户直接下载使用的外挂，包括一键转发朋友圈、红包外挂、Android 模拟器、微信多开等；另一类是利用群控技术开发的外挂，通常被包装成"微营销"神器，得以实现批量加好友、一键点赞、一键评论、定时群发、自动回复、自动聊天等功能。

由此可见，技术开发者和平台一直处于控制和反控制的博弈过程。微信官方打击外挂的过程，也是私域流量技术开发的进化过程。

正是基于这样的背景，我们在讨论私域流量技术简史的时候，以微信官方对技术服务商的生态管控为主线，梳理出营销技术的变化轨迹。按照这个时间线，大致可以把私域技术迭代分为 3 个阶段。

6.1.1 第 1 阶段：2016 年年初—2019 年 5 月

前面的章节讨论过，随着微信正式上线，不少企业开始通过这个即时社交平台向客户提供服务。2016 年前后，很多在"淘系"深耕的商家——比如淘宝客，也开始进入微信生态建立私域，成为社群"淘客"。这些商家的目的，一方面是把微信便宜的流量导入淘宝，实现跨平台交易转化，另一方面是迅速从这些用户身上套利。

这个阶段，私域流量还处于萌芽期——甚至被誉为"灰产"，但在 MarTech 领域，很多基于淘宝、微博和微信社交平台的技术开发已经如火如荼地展开。根据弓弓研究院对 MarTech 领域的研究，过去 10 年间，2016 年前后是这个行业吸引创业和投资的最高峰，如今市场上的大量头部技术机构，都是在此时间段创业入局。

2016—2019 年，当绝大多数人还不知道私域流量为何物时，能够为使用者迅速裂变用户的"群控机"成为市场上真正的"王者"。知名科技媒体 36 氪曾经报道了这段历史。此时，私域流量被业内称为"水下世界"。

在张华的公司里，数千台安卓手机被一排排地摆在架子上，连着电源线，手机屏幕忙碌地发光，每台手机可登录两个微信号。手机背后则是一台计算机，可以控制 1000 个微信号。这是非常典型的"群控"工具机房。

张华最早也是做 QQ 流量的，用软件控制上千个 QQ 号去加粉，但 QQ 活跃度逐年下降。他 2016 年开始转向建设微信"群控"机房，已经比早入行者晚了两三年。更早入行的公司，比如小 U 管家，现在已经不再需要那种成百上千台手机的机房，只用计算机服务器就能模拟微信账号了。

张华做软件开发出身，他公司的系统，首先可以帮助客户自动化"养号"。"养号"的意思是机器模拟真人用户的微信使用习惯，包括浏览好友朋友圈、不定时翻看微信钱包、看新闻推送、好友之间发语音和文字、看好友资料等，15 至 20 天就能养成一个微信系统认可的微信号，去除微信系统的异常提示。

养好号后，就开始自动化加粉。不过，"附近的人"和"摇一摇"加粉早已被张华淘汰，他表示，流量必须精准，客户要自己有手机号，数据才能做流量。此外，好友通过率低时系统还会暂停加粉，以杜绝微信判定骚扰陌生人现象。加完粉后，就到了自动化运营的时候。张华的系统提供的功能包括浏览公众号文章、拉粉丝进群、群发图片和文字、与指定好友聊天、发多张图片或公众号文章到朋友圈等，功能丰富且细化。

这是一套被张华称之 AB 号的系统。A 微信号负责加粉，加到粉之后再导流到 B 微信号，B 微信号专门负责运营。

2019 年 5 月 13 日，为了打击越来越多的违规应用，微信安全中心官方公众号发布了《关于利诱分享朋友圈打卡的处理公告》，明确微信平台禁止通过利益诱惑，诱导用户分享、传播外链内容或者微信公众号文章，也明确了"微信机器人"的使用属于外挂行为的范畴。具体到技术细节上，这次微信针对的是使用基于 Xposed、substrate 等技术框架开发的第三方外挂工具，而虎赞的开发就基于 Xposed。同样受到牵连的还有使用虎赞群控工具的商家，和其他为数众多的开发者一起，他们的多个微信号也没有逃脱被封号的命运。

虎赞是一家营销技术开发机构，曾获得红杉资本投资，此次被封号，引起市场巨大震动，有人开始思考如何通过更正规的方式做私域运营。尽管如此，依旧有技术机构在虎赞被封后继续奔跑在灰色地带，比如 WeTool。

6.1.2　第 2 阶段：2019 年 5 月—2020 年 5 月

WeTool 也是一家专注于私域流量技术开发的机构，早期一直没

有确认自己的盈利模式，直到后来开始开发社群裂变工具。

虎嗅网报道称，WeTool 因其实用性，一直是微信社群运营者、微商、淘宝客等企业或个人用户最喜爱的微信工具之一。WeTool 向市场提供了免费版和付费版两种应用。对于个人用户，可以借助它实现清理单向好友、新加好友自动通过、好友自动拉群等基础操作；对于企业来说，可以实现批量处理群邀请、关键词拉群、群统计、发送欢迎语、自动踢人、激励分享裂变等自动化功能，还支持接入竹间、图灵和吾来机器人，可谓技能全面、场景丰富。应该说，WeTool 产品非常方便社群管理和营销，不仅提升了运营人员的工作效率，还大大降低了获客成本。但从技术层面来说，WeTool 产品在诞生之初就掺杂着与微信规则冲突的基因。

因此，随着 WeTool 产品使用越来越广泛，影响力越来越大，对微信平台的挑战也越来越大，2020 年 5 月 25 日突然被封号就成为一种必然。

与虎赞相比，微信官方此次封号行动带来的影响更大。主要原因有两个：一是此次封号与上次封号间隔时间短，再次让技术机构看到了平台对违规动作的打击力度，不得不认真计算违规成本；二是近年来，私域流量已经成为很多企业的营销抓手，也是此期间为数不多的增长手段，而封号带来的巨大损失已经远远超出了企业能够承受的范围，企业必须把技术应用正规化。

这个阶段还发生了一件重要的事情，这一事件成为推动技术变革和私域流量发展的关键力量，即企业微信改版。

企业微信是微信生态中面向企业端的通信和办公工具，有着丰富的 OA 应用和系统连接功能，但与竞争对手相比，市场应用却一直不温不火。在看到私域流量崛起的趋势之后，微信官方在 2019 年年底开始进行企业微信 3.0 改版，开放了客户联系、客户群、客户朋友圈功能，并在 2020 年 2 月 15 日开放了与微信互通的快捷通道。在这个通道中，每个企业和个人均可使用企业微信快速开展线上业务，提供 10 000 人全员群、直播等功能，且后台支持用户的沉淀和数字化管理。

应该说，企业微信这次改版的时机选择恰到好处，尤其在私域流量和打击外挂双重效应叠加之下，企业微信在市场上的关注程度获得了前所未有的提升。面对平台压力，更多品牌企业开始选择与被平台认可的正规 MarTech 机构合作，而大量处于"灰色"地带的私域技术公司也开始浮出水面，纷纷成为微信正规军的一员。

因此，从 2019 年 5 月—2020 年 5 月这段时间里，帮助企业实现用户拉新和标签画像管理的 SCRM 系统，成为最受关注的市场热点。根据弯弓研究院发布的 2020 中国营销技术生态图谱 3.0 版，在这一年时间里，SCRM 服务商数量呈现爆发式增长。

与此同时，基于建立微信私域流量交易闭环的需要，小程序的开发和应用也成为市场竞争中的一种必备能力。在销售与交易这个子类目中，除常见的上市公司有赞和微盟之外，很多技术公司把小程序商城服务作为自己的专项服务能力，大大优化了企业的私域运营环境。

到了 2020 年，直播成为整个商业社会关注的热点，在抖音和快手等社交平台打造直播间成为企业标配，这也是私域运营中非常重要的转化方式。与此同时，随着私域流量概念深入人心，通过智能对话的营销方式把静态的用户数据唤醒并导入私域流量池，也成为热门技术应用。由于市场需求巨大，在 2020 年和 2021 年，智能对话式营销系统也成为投资人比较关注的热门标的。营销技术的迭代和应用如图 6-1 所示。

图 6-1 营销技术的迭代和应用

6.1.3 第 3 阶段：2020 年 5 月—2022 年 1 月

2021 年，企业微信及其服务商无疑是私域技术应用中的最大赢家。这一点，从企业微信一年内暴涨的企业组织数和用户数可以看出端倪。之所以如此，与广大企业主的支持不无关系。

多年来，中国营销市场有个特点，很多公司的用户信息都是掌握在销售人员手中，公司层面的掌控能力很弱。通常情况下，能力越强的销售人员对用户的控制能力越强，销售人员离职后创业或者入职竞争对手的公司，都会给原公司的经营带来很大影响。在信息化应用阶段，虽然企业主们尝试各种办法避免这一影响，比如配备专用手机或者使用 CRM 系统等，但得到的效果并不明显，尤其对于竞争激烈的餐饮、生鲜、美妆等行业。因此，如何留存用户数据资产，一直是困扰企业发展的重要问题。

如今，通过企业微信这个超级链接入口，所有用户数据都可以留存到公司，不仅解决了企业的后顾之忧，而且通过合规的技术开发还可以实现多种形式的销售自动化管理和赋能，带动营销效率的提升。于是，在企业微信 3.0 改版后的 2021 年，把用户数据率先导入企业微信，已经成为美妆、餐饮、零售等企业的主动选择。

总体而言，在私域流量技术发展的第 3 阶段，企业微信崛起是影响其变局的重要因素，围绕这个平台，不仅出现了越来越多基于微信生态的产品应用，很多技术机构的发展方向也因此而改变。仍以 SCRM 为例，其最早是在 CRM 基础上发展而来，应用于社交媒体前端的客户关系管理。在微信生态，通过 SCRM 系统连接，可以为用户打上属性、行为和交易标签，进行分组管理和深耕客户，实现私域运营。但随着企业微信功能越来越强大（涵盖了 SCRM 部分功能），且在私域流量中的权重越来越大，此前以 SCRM 研发为主的技术机构，渐渐都成了企业微信的专属服务机构。

与此同时，从 2021 年下半年开始到 2022 年，基于私域精细化运营的需求，客户数据平台（CDP）再次成为热点，有助于提升数据分析和智能决策的 BI 业务，以及营销自动化系统，都开始呈现较大的市场需求。弯弓研究院与烯牛数据联合发布的统计数据显示，2021 年是 MarTech 投资历史上最活跃的一年，投资额超过 500 亿元，创下了历史新高。

实际上，从 2016—2022 年经过了 3 个阶段发展之后，基于私域运营的技术开发已经初步完成。只不过，此时的私域流量尽管获得了各行各业的高度关注，但在部分行业也开始进入冷静期。人们发现，私域运营并不能一蹴而就，如何找到真正属于自身的私域模型，并通过用户深度洞察实现精细化运营，才是达成目标的关键。同样，对于营销技术应用而言，这也意味着并非所有的技术都能带来价值，核心是要做到行业适配。

接下来，我们就从泛私域运营和全域驱动的角度，解构一下企

业级私域的营销技术应用构成。

6.2　泛私域营销技术应用

　　根据不同的企业画像，泛私域可分成 3 种运营模型，分别是强私域、线索型私域和经销型私域。由于 3 种私域类型的业态不同、营销渠道不同、私域营销的链路不同，因此技术应用也有很大区别。总体而言，经销型私域是最复杂的一种类型。

　　群脉科技是国内最早的一批 SCRM 服务商，2015—2018 年，随着社交媒体的不断发展，群脉科技率先参与了 SCRM 产品开发，并为联合利华、波司登、元祖食品等企业提供私域会员的运营服务。群脉联合创始人车传利回忆，品牌企业的私域应用是一个不断迭代的过程，在早期原生态阶段，私域运营只被当作一种营销手段，通常仅由市场部负责，并且完全依赖互联网平台，而非一种企业自身的数字体系建设。

　　因此，弊端也很明显。比如在早期私域中，当新业务和企业原有的用户触点有冲突的时候，销售、导购、代理商等出于自己的利益考虑，不一定愿意配合推广；还有企业的一些功能需求未必能得到互联网平台的支持，比如客服号、批量标签管理。

　　但是，随着中国的企业数字化转型不断推进，尤其在企业经历了线下停滞的压力后，一批具有前瞻性的企业开始意识到，它们真正需要的"私域"不只是一个依附于平台的营销工具，而是一个能与企业本身商业模式相匹配，并且能够通过技术手段实现独立运营的完整体系，即"企业级私域"。

　　在理想的情况下，企业的导购、网红、代理商等用户触点，都应该被该企业的私域体系所涵盖；业务中的礼品卡、会员积分、拼团分销等活动需求，都应该得到企业的私域体系的支持。

一个私域体系是否属于"企业级"，可以从两方面来看。

其一，是否完全由企业管控？企业级私域要形成以品牌为主，而非小b端个人魅力为主的有效连接。这里强调的是企业私域运营主体的变化，企业可根据需求随时查阅、替换、优化每个用户触点，而不受小b端左右。

其二，是否有营销技术赋能运营？比如依托于企业整体的数据洞察，每个用户触点都应能掌握用户的精准标签，并随时调取拼团、分销、优惠券等功能模块，从而做到"在合适的时间、以合适的方式、接触合适的用户"，提升整体的营销效率。如前所述，运用营销技术的意义在于，它不一定能使每个导购都达到100分，但它一定能让大量业绩考核为30分的导购达到60分的水平。

从经销型私域的角度看，一套私域运营系统需要哪些营销技术的集成应用呢？我们发现，这套系统重点要从营销侧、门店侧、供应链侧和管理侧4个方面来进行部署，至少包含了14个模块，具体如下。

（1）营销侧。这个模块至少包含了6个模块的技术应用，包括但不限于用于客户前后端管理的SCRM和CRM系统，用户优惠券和导购指令的MA系统，用于支付与核销的POS机，用于商品展示的小程序商城，以及导购工具。

目前，市场上的导购工具主要部署在企业微信上，功能主要包含了两部分，一是用于导购自身的管理、激励、任务和培训等内容，二是用于客户的信息导入和数据管理。

（2）门店侧。这个模块主要包含了3个模块的技术应用，一是用于流量采集的探针系统，二是针对智能货架管理的系统，三是针对物品管理的电子吊牌——射频识别系统，以及一物一码系统等。

（3）供应链侧。这个模块主要包含了两个模块的技术应用，一是针对货物进、销、存管理的 ERP（企业资源计划）系统，二是针对经销商管理的 DMS（数据管理系统）等。

（4）管理侧。这个模块主要包含了 3 个模块的技术应用，一是 OA 系统，二是人力资源系统，三是财务管理系统等。

不过，与复杂的经销型私域相比，强私域模型简单得多，车传利说，群脉科技所服务的化妆品客户中，能够用到的营销技术主要包含了 5 个模块，分别是小程序、社群工具、CRM 系统、SCRM 系统和 MA 系统。

在这些技术应用中，CRM 系统用于私域用户管理，SCRM 系统则用于前端的用户触达和标签画像，MA 系统则用于支持流程画布，帮助企业针对不同的用户特点，提供发放优惠券服务。相比之下，社群运营技术也是非常重要的环节，重点帮助企业进行用户运营和转化。和微信生态伙伴一样，小程序永远是实现交易闭环的关键，也是企业的重要门面。

在泛私域链路中，线索型私域对营销技术的应用也比较简单。径硕科技创始人洪锴介绍，由于这个行业私域运营存在低频和低复购的特点，所涉及的营销技术主要包含了三大模块，即 CDP、营销自动化和销售自动化，如图 6-2 所示。

对于 CDP 而言，其功能包含了用户数据抓取、清洗、分析，以及 ABM（基于客户的市场营销）等内容；营销自动化的价值，则包含了内容管理、自动化标签、线索打分等内容；而对于销售自动化而言，主要功能是数据（标签）互通、市场销售协同、销售看板／

转化链路分析等。

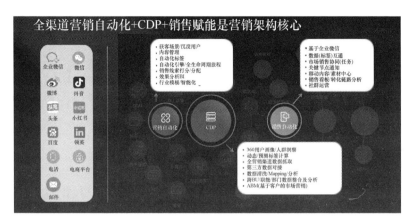

图6-2　营销技术的三大模块

　　总体来说，泛私域项目都是在微信生态中进行。由于微信具有庞大的用户基础，并形成了生态内的完整交易闭环，因此它是目前企业级私域运营的主战场。这个链路最大的优势有四个，一是可以最大限度地享受微信庞大的公域流量红利，和目标用户在最常用的社交平台高频互动；二是可以打造独立的私域流量池，并针对目标用户实现标签画像管理，实时洞察用户趋势和变化；三是可以通过线索孵化和管理，实现用户精准营销，并通过小程序商城形成销售闭环；四是可以建立导购管理的SOP，并通过内容中台，在实现用户留存的同时，帮助导购进行前端管理，实现市场销售协同。

6.3　全域运营的技术应用特点

　　但是，对于很多跨平台运营，且线上和线下、电商和门店等多种渠道需要打通，用户数量超过100万的行业头部企业（尤其是连

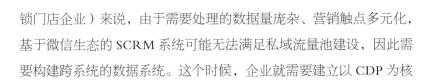

锁门店企业）来说，由于需要处理的数据量庞杂、营销触点多元化，基于微信生态的 SCRM 系统可能无法满足私域流量池建设，因此需要构建跨系统的数据系统。这个时候，企业就需要建立以 CDP 为核心的数据管理系统。

CDP 是一套统一的、可以持续被访问的客户数据平台。该平台支持流量运营、用户运营、潜在客户运营的人群细分，能够管理客户和潜在客户在企业各个数字触点上发生交互的数据。其数据来源主要包括 6 个方面。

（1）自有触点上的数据：来自微信公众号（尤其是服务号）、小程序、App 的数据。

（2）媒体平台 API（应用程序接口）回传企业号相关的数据：指企业在各媒体平台中建立的各种企业号，能够通过 API 为企业回传消费者的相关数据。

（3）企业内部其他平台的消费者数据：来自 CRM 系统、客服系统、销售管理系统、渠道管理系统等系统的消费者数据。

（4）消费者的媒介来源信息：指消费者在进入企业自有触点之前的来源信息。

（5）来自第三方的关于消费者的数据：指由第三方数据提供商提供的消费者的相关数据。

（6）线下消费者数据的捕获：通过人脸识别系统、Leads 打分系统、一物一码系统、探针系统获得的数据。

那么，在全链路私域营销模型中，通过 CDP 的打造，解决问题的路径是什么样的呢？

在用户触达阶段，基于 CDP，品牌企业可以通过 DMP 针对目标人群进行广告投放，实现用户触达；触达之后的沟通互动，是通过不同生态的社交平台展开，品牌企业和平台用户进行沟通互动的所有数据都会被标签化处理，成为企业了解用户消费行为的有效工具；转化往往是通过电商、社交电商或个人号进行，所有的交易数据也会通过 MA 系统传送到 CDP 中去；针对已经产生交易的用户，CDP 会通过不同的标签和建模处理，推动新的复购行为，并实现更深的用户忠诚度管理。实现数据驱动的全链路营销如图 6-3 所示。

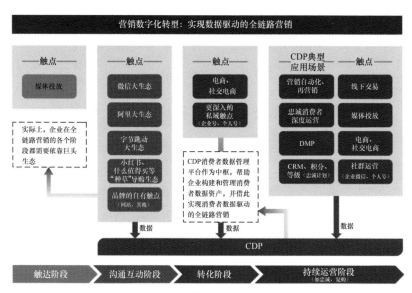

图 6-3　实现数据驱动的全链路营销

和微信生态的企业级链路模式相比，基于 CDP 的私域链路模型有三个不同的优势。一是构建了全链路的私域流量系统，可以围绕用户在不同的平台进行服务，并通过平台将数据孤岛有效连接，实现企业和用户的双向触达，实现从信息采集、分析到运营的一体化客户体验。这些数据包括进入互动体系的消费者的行为、他们互动的痕迹、他们愿意主动提供的信息等。二是有助于需要多渠道运营

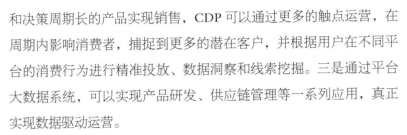

和决策周期长的产品实现销售，CDP 可以通过更多的触点运营，在周期内影响消费者，捕捉到更多的潜在客户，并根据用户在不同平台的消费行为进行精准投放、数据洞察和线索挖掘。三是通过平台大数据系统，可以实现产品研发、供应链管理等一系列应用，真正实现数据驱动运营。

欧莱雅是一家善于变革的跨国巨头，自从 2010 年宣布开启数字化转型之后的每一年，欧莱雅基本上都树立了一些重要的大数据里程碑。2014 年，欧莱雅把以消费者为中心的客户关系系统升级，并在 2017 年开始打造美妆数据湖。最近几年，欧莱雅重新打造个性化消费者体验及精准投放策略，并通过人工智能引擎布局未来营销。

欧莱雅的努力获得了巨大回报。根据 2022 年 2 月发布的最新财务报告，欧莱雅集团在 2021 年的销售额达到了 322.8 亿欧元，销售额增速为 16.1%，是全球美妆市场平均增速的两倍。在知名研究机构 Gartner L2 发布的中国美妆品牌数字化排行榜前 10 位中，欧莱雅旗下的巴黎欧莱雅和兰蔻分别位居第 1 和第 2，圣罗兰美妆排名第 4，科颜氏排名第 6，美宝莲排名第 7。欧莱雅旗下的品牌不仅霸榜，并且还以巨大的数字化优势占据高位排名。

Gartner L2 认为，美妆品牌通过数字化建设"Owned Channels（自有渠道）"是获取成功的原因之一。但如果更生动地翻译这个英语单词，也可以将"Owned Channels"翻译为我们一直在说的"私域流量"。而在国外的商业分析师眼中，私域流量是"一个高度完善的用户忠诚度计划"。

欧莱雅在中国的营销触点非常多元化，除微信之外，淘宝、天猫、抖音、京东都是其营销平台，该企业积极开发 CDP，打造了庞大的数字中台系统，通过 ONE ID 打通不同平台的用户数据，最终实现精准营销。

2021 年 4 月的一次公开演讲中，欧莱雅北亚区首席数字和市场营销官吴翰文曾形象地介绍如何通过数据湖（包括客户数据管理平台）开发和应用各种营销技术，实现对用户的精准营销，并详细讲述了数据打通所带来的价值。

长期以来，欧莱雅的发展都紧紧围绕着消费者，因为我们发现，中国消费者的变化非常快、非常大，也非常深入。10 年前，可能大部分人还是在线下购物，现在很多人会在网上进行（购物），并且各种新的消费触点兴起了，比如快手、抖音、微信、小红书等。在消费者链路越来越复杂与碎片化的时候，我们就要不断提升信息化水平。在这些平台，原先大家可以看到存在很多系统，有时候可能是按照渠道划分，但线上、线下是割裂开的，又或者是不同品牌在组合中没有采用同样的管理模式。最近几年，为了实现平台之间的数据互通，欧莱雅整合了一个统一的数据湖，通过这个数据湖，（企业）能够围绕消费者体验做很多事情。

首先举一个简单的例子。假如大家今天去线下柜台买"小黑瓶"（欧莱雅青春密码酵素精华肌底液），到时候别忘记积分，今天晚上可以参加天猫兰蔻活动。不同的地方是，原来你想用积分兑换，可能积分隔一天才到账，因为原来参加活动使用积分时有时差，但是有了一体化全渠道实时数据湖，所有消费者都可以获得实时体验。除兑换产品和积分，还可以算出来你到底想要什么礼品或给你赠送一个更好的服务。这样我们就可以用数据给消费者创造更好的体验。这些应用场景跨越整个价值链，从最早的消费者洞察和产品研发，到智能化价值链和物流，再到市场营销，最后也为新零售创造更多可能。

数智力帮助我们加速挖掘消费者的需求，比如说消费者到底需要什么样的（化妆品）成分或者最近有哪方面知识需要掌握、有哪些舆情需要聆听等，随时都可以在手机上查到。其中，我们非常关注新品研发。在新品方面，我们从 2019 年与天猫合作，当时巴黎欧莱雅"零点霜"携手天猫小黑盒，上市当天卖了 100 000 支，断货了。2021 年，我们有更多品牌去拥抱这样一个反向创新形式。比如，我们识别到未来男士对彩妆的需求，为此推出了修颜"小黑管"（欧莱雅男士自然无瑕轻透修颜乳）；同时，美宝莲推出无痕熨斗粉底刷，销售效果也很好。

除这些产品以外，我们在合作中也创造了很多软件，这些软件可以让我们的团队实时看到（销售情况），比如哪些色号更适合哪些消费者，从而帮助我们创造更好的产品。如果做得好，确实会出现断货的情况。

第二个场景是我们对大数据的应用，比如物流数据、订单数据、促销数据、会员数据等，通过机器学习算法判断，我们可以知道销量应该是多少。在近期大促销活动中，我们的 AI 模型曾经预估了兰蔻粉水的销量，同时我们也用传统人工方式做了预估，当时发现 AI 模型预测出销量会超出 20%，而最后，我们的销量竟然真的达到了这个水平！我们很高兴当时按照这个模型准备了货品，确保没有 20% 的库存短缺。所以可以看出，大数据不仅能在挖掘消费者、创造产品的时候发挥作用，它在整个智能价值链方面也能创造更大的价值。

再下一步的价值链就是营销。我们生活在一个信息爆炸的时代，每天看到那么多信息，当然希望品牌商与自己沟通的时候能够有针对性，能提供带有专属感的体验。所以在这方面，我们通过创新和数据的支撑，为消费者提供更想用到、更感兴趣的内容，我们会判断不同的人群可能想使用的成分是什么或者希望怎样更科学地使用产品。这不单单是云端的体验，还包括了线下。比如，线下美妆顾问有平板电脑、手机，可以根据消费者以往的购物判断出来什么产品适合消费者，从而提升整体服务质量和产品的体验感。

吴翰文的分享提到了数据湖，那么什么是数据湖？数据湖和CDP之间有什么样的关系？

实际上，数据湖是一种不断演进、可扩展的大数据存储、处理、分析的基础设施。数据湖以数据为导向，实现任意来源、任意速度、任意规模、任意类型数据的全量获取、全量存储、多模式处理与全生命周期管理，并通过与各类外部异构数据源的交互集成，支持各类企业级应用。

一般来说，数据湖是为企业内部的数据和IT服务的系统，本质上是一个巨大的非结构化数据存储库，不存在为每个客户创建一个统一视图的概念，也无法提供改善业务和客户体验所需的核心功能，比如身份解析或受众管理工具。相反，CDP帮助企业实时地从几乎所有来源（包括第三方来源）摄取客户数据及其所有细节，有助于统一全渠道数据，构建客户全景视图。

因此，欧莱雅在打造了一个数据湖之后，主要是依靠CDP将各个平台的数据打通，最终围绕消费者体验建立全私域运营的系统。

6.4　对几个核心技术的认知和解读

不难看出，如果我们把数字化转型看作一次商业大迁徙，MarTech无疑是寻找商业彼岸的航海图。在这趟旅程中，泛私域的3组技术应用能够适配不同规模的企业，而一旦这些企业达到一定规模，尤其是在进行跨渠道运营的情况下，更需要配置加强版的营销技术，比如CDP、BI和数字中台系统等。

不过，无论哪种类型的私域技术，要实现企业级私域运营，一定离不开数据治理、客户管理和营销自动化等基础设施。接下来，我们就结合 SCRM、CRM、CDP 和 MA 这 4 种营销技术进行重点介绍，梳理它们在私域运营中所体现出的功能和价值。

SCRM 是 Social CRM（社会化客户关系管理）的简称，其主要功能是客户引流、客户运营及客户转化。SCRM 涉及两个关键词，一个是 Social，代表社会化媒体，另一个是 CRM，即客户关系管理。其实，中国人对于 CRM 并不陌生。作为信息化时代的重要销售工具，CRM 系统是销售人员的主要帮手，能够协助管理如下销售数据。

（1）姓名、年龄、住址、家庭成员等人口统计信息。

（2）购买的商品、次数、时间、金额等订单方面的数据。

（3）促销、折扣的使用等数据。

（4）售后服务、投诉等记录。

（5）销售是谁，沟通记录等。

（6）Call Center（呼叫中心）的记录。

需要强调的是，CRM 系统是一个相对静态的交易数据管理（包括合同管理、回款管理、会员管理等）工具，沉淀的是历史交易数据，偏向于后端管理，在线下营销为主的信息化时代属于领先的技术应用。但是，随着移动互联网和社交媒体的发展，客户关系越来越集中在线上，传统的 CRM 系统很难适应数字化时代的前端用户社交化和互动性需求，市场迫切需要一个 Social 端的 CRM 系统。

其实，早在 2009 年微博出现之时，中国市场就已经有了相应的 SCRM 开发，但其应用范围很窄。2018 年之后，随着私域流量崛起，这项技术在中国市场也日趋火爆。近年，由于微信生态的用户数量和系统开发程度远高于其他社交平台，因此人们在谈论 SCRM 的时候，实际上就是在谈论微信生态的社交客户管理系统或者说是匹配企业微信的 SCRM 系统。

那么，SCRM 的功能和价值，及其和 CRM 的不同之处是什么？简单来说，其主要包括 3 个方面。

（1）SCRM 的重心是管理社交平台的动态"活数据"，能够与社交平台打通，实现社交平台海量信息的处理，并通过 ONE ID 充分挖掘和整合以微信生态为核心的社交触点数据，建立用户画像，沉淀数据资产。

（2）SCRM 以用户为中心，充分考虑用户在营销过程中的消费习惯、行为路径及用户旅程，在拉新获客、留存转化和用户忠诚度管理的不同环节，形成精准自动化营销，它是打造企业级私域流量池的基础设施之一。

相对而言，由于 SCRM 偏向于获客拉新和线索管理功能，更多应用于企业的市场部门，有时还会延伸到客户服务、售后等部门。而在整个数字化营销过程中，企业内不同的营销角色和部门，都可以通过 SCRM 形成高效的协作。

（3）不难看出，与传统 CRM 的静态交易数据管理相比，SCRM 属于客户引流的前市场环节，不仅可以实现社交媒体端的流量拉新导入，通过自动标签采集、画像和分群，还可以实现用户留存和转化，完成整个交易的闭环，这和 CRM 处于后市场环节的销售跟进相比，显然有着很大的区别。而随着营销技术应用的不断丰富，SCRM 也可以通过插件集成应用，实现合同、回款的管理，进一步扩展自身功能，形成一套打通前后端的完整客户管理系统，最终成为一个独立的私域运营体系。

那么，SCRM 为何能够拥有 CRM 所不具备的这些功能，把静

态的数据管理盘活，并成为私域运营中的核心呢？关键在于 MA 系统起到了重要的穿针引线作用。

MA 是指能够帮助企业对营销任务和工作流进行程序化、自动化管理，并精准量化营销效果的技术。按照 HubSpot 的说法，营销自动化系统是帮助营销人员自动执行重复性任务的软件，其核心价值不仅在于能够提高效率，还能为客户提供更加个性化的体验。

1992 年创立的 Unica 被认为是营销自动化的开创者，但经过多年的发展，营销自动化系统也在不断迭代，从早期的营销工作流优化到数字化时代的多渠道协同，再到后来的营销自动化产品化和平台化整合，形成渠道协同、数据记录、内容输出、数据分析等核心功能的集合。目前，营销自动化系统已经进入新的发展阶段，行为触发被看作主要演进方向，流程一般包括识别、分类、监控、优化和执行，主要通过用户在数字旅程中各触点上的互动来实现，其优势在于体现客户视角、具有实时性和灵活性。

可以说，在企业级私域部署中，营销自动化系统是一个在背后默默付出的系统，是私域运营的重要保证。神策数据在《营销自动化应用基准报告 2021》中分析到，营销自动化的基础特性包括客户分群 / 线索分级、内容管理、营销活动设计、营销资源管理、触达渠道管理和营销数据分析 6 项，主要覆盖了四大环节，简单来说就是建立人群画像、规划用户旅程、内容分发管理和营销数据分析，并以此构成营销数字化工作流的闭环。

所谓建立人群画像，即针对用户进行客户分群和线索分级，是企业实现精准营销的基础。具体来说，就是基于 CRM、CDP 等数据来源，按照属性、行为、交易等维度完成分群工作，并对客户群体的特征进行总结，生成相应的用户画像。

规划用户旅程，是通过自动化营销达成营销目的的核心，主要指根据用户生命周期管理，判断不同阶段的用户特征，执行针对性的营销活动。具体包括：营销活动流程画布设计，在一定条件下，实现营销活动的自动触发；营销工作流管理，协同各个参与的角色，完成管理营销活动的执行过程；通过 A/B 测试，监测营销活动的执行效果等。

内容分发管理是实现用户触达的重要方式和手段，通常被称为 CMS，主要包括图文内容、引导页表单的设计，营销历史素材、富媒体环境下内容的物料管理，以及社交媒体渠道、邮件渠道、短信渠道、网站 /App 渠道的内容分发和触达等。鉴于私域运营中的内容需求数量大，而且复杂多样，需要通过 AI 创意技术进行海报或视频的元素管理，并根据不同用户的内容关注程度，进行内容标签管理。

营销数据分析是考核营销效果的手段，也是下一步商业决策的依据，通常被称为 BI，是指利用数据仓库、在线分析处理、数据挖掘、数据可视化等信息技术，为企业提供信息采集、经营管理、流程自动化和决策支持等功能的智能化应用。在营销自动化系统中，营销数据分析主要包括用户行为分析、广告归因分析、营销效果分析三个方面，具体包括网站在内的用户行为分析、广告投放在各个渠道的真实展点产生的消费数据分析，以及各种营销活动的 ROI（营销投资回报）分析等。

MA 和 CDP（或 CRM）之间也是唇齿相依的关系。纷析咨询创始人宋星曾经在《CDP 的"最佳拍档"究竟是谁》一文中分析到，CDP 作为一个数据应用系统，应用它的方式就是输出数据——主要表现就是细分的人群包。人群的情况不同，CDP 数据描述的情况也不同，并且可以提供操作界面让营销从业者"任意"构建规则选择各类人群。

　　CDP 对人的描述，以标签化的方式存在，可分为 3 类：基于单一事件或属性的描述（事实标签）；基于组合事件或属性的描述（规则标签）；基于既有事件或属性，通过算法得出未来发生某种事件的概率的描述（预测标签）。

　　这些标签是 CDP 得以应用的基础，选择人群实际上就是选择标签，而选择人群之后，这些人群会被输送到关联这些人群的系统，就像一条流水线。关联这些人群的系统是 CDP 的下游，它们可以分为两类，一类是投放广告的系统，另一类是在广告主的触点上与消费者进行沟通的系统。

　　对于投放广告的系统而言，CDP 将人群输送给 DMP，然后在DMP 中放大人群相似性，放大之后的人群会交由广告系统（DSP/PDB/Trading Desk/Ad Exchange 等）完成广告的投放。

　　对于在广告主的触点上与消费者进行沟通，CDP 会将人群数据输送给 MA 系统，然后 MA 系统会根据这些人群进行相应的营销。例如，针对不同的人群展示不同的界面（不同的引导页、不同的推荐商品页面等），或是给不同的人群推送不同的信息（微信、短信、邮件等）。

　　由于它收集的是广告主自己触点上的数据，而 MA 系统又将这些数据用回自己的触点，因此 CDP 最主要的搭档是 MA 系统。另外，MA 系统必须依赖 CDP 才能发挥功能，没有 CDP，MA 系统的自动化根本不可能实现，即如果企业对 MA 有需求，必然要有一个 CDP作为支撑。

　　最后，我们来讨论导购赋能的技术环节——销售自动化。如果说 MA 系统强调的是如何发挥系统的作用，通过大数据和 AI 来提升效率，量化自动运营效果，那么销售工具强调的是如何通过技术为一线导购赋能，减少营销中的无序状态，提升销售效率。对于私域运营来说，导购是离用户最近的人，把导购打造成营销中的"特种兵"，将起到事半功倍的效果。

销售自动化简称 SFA，是指帮助企业选择客户和对客户进行细分、与客户保持联系和衡量联系结果，并将客户进行有效营销信息模式化的应用软件。其功能主要包含以下 3 个方面。

（1）全程管理客户。准确了解客户的具体状态，配置适合的方法、人员，有效地满足客户的需求，从而提高整体销售能力和销售业绩。

（2）行动量化管理。在销售过程中，通过与具体的客户、联系人、机会关联的行动安排和行动记录，建立详细的跟踪计划并自动生成人员工作日程表（以日、周、月、年为时间单位），实现了按每一个客户、每一个机会（项目）的基于具体行动的人员日程、跟踪记录，并提供了丰富的统计分析方法与工作支持，从而实现了对销售过程基于行动的量化管理。

（3）改善销售能力。按照不同的人员、区域、产品、客户类别、时段等，形成不同角度的销售管线，通过对销售管线的当前状态和不同时段的变化分析，可帮助企业准确了解销售进程、阶段升迁、阶段耗时；发现销售规律及存在的问题（人员能力、产品与客户群关系等，平均升迁周期、平均耗时，哪些阶段升迁慢、成功率低、哪些机会滞留过长等），可准确进行销售预测与销售能力评估，从而有效改善销售能力。

目前，随着企业微信在私域运营中的价值不断提升，很多企业通过二次开发，在企业微信中增加了销售自动化功能，直接把企业微信变成导购赋能的销售自动化工具。这样一来，导购对客户的管理就可以通过一个平台进行，大大提升了管理效率。

第 7 章

打造属于自己的内容
中台

7.1 内容科技的崛起和四重关系重构

筷子科技是一家创意智能方向的内容科技公司，通过 AI 创意技术应用，能够实现图像的千人千面制作和分发，以及短视频的智能分拆、AI 混剪和脚本推荐。这家公司创立于 2013 年，早期主要服务于一些大型国际公司，知名度也不是很高。2020 年，筷子科技的需求之门迅速打开。

丸美股份就是一个典型案例。筷子科技 CEO 陈万锋说，A 股上市的丸美股份主营美妆护肤品，2020 年年初受到新冠疫情影响，公司将 80% 的精力都放到了线上。为了提升 CTR（点击通过率），丸美股份找到筷子科技，提出手机淘宝投放位图片优化的需求。

陈万锋发现，丸美股份在手机淘宝上的 CTR 难以提升，从技术层面讲，主要是图片素材单一和更新慢。于是，筷子科技首先制作了几百条多样化的素材，进行针对性的人群测试。在发现不同人群对不同素材的偏好之后，就通过筷子系统自动识别原稿中的每个创意元素，快速裂变出上百张多样化图片，并按照优惠、功效等多元化人群的需求分发，实现千人千面、精准推送。一轮优化后，丸美 CTR 比之前至少提升了 15%。

到了 2020 年 8 月，由于淘宝改变规则，企业店铺必须保证 30%以上的短视频输出，于是丸美股份又开始尝试用筷子短视频智能分拆和 AI 混剪技术，解决批量制作难题。结果，由于一条母片每天能生成几百条智能创意短视频，2020 年 "双 11" 期间，丸美天猫旗舰店 GMV 达到 1 亿元，整体销售额达 2.7 亿元，比 2019 年同期增长了 40%。

　　事实上，丸美股份所经历的挑战，也是中国企业普遍遇到的问题。面对线下渠道收窄现状，以及营销在线化的大趋势，人们开始尝试使用不同的技术手段，在互联网上解决日益复杂的数字化营销难题。而筷子科技这样的内容科技公司，恰恰扮演了内容数字化领域的专业服务商角色，通过千人千面的内容制作，在不同平台提供精准的内容营销服务。

　　特赞科技也是这样的企业。作为一家创立于 2015 年的内容科技公司，特赞除提供类似筷子科技这样的 AI 创意服务之外，还能通过内容交易和分发平台，提供全面的 DAM 服务，为企业进行内容数字化资产管理。2021 年，随着私域流量崛起和内容需求爆发，这家创立 6 年的公司迎来高光时刻，获得了淡马锡等机构的 1 亿美元投资；同年年底，处于风口浪尖的特赞再次获得资本青睐，以 10 亿美元的估值获得新一轮融资，成为内容科技领域的独角兽企业，这体现了资本市场对这个赛道的关注。

　　在弯弓研究院发布的 2021 中国营销技术生态图谱 6.0 中，内容科技属于"内容与体验"板块，这个板块包含内容变现、内容管理、内容优化与个性化、H5 营销、视频营销、网站及 SEO、邮件营销 7 个子类目，DAM 模块由于缺少服务商，并没有纳入这一阶段的版图。而随着内容数字化发展和企业的内容应用环境越来越复杂，情况开始发生变化。

　　据特赞科技前总裁杨振介绍，目前很多品牌企业已经意识到 DAM 的价值，截至 2021 年年底，至少有联合利华、星巴克等数十家企业开始部署自己的 DAM 系统，管理日益庞大的内容数字资产。而在内容科技开发者领域，伴随着大量的市场需求，以及特赞科技带来的明星效应，DAM 赛道的供应商也开始变得热闹，帷幄科技、爱设计、睿效科技等大批技术公司纷纷加入竞争行列，投入内容数字资产管理系统的产品开发。

根据弯弓研究院和烯牛数据的统计数据，2016 年内容与体验板块的第一个投融资热潮到来，在此期间发生了 20 多起融资事件，到了 2021 年，这个赛道的投融资次数超过 40 笔，创下历史新高。除 DAM 之外，AI 创意、视频营销，以及游戏研发都成为投资热点。

但对于品牌企业而言，内容科技的崛起并非简单的降本增效。其核心在于，面对这场史无前例的数字化转型，内容已经成为企业的战略级资源配置。透过技术的表象，企业要想在这场数字化智能大战中取得胜利，必须从战略层面思考内容的价值，重构自己的内容战略模型，并以此为"营销自由"打下基础。

随着互联网的不断发展，内容传播已经从中心化时代进入去中心化时代。从 Web 1.0 到 Web 3.0，基于大数据、人工智能等技术的智能互联网应用，信息的主导权已经从媒体从业者手中快速转移到用户手中。尤其短视频和直播等媒介形式的出现，更是大大降低了内容传播的进入门槛，即使目不识丁，用户也可以借助短视频很好地展示自我。随着内容主客体角色的变化，用户的表达权和展示权得到了很大的释放，也让媒介的作用发生了根本性变化。

媒体研究专家喻国明教授特别强调了媒介的关系作用。他认为，现在的媒介不再只由媒介机构和媒介实体来定义，而是由媒介使用者基于关系的认知来界定。因此，媒介正在由"传递信息的工具"转向"关系的纽带"。而要经营好这层关系，就需要在充分考虑用户需求的基础上，重构企业的内容，并通过内容数字化来进行精准实施。

总体而言，数字化时代的内容对用户产生的影响可以用一句话概括，即"人人即内容，内容即社交，内容即兴趣转化"，具体可以从以下 4 个方面来解读。

一是内容碎片化，越来越多的社交媒体平台，不仅无情地切割了用户时间，还成为吸引和拦截用户的手段，造成了消费者不断流动、很难长期忠诚于某个品牌的现象；二是内容带来消费者平权，在互联网上，人人都可以成为内容创作者，人人都有话语权，企业的品牌逐渐掌握在用户手中；三是内容成为年轻人的社交工具，很多人会以内容激发互动或以内容来展现自己，表达自己的价值观；四是内容既是一种销售催化剂，也是消费的动力基础，很多人愿意为自己的兴趣付费，抖音兴趣电商的崛起也可以反向证明这一点。

那么，基于媒介环境和用户需求的巨大变化，企业该如何通过内容实现精准营销呢？图 9-1 也许可以说明问题所在：在去中心化时代，用户尽管获得了信息的增权，有了更多的选择权，但受到后真相和信息茧房影响，实际上又被困在另一个无形空间，而算法（对特定问题求解步骤的一种描述）才是这个空间的主宰者。

后真相一词最早由美国《国家》杂志在 1992 年提出，被赋予"情绪的影响力超越事实"的语义，《牛津词典》将其描述为，揭示社交媒体时代情感比事实更能影响舆论的现象。在这个时代，真相没有被篡改，也没有被质疑，只是变得次要了。人们不再相信真相，只相信感觉，只愿意去听、去看"想听和想看"的信息。

信息茧房是指人们的信息领域会习惯性地被自己的兴趣所引导，从而将自己的生活桎梏于像蚕茧一般的"茧房"中的现象。这个概念最早出现在凯斯·R.桑斯坦（Cass R.Sunstein）的著作《信息乌托邦》中，该书作者认为公众对信息的需求并不是全方位的，往往是追随兴趣，久而久之，会将自身桎梏于像蚕茧一般的"茧房"中。

如图 7-1 所示，对于企业而言，消费者增权、后真相时代和信息茧房三重效应叠加之后，用户侧开始存在一个认知三角，沟通将呈现一种新的状态。如何借助算法找到用户需求，并通过价值观实现共情营销，成为内容营销的核心使命。换句话说，每个人都或多或少被封闭在不同的圈层之中，但算法和内容总能够让我们找到破圈的方法。这也再次说明，在这个经营用户关系的时代，内容是实现用户沟通的重要手段，"算法即媒介"将成为未来媒介的一种基本形态。

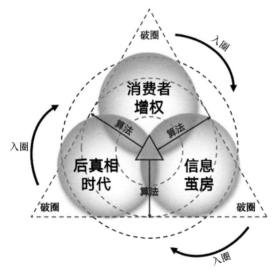

图 7-1　三角认知

当我们意识到了内容的重要性，并着手进行内容数字化建设的时候，内容的红利似乎正变得触手可及。但要达成这个目标，还有一件事情要做，那就是从战略层面入手，重新梳理内容和产品、内容和用户、内容和渠道，以及内容和品牌之间的关系，如图 7-2 所示。

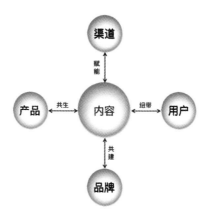

图 7-2　内容战略和四重关系

　　先来看内容和产品的关系。这一层关系的重点是，企业首先要在运营中提升内容的地位，像重视产品一样重视内容，并打造内容和产品的共生关系。

　　所谓共生关系，是两种生物彼此互利地生存在一起，缺此失彼都不能生存的一种关系。从 20 世纪末开始，共生的概念被广泛应用于企业管理。而在数字化转型中，我们之所以强调要打造内容与产品的共生关系，正是因为内容和产品之间的关联不仅越来越紧密，且正变得彼此不可或缺。

　　产品内容化是当下营销中的一个新特征，通过产品内容化进行"种草"，已经成为社交媒体的主流玩法。随着内容和产品融为一体，这一环节成为产品消费体验的前置环节，内容的价值变得和产品一样重要。而从大量新一代消费品牌的成长来看，内容能力也决定着营销中的业务增长能力。因此，提升内容地位，并打造内容和产品之间的共生关系，就成为内容战略的基础。

而在内容和用户的关系方面，我们要强调的是提升内容触达用户的能力，建立内容触达用户的通道，形成彼此之间的沟通纽带。这层关系建立的意义已经无须赘言，企业媒体化的矩阵构建才是我们讨论的重点。

事实上，无论是算法驱动还是兴趣电商，社交媒体都是把内容输送到用户面前的核心通道，这也体现了企业媒体化带来的重要价值（详见本书第 4 章）。从市场上的成功案例来看，企业要建立自己的社交媒体矩阵，主要有以下几种流派可以参考，如表 7-1 所示。

表 7-1　企业社交媒体矩阵的流派划分

流派	矩阵构成	适合对象	企业案例
一主多从	一个官方平台 +N 个精准社交媒体	目标人群清晰，适合精准营销的产品	蔚来汽车：官方 App+微信 + 抖音
微信主导	深耕微信生态	希望通过单一平台实现完整消费者旅程的媒体化运营的产品	大参林：服务号、小程序、视频号
全媒体均衡	多个主流社交平台 +多样化的交易系统	受众广、消费频次高的多元化私域营销产品	屈臣氏：所有社交平台 +7 个小程序

至于内容和渠道关系的重构，其重点在于内容对渠道的赋能。在渠道越来越多元化的今天，企业不仅要通过内容满足各种渠道和一线导购的营销需求，更要增强对个性化需求的敏捷反应能力，用企业的营销碎片化应对用户需求的碎片化。

在传统营销中，内容输出的主导权在市场部，销售部门是促销活动和产品营销的执行者。企业发起一场促销活动，往往需要市场部门和销售渠道的反复沟通，形成一致意见之后，才能部署实施，周期较长。到了数字化时代，情况发生了巨大变化。

　　首先是销售渠道变多了。除传统线下渠道之外，还产生了大量的线上电商，社交媒体和销售渠道的界限越来越模糊，形式越来越多元化。以前是一个渠道，现在变成了多个渠道，这就打破了过去相对稳定的内容供给结构。

　　其次是内容需求越来越复杂，数量也越来越大。随着销售渠道增加，不同渠道有不同的风格、人群画像和创意需求，市场部门需要提供针对性的解决方案。甚至对于不同渠道的个性化促销需求，内容部门也需要提供更为针对性的服务。与此同时，过去一张海报（一个广告片）打天下的时代过去了，一场营销活动需要的内容数量已经从过去的 100 多个发展到了现在的 10 000 多个。

　　最后是内容更新频率在加快。与过去长周期准备内容的情况不同，由于互联网的全天候和即时性特征，用户对内容需求的频率越来越高，销售渠道必须迅速提供海量的内容，才能及时响应和满足不同用户的需求。

　　很显然，从渠道的数量、内容的复杂性和更新频率的角度可以看到，过去的内容供给模式已经无法满足现在的需求，通过内容科技应用建立一个赋能系统，成为内容和渠道关系面临的新挑战。

　　同样的改变也发生在内容和品牌的关系方面。传统的品牌建设是一种中心化行为，是企业通过大量的媒体传播营造美好形象的行为。随着移动互联网的崛起和用户中心化时代的到来，品牌建设的底层逻辑也在重构。其主要表现在以下几个方面：首先，内容成为企业传递价值观的介质，也成为不断丰满品牌形象的容器；其次，内容具有产品属性，内容质量的好坏将影响企业的品牌形象；最后，更重要的是，内容已经成为企业和用户共建品牌的重点。

科特勒在《营销革命 3.0：从产品到顾客再到人文精神》中强调，这个时代最大的变化在于，一个品牌获得成功后便不再属于企业本身，品牌的使命已经成为消费者的使命。企业要通过内容与用户沟通，并努力让自己的营销行为符合品牌的使命。因此，数字化时代的品牌建设实际上成了企业和用户共同奔赴的一次共创行为，是内容、产品、场景、体验、价值观和数字化运营的综合效果体现。

不难看出，在数字化时代的品牌建设中，企业面临的挑战超越了任何时期。内容作为品牌建设的重要元素，既掌握在企业手中，也掌握在用户手中，内容和品牌之间是一种多层次的 ICON 关系。企业只有和用户进行共创，才能提升自己的品牌形象，形成良好的"内容"氛围。而要把握好用户对内容的需求，针对用户的内容需求建立精准的标签画像，就需要利用内容科技，构建强大的内容中台。

7.2　企业可能需要一个属于自己的内容中台

2020 年 3 月，波士顿咨询公司在官方微信公众号上发表了文章《2020 私域提速，借势构建企业"反弹力"与"长期抗风险力"》，提出了对内容中台的看法。

波士顿咨询公司认为，私域运营既包括线上，也包括线下，是企业数智化转型的一个重要组成部分。基于完整的用户数据打通，为用户提供统一和"更上一层楼"的商品、体验、营销和服务，这是品牌得以吸引并留住客户的奥秘。这个目标的实现，得益于完善的配套数字化工具——如公众号内容分发、社群运营、直播和短视频互动的应用等，以及内容中台、数据中台和交易中台的支持，使得企业可以根据自己的业务需求灵活配置"工具矩阵"，构建私域运营体系，如图 7-3 所示。

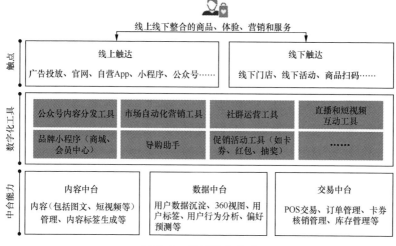

图 7-3　私域运营体系

波士顿咨询公司提出，私域流量红利不是从天而降的，而是基于数字化工具和运营体系完备所带来的能力提升和业务模式突破。对于很多大型品牌企业来说，上图显示的"中台能力"无疑是这套运营系统的核心基础。而在这套"中台能力"组合中，除常见的数据中台和交易中台之外，能够提供内容管理和内容标签生成等功能服务的内容中台显得尤其突出。

那么企业该如何理解中台概念，以及如何打造属于自己的内容中台系统？

弯弓研究院在《中台不死，只是尚未盛开》一文中提到，企业级中台是一种"能力的枢纽和对能力的共享"系统，是一种由数据驱动和云计算支持下的方法论，其目的是提高企业经营效率、增加数据复用率。企业级中台主要包含数据治理、数据展现、数据洞察、数据消费四大类，并为企业提供了两种能力：一是针对业务，企业想要什么数据，立刻就可以得到什么数据；二是针对开发企业，可以根据自身需要选择灵活的方式复用业务流程。

由于企业经营模式和发展规模不同，中台所实现的目的和路径也不同，可以说，一千个企业有一千种中台。但总体来说，中台的思维是一种控制思维，不同业务模块形成不同的域，比如会员中心就是会员域，当大量的业务都需要调用会员的信息、会员积分的接口的时候，它们就被中台化了。

内容中台也是如此。在私域运营中，当不同业务模块都需要调用内容信息和资料的时候，就需要形成统一的内容服务平台，不仅可以减少内容传播口径不一的问题，而且可以提高服务效率，实现高质量内容运营。这时，内容中台实际上是一个内容域，既是通过技术堆栈实现的系统，又是一种运营能力的体现。

到底什么样的企业应该部署内容中台系统？我们从特赞服务过的 DAM 客户中找到了以下 3 个典型共性。

（1）跨部门。数字化企业的部门众多，员工基数大，内容数字资产更加庞杂。标签化、权限化管理后的内容资产，能降低员工的内容工作时间成本，提升协作效率。

（2）跨平台。企业发展到一定程度，用户触点和业务交易场景分布在阿里巴巴、腾讯、京东、字节跳动等多个平台上。企业需要统一的内容供给和管理能力，并探索内容数据的回流和优化。

（3）重视基建，构建新业务模式。企业已经初步完成了对人群、货品、触点的数字化工程，并开始积极建立新的业务模式，比如DTC、内容兴趣电商等。这时，企业会寻找更强大的工具来管理内容的创建、存储、分发和优化全生命周期。

总体而言，一个有价值的内容中台，其核心是提升内容的生产效率和流转效率，重点为企业解决几方面问题，比如内容创意、内容管理、内容分发、营销体验、数据归因等。从内容中台的产品组件来看，其主要构成包括三大部分，即前端的内容供应链、后端的内容分析和洞察、中部的数字资产管理。

内容供应链通常属于内容供给范畴。在当下企业营销中，内容聚合了商品、售卖目标客群和需要呈现的渠道／触点属性，包含了多维度的数据组合，增添了内容优化的难度，尤其是选择优化板块的变量较多。企业不仅需要为不同的营销场景准备相应的内容，还需要制订不同的内容计划，围绕特定的场景去做相应的内容分发，因此所需的内容数量巨大。

然而，传统的广告公司作业方式已经远远不能满足市场需求，大量的内容创作者以个人身份参与创作。更具有互联网特征的创意热店成为企业受欢迎的对象。以特赞为例，为了解决企业面临的设计供应问题，特赞搭建了一个内容创意商城，并邀请 50 000 多名个人创作者进驻，形成了良好的供给生态。

内容分析和洞察本质上属于内容价值效果的分析追踪，企业主要通过量化的内容营销洞察，对内容质量好坏、内容的体验效果，以及适合人群对象进行内容优化。企业需要考虑的问题有：用户处于了解、兴趣、转化或是复购的哪个阶段？目前处在线上、线下的哪一个触点？等等。企业在前期决策洞察环节就需要实时地捕捉用户行为数据，并关注静态的用户属性数据，从而有针对性地指导内容创作。

企业需要考虑的问题还有：企业数字资产在从构思到归档后，

会触及许多职能人员的双手，资产会被多轮审查，最后企业还必须收集和考虑数字资产的表现，并衡量哪些内容对于企业的 ROI 是有效的、如何对所有重要的企业数字资产进行回流分析等。这些也是内容洞察的主要工作。

这样的内容洞察的好处在于，在创建内容时，企业可根据效果监测需求，选择合适的内容载体并进行埋点（如在微信生态中，相比公众号小程序支持更详细的效果监测），从而掌握用户点开不同标题的概率、点开后着重阅读的内容（如在某个章节有相对长的停留时间）、阅读后的反馈或分享等情景数据，从而进一步优化内容的洞察、管理、分发策略。

在内容中台的构成中，相对前面两个组件而言，DAM 的意义更加重大，通常被看作打造内容中台的核心组件。

事实上，DAM 并非新鲜事物，其在欧美市场的发展已经超过了20 年。从传统定义上来说，DAM 通常指的是贯穿数字化媒体资产的生命周期对其进行管理的技术和理念，涵盖了数字媒体资源进行的生产、分类、搜索使用、分发、归档或留作复用的全部使用与维护行为。只不过，由于中国市场的移动互联网发展基础不同于欧美市场，以及数字媒体资产的范畴随着科技的发展越来越丰富（包含图文、视频、音频等一切有价值的数字化媒体资源），DAM 的应用也更复杂。

如图 7-4 所示，在欧美市场上，DAM 的应用包括 5 个基本步骤，分别为创造、管理、分配、检索、存档。但在中国市场上，虽然 DAM 的核心功能相似，但相对应的应用场景却复杂得多。以特赞为例，特赞 DAM 的分发已经覆盖了企业内部和微信生态，也就是传统意义上的"私域流量"，而其他接口还需要 CMS 来实现，因为不同平台都需要经过一轮审核程序。

图 7-4　DAM 应用的基本步骤

那么，到底如何理解 DAM 的价值呢？首先要明确的是，营销技术应用的根本使命包括了数据收集、数据传输、计算、数据的呈现和控制。作为内容科技的一员，数字资产管理的使命也是如此，即在企业引入 / 创作内容之后，经过媒体资源素材创造、物料编辑修改、打标签、审核筛选、存档整理等操作后存入内容数据库以备使用，为企业员工、企业用户、合作伙伴，甚至是供应商提供非结构化信息，为下游多种用户触点和渠道输出内容资产。这些内容通常会先被集成到结构化数据的商业智能环境中，如 OA、CRM 等。

比如，某国际饮料公司就专门打造了一个创意中台，希望通过智能化和数据化提升客户创意资产的管理效率，激活沉默创意资产。这个中台主要包含元素管理、创意灵感、创意优化、创意洞察四个方面的功能，企业签约的人物的所有信息元素、过去所有营销案例的创意内容，以及用户反馈数据，都会体现在系统里。

特赞前总裁杨振介绍，DAM 最大的特点是把内容管理变得流程化和智能化。来自 GISTICS 的一项市场研究发现，62% 的营销人员和创意人员，每周要花费 1 ～ 6 小时的时间进行文件管理（包括搜索、验证、归档、备份、安全调整）。除此之外，一般创意人平均每周会进行 83 次搜索，在没有 DAM 服务的情况下，他们有 35% 的可能性无法找到相应内容。而有了 DAM 之后，其工作流程可以贯穿数字媒体内容的整个生命周期，包括媒体资源素材创造、物料编辑修改、审核筛选、多平台发布、存档整理以备后续使用等。

相比于传统的网盘存储和碎片化的内容编辑软件，DAM 可以让团队在同一个平台上更高效地实现数字媒体的全程管理，也可以更加方便地确认彼此的进度，并且利用 AI 技术帮助团队更加轻松地搜索和匹配资源。比如，蒙牛电商部门就曾经通过特赞创意资源管理（属于 DAM 的一种）系统，对营销素材进行结构化梳理，让素材100% 在线化沉淀，从而变成可循环的数字资产。这样不仅节省了公司的大量成本，也大大提升了素材的复用效率。

此外，企业还可以从个性化和自动化两个角度判断自身对于千人千面的营销技术需求。例如，在个性化上，企业是否能根据不同的营销目的（获客、识客、培育、转化），为不同的消费人群进行内容展示？在自动化上，无论是广告投放还是销售人员（导购）给用户发送内容，能否自动且更快捷地完成？等等。

内容中台的价值不仅仅是单向的内容输出，基于用户在平台端交流互动所产生的大量信息，内容中台还可以把这些信息通过数据清洗和整理，沉淀出新的内容话术，使之成为销售人员（导购）进行社群服务的有效内容。这些经过 AI 或者 CEM 实现的"内容智能制作"，使内容更匹配用户需求和预期，更有利于提升用户体验度和忠实度，从而减少用户流失风险。

7.3　如何部署私域内容营销体系

A.O. 史密斯是一家拥有上百年历史的家居家电企业，在我国热水和净水行业高端市场占有重要的地位，其产品横跨家用（B2C）、商用（B2B）两大领域，拥有成熟的经销商及代理商网络，包含 4000 多家门店和 10 000 多名销售人员。

像大多数数字化程度较低的耐消品行业一样，A.O. 史密斯过去一直沿用传统的营销模式，对经销商线下门店的依赖性较强，其线上业务仅限于维护与客户最基础的联系，后续所有的销售和服务都依靠线下渠道完成。2020 年受新冠疫情的影响，A.O. 史密斯以线下为主的营销模式面临严峻的挑战：首先是线下门店客户流量萎缩，潜在客户流量减少，客单量大幅下降，企业营业收入损失严重；其次是成交严重依赖导购的能力，而导购管理面临很大的难题，品牌无法对导购进行有效的赋能与监管；最后是品牌与顾客的连接关系非常微弱，无法针对目标客户进行精准定向的服务。

面对这些问题和挑战，A.O.史密斯决定进行营销数字化转型，通过布局微信生态的私域运营系统，有效实现了用户与销量双双逆势增长。在短短一年时间，史密斯通过企业微信覆盖了100万以上的潜在客户，导购销售效率提升了20%，通过数字化导购创造的GMV突破了4亿元。

复盘A.O.史密斯的私域模式，其成功之处不仅仅是开拓了一个线上销售渠道，而是打造了一个推动线上线下全渠道融合，赋能一线导购更便捷开展内容营销、活动运营、客户互动、团队协同及智能数据分析的私域内容中心。这个被称为营销锦囊的导购赋能系统，实现了94%的销售使用私域、83%的内容转发传播，大大提升了内容的使用效率，有效促进了商业转化。

在A.O.史密斯的业务中可以发现，私域运营很大一部分问题是围绕内容和内容的计划展开的，除基本的促销以外，其他私域场景都是以内容和兴趣为导向、以体验和服务为主要载体来建设私域价值。相比公域营销内容，私域内容还有更大空间可以做到个性化、多样化、主动触达。但是，真实场景中的私域内容应用却面临很多困难。

（1）内容创意匮乏。面对瞬息变化的营销策略，针对B/C端不同的内容需求，企业需要依靠大量个性化内容完成客户触达和精细化运营。传统的制造业企业，内容创意产能有限，"千人一面"的内容难以满足当下的营销需求。

（2）转化路径丢失。从内容兴趣到转化的链路无法跟踪，没有形成有效的优化闭环，无法连续捕捉用户的需求变化。

（3）激励分享困难。由于内容供给匮乏，特别是有针对性的个性化内容缺失，难以充分调动企业员工、用户、忠实粉丝、生态伙伴等推荐品牌的积极性。

为了解决这个问题，A.O. 史密斯构建了一个私域内容中心，通过"艾锦囊"小程序、企业微信等数字化营销工具，构建了一套"营销增长锦囊"。内容中心打通了 A.O. 史密斯市场部和销售部，对品牌内容资产进行统一云上管理。导购可以通过"艾锦囊"小程序快速获取最新的营销内容，再由企业微信高效转发给不同的客户。一个内容中心串联了内容编辑、管理、调用、分发、优化的全链路，大大提升了消费者的内容体验。

不过，A.O. 史密斯的内容中心能真正发挥效力，还与其他板块的协同配合有关。比如，A.O. 史密斯通过不断规划私域营销，探索出一套多手段、多渠道、线上线下场景结合、全方位获得的增长策略，包括但不限于合理利用导购空余时间，进行活动和内容的分享、引流，激发用户裂变；建立销售代表、服务代表和零售在线服务经理构成的企业微信社群，为每一个用户实现"三位一体"的定向服务，发展推广大使；基于自有 CDP 的用户数据，寻找老用户多的高端小区，开展社区活动等。

如何复制 A.O. 史密斯的成功？在 2021 年 12 月举行的大湾区私域流量大会上，特赞公司基于微信生态的私域运营需求，结合大量的品牌服务经验，专门制作了一套私域内容解决方案，旨在帮助企业构建一套完整的私域内容营销体系，如图 7-5 所示。

从图 7-5 中我们可以发现，私域内容营销布局主要包括 6 个部分，分别是私域营销规划、私域内容生产、内容一站式管理、私域内容分发、用户消费内容和数据回流、内容价值效果分析。如果从 B 端应用视角看，这 6 个模块的管理者或服务对象，分别是品牌市场部、私域导购和消费者。

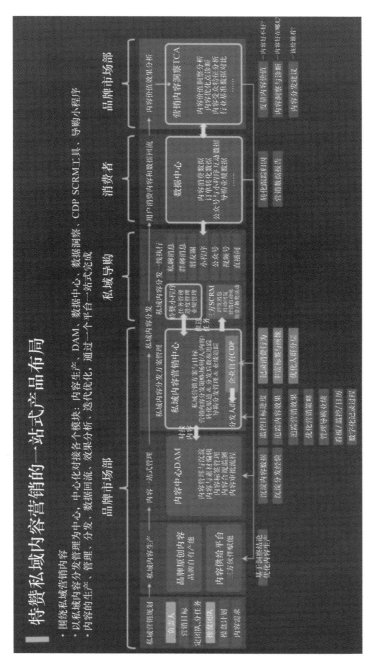

图 7-5　特赞公司的私域内容营销体系

如果从生产和流转的角度看，我们可以看到，在私域内容营销的一站式布局结构中，私域内容营销中心在确定了营销方案和目标之后，会制定相应的分发策略、转化渠道和导购管理追踪制度，并借助企业 CDP 或 SCRM 系统现有的数据进行用户分层和精准触达。

围绕私域内容营销中心，上游对接的是 DAM 中心，这里主要实现对内容的一站式管理，包括内容管理与沉淀、内容素材编辑、内容标签管理、内容合规监测和内容审批流程等。而 DAM 所管理的内容素材，则来源于品牌的原创或者第三方伙伴。

在私域内容分发的过程中，系统会根据不同的内容产品和用户特点，实现千人千面的内容分发，涉及微信生态的个人微信、企业微信、朋友圈、小程序、公众号、视频号、直播间等不同渠道的目标用户。

内容分发完成之后，用户消费内容和数据回流，以及营销内容洞察，是市场部门针对消费者的重要工作。通过内容消费数据、订单转化数据、公众号与小程序互动数据，以及导购业绩数据，市场部门可以分析出不同的内容价值、内容优化方向、内容受众特征等，并基于洞察数据结论，分别在 DAM 端沉淀内容数据资产，优化内容生产，实时监控目标进度、追踪内容效果、追踪营销效果、优化内容策略等。

在私域内容系统的一站式部署中，涉及的技术系统主要包括用于用户数字资产管理的 DAM 系统、用于社会化客户关系管理的 SCRM 系统、用于数据管理和分发的 CDP 和 MA 系统，以及用于导购管理和销售赋能的企业微信和 SFA 系统等。通过这些系统，企业最终可以在一个平台上，一站式完成内容的生产、管理、分发、数据回流、效果分析、迭代优化等不同环节。

7.4　内容生产的方法论和匹配逻辑

在私域运营的过程中，企业应该通过什么样的内容传递价值观？什么样的内容更能引起用户共情？什么样的内容最符合企业所在行业的特征？关于价值观的重要性——尤其对于 Z 世代，本书已经有过专门的阐述，这里要讲述的是我们如何通过对数十个行业案例研究，筛选出一个通用分析模型，把价值观、频率和专业度作为构成内容管理模型的 3 个主要指标，最后形成一个应用方法论。

在营销领域，频率是经常用到的概念。比如 RFM 模型，用户购买频率越大说明用户价值越高。而对于内容运营来说，不同的行业对内容的需求也不同，如果分发频率太低，可能会导致用户流失，如果太高，就会形成骚扰，反而不利于用户留存转化。

企业应该以怎样的频率触达消费者？除考虑自身意图之外，还要考虑两个问题，一是本行业消费者对于行业相关信息的需求有多高？二是企业能否区分消费者群体，进行更有针对性的推送，从而保证高频率的内容生产可以"物尽其用"。

专业度是决定企业用什么样的内容来和用户沟通的要素，主要分为 5 个维度：内容主题、论点论据、解构逻辑、表现方式、社会价值。不同行业对内容专业度的要求会因客单价、技术含量，以及健康相关程度不同而不同。有些时候，过于专业的内容反而不利于产品的理解和产品信息传播，而在某些行业中，用户则需要更加专业的内容。

因此，我们根据企业对专业度、价值观和频率的不同应用程度，建立了内容运营立体分析象限，并把企业内容运营分为 8 种类型，

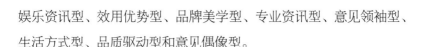

娱乐资讯型、效用优势型、品牌美学型、专业资讯型、意见领袖型、生活方式型、品质驱动型和意见偶像型。

（1）娱乐资讯型

特征：高频率、低专业性、低价值观需求。休闲食品行业和文具行业都属于这种类型。

描述：消费者在购买一些客单价低、功能简单的产品时，往往不会在意品牌所宣传的专业度、价值观，且在性价比相似的情况下，对品牌是否有印象是影响其购买选择的主要因素。此时，最重要的是保持较高的内容触达率。

（2）效用优势型

特征：低频率、高专业性、低价值观需求。保健品和茶饮行业都属于这种类型。

描述：一些产品与我们的身体健康或生活舒适度息息相关，消费者在选购时会更看中产品背后的专业水平。但由于消费者鉴别水平有限，品牌可通过输出专业性较强的、以阐释产品效用为主的内容，构建消费者信任感。

（3）品牌美学型

特征：低频率、低专业性、高价值观需求。美妆行业就属于这种类型。

描述：这些行业通常客单价较高、互动性较强，消费者在选购品牌时，相对更看中品牌所代表的文化是否和自己契合。

（4）专业资讯型

特征：高频率、高专业性、低价值观需求。母婴行业、餐饮行业、水果连锁店等都属于这种类型。

描述：这些行业由于场景特殊，内容输出不仅要具有专业性，而且要保持较高的频率。由于垂直行业有大量的专业内容产生，因此能够满足用户高频的学习需求。

（5）意见领袖型

特征：低频率、高专业性、高价值观需求。护肤品、白酒和文旅行业都属于这种类型。

描述：由于涉及一定的专业性，且文化价值观诉求较高，这些行业在做内容输出的时候，往往强调意见领袖的专业性。

（6）生活方式型

特征：高频率、低专业性、高价值观需求。奶茶和咖啡等现制品行业都属于这种类型。

描述：这些行业由于选址区位高、客单价相对高，有真实的物理消费场景，往往更容易植入目标消费者的生活方式，内容高频率更新和价值观传递往往是吸引用户的手段。

（7）品质驱动型

特征：低频率、低专业性、低价值观需求。家纺行业就属于这种类型。

描述：这些行业往往消费频率或毛利率都比较低，宣传资源有限或成本高昂，往往更重视产品品质。但是，随着社交媒体、大数据和物联网的发展，这类企业的内容模式也在改变。

（8）意见偶像型

特征：高频率、高专业性、高价值观需求。奢侈品行业就属于这种类型。

描述：这些行业由于客单价高，有着足够的市场占有率和利润率，因此要维持市场地位，就必须保持高水准的内容输出，这样才能符合自己的行业地位。

　　要说明的是，这 8 种内容应用并不能涵盖所有的企业关系，更多的是对于目前市场上主流企业公众号营销策略的归纳和总结。由于市场需求变化多，我们无法穷尽所有应用。接下来，我们就从另一个侧面入手，探讨一下 B2B 行业的内容运营。

　　B2B 行业不同于消费者市场，从原理上来说它们都需要占领客户的心智，但在实际操作过程中 B2B 更强调关系营销、提供系统的解决方案等，因此 B2B 行业私域模式的核心是做线索孵化。如何通过内容形成"钩子效应"，并把冷线索孵化成线索，最终实现品牌影响力，让采购方的决策速度更快是其运营的重点。尤其是在专业化程度很高和采购流程复杂的环境中，内容的价值显得更为重要。

　　但要强调的是，由于 B2B 本质上还是 H2H（人对人）的销售模式，因此研究采购者的购买心理，无疑是讨论这个行业内容运营的前提。

　　致趣百川是国内专注于 B2B 营销的技术机构之一，创始人何润曾用一张图勾勒出"企业采购者六大心理阶段"，如图 7-6 所示。

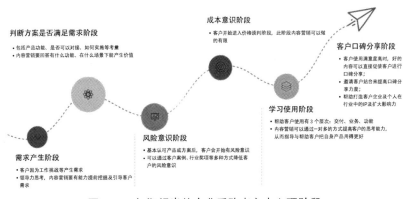

图 7-6　何润提出的企业采购者六大心理阶段

从图 7-6 中我们可以发现，在不同阶段，B2B 企业对内容的使用方法不同，内容的输出方式也就不同。比如在需求产生阶段，内容的主要作用是"挖掘需求"；而在判断方案是否满足需求阶段，内容的输出是产品功能展示；在基本获得认可之后，企业就要通过客户案例、行业奖项来证明自己的实力；在最后阶段，尤其是产品获得客户认可并开始使用之后，好的内容不仅可以锦上添花，更能够促使客户进行口碑分享。

科特勒的一项调查表明，在用户购买旅程的不同阶段，内容的作用有很大的不同，如图 7-7 所示。

针对不同阶段使用不同的内容类型

在不同用户的购买旅程中，哪种类型资料最有效？

	早期阶段（意识/兴趣）	中期阶段（考虑/意图）	后期阶段（评价/购买）
图文	73%	21%	6%
案例研究	18%	42%	40%
电子书	56%	39%	6%
线下活动	35%	33%	32%
互动内容	46%	46%	8%
官网	57%	35%	7%
视频	54%	40%	6%
网络研讨会	36%	47%	17%
行业报告	34%	53%	14%
其他类型内容	36%	37%	27%

图 7-7 针对不同阶段使用不同的内容类型

比如图文内容，就是能够触发早期意识和兴趣的有效工具，其在所有内容中所占比例高达 73%。这说明，现阶段用户在初期的学习和了解过程中，较多依赖图文内容，因此，企业在营销中应该创造更多的关键词，以提升用户触达比例。

到了中期，随着用户对产品的了解程度的加深，往往希望获得更多、更全面的资料，来做行业竞品对比，为后续的客观决策打下基础。这个时候，用户会对行业报告或者网络研讨会内容产生需求，这两种内容所占比例分别为 53% 和 47%。

而在后期阶段，用户已经对这个市场有了充分了解，尤其对产品价格和品质进行了对比。这时，消费者就非常希望看到更多的案例研究或线下活动，从而为后续的订单做最后的准备。因此可以说，企业的案例研究和线下活动是最终产生订单的关键。但从数据分析来看，这两种内容促成订单的占比分别为 40% 和 32%，说明影响交易成功的因素有很多，没有哪一个是绝对因素。

可以确定的是，企业如果从线索孵化的角度出发，可以依照兴趣、认知、思考和决策四个阶段，实现精准的内容输出。比如，我们可以通过产品文章和视频等内容激发用户兴趣，然后通过行业报告等方式提升认知，在思考阶段，可以采用案例解析等方式进行深度解构，而在决策阶段，重点是和客户近距离密切沟通与互动，可以通过小型沙龙等方式走近客户。

在讨论了 B 端和 C 端的内容运营方式之后，接下来的重点就是看看如何打造自己的内容供应体系，并通过人机结合的方式，建立新的内容生产形态，找到数字化时代的内容生产方法论。

在传统的内容生产体系中，广告公司和公关公司是企业主要的供给方，无论是图片、文字，还是电视广告，都由这些机构负责，但在数字化时代，不仅供给机构产生了变化，而且内容生产的方向也更加细化和专业化。目前，市场广泛认同的内容生产方式主要包括 4 种，即 AIGC（人工智能生成内容）、UGC（用户生成内容）、PGC（专业生产内容）和 OGC（职业生产内容），如图 7-8 所示。

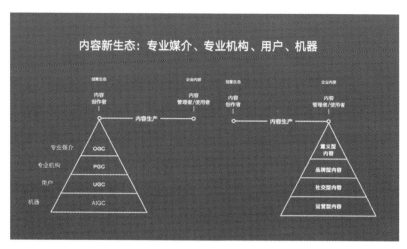

图 7-8　市场广泛认同的内容生产方式

AIGC 通常是指运用人工智能技术生产出来的内容，包含用视频、语音和文字合成的多媒体内容。

UGC 概念源自互联网社交平台，体现了用户和平台之间的一种关系。通常情况下，平台提供功能，用户通过平台发布自己创作的内容给其他用户看。而平台通过开放话语空间，让普通用户自主创造内容，增加了平台的活跃度，从而让平台越做越大，吸引更多的用户。

PGC 的创作主体通常是拥有专业知识或拥有内容相关领域资质的创作者。如果说 UGC 的创作者是一般用户，那么 PGC 的创作者是专业用户，后者往往具有专业化、深度化和垂直化的特点。

OGC 除表示职业生产内容外，有时也代表职业内容的生产者。这些生产者通常是具有新闻背景的工作者或者传媒行业人员，其他行业的精英、专业人士也是 OGC 创作的参与者。OGC 的创作者和 PGC 的创作者的主要区别在于，前者不仅拥有专业知识，并且是职业的媒体从业者。

在企业对上述 4 种内容生态的应用中，不同类型的内容往往通过不同的生产方式完成创作。

AIGC 的创作者往往负责运营型内容的制作。如筷子科技所提供的 AI 创意内容就是 AIGC 的代表，当企业对于电商平台的内容需求越来越多或者对格式化的内容需求越来越多的时候，AIGC 不仅能够在时间上满足企业的需求，更能够在个性化服务上实现高效的内容触达。而这些内容科技在内容中台的统一运营下，已经成为数字化时代的日常工作流。

UGC 的创作者往往负责社交型内容产品的生产，UGC 的存在可以让冰冷的产品具有人性化，通过内容发布、互动、分享等需求，满足用户在使用产品过程中的参与感。

PGC 的创作者往往负责品牌型内容的生产。由于 PGC 的创作者通常是专业人士，其内容的输出具有意见领袖的价值，对品牌的提升起到良好的背书作用，因此具有专业指导意义。

OGC 的创作者往往负责意义型内容的生产。由于 OGC 的创作者具有新闻专业背景，内容质量和专业严谨度能够有效保证，因此在 UGC、PGC、OGC 三者中，OGC 居于核心位置。

筷子科技采用的技术核心是对图片和视频的智能化处理，由于大数据和人工智能大大提升了延展性设计能力，企业不仅能得到更多、更精准的设计内容，而且对设计师的岗位需求也大大减弱，以往几十个团队完成的工作，现在只需要三五个人就可以操作完成，大大节约了成本。

第 8 章

会员的荣耀，找到深度运营的有效工具和抓手

8.1 数字化会员的崛起

山姆会员商店是美国沃尔玛集团旗下的仓储式会员企业，自1996 年进入中国市场以来，采取一年平均开一家店的稳健扩张策略，截至 2019 年，中国有 24 家山姆会员商店。但在 2020 年，这家公司却突然加快了开店步伐，仅仅用了两年时间，就开了 10 家会员商店，扩张速度是过去的 5 倍。

2021 年 9 月 26 日，全球最大的山姆会员旗舰店落地上海。这是该品牌在中国市场上的第 34 家店，总面积 7 万平方米，相当于10 个足球场。开业当日，山姆会员商店客流火爆，门外排起了 2000米的长队。伴随上海旗舰店开业，山姆会员商店官方公开表示，随后还将迎来杭州三店、武汉二店。截至 2022 年 12 月底，山姆会员商店在中国的门店数量已达到 42 家。

受新冠疫情影响，客流减少，线下门店运营面临极大困难，有些企业要么收缩阵线，要么黯然离场，山姆会员商店却选择了逆势扩张，这样的做法的确令市场侧目。而这一切的背后，主要来自山姆会员商店对中国市场长达数十年的整体预判和布局。

山姆会员商店创立于 1983 年，是沃尔玛创始人山姆·沃尔顿（Sam Walton）以个人名义命名的严选会员店，面向中产阶层，消费者付费成为会员后才能进店购物，是山姆会员商店最突出的标签。目前，山姆会员商店也是美国三大仓储式付费会员制企业之一。

付费会员制属于现代企业的一种营销和管理方式，是消费者付费购买会员身份的一种制度。亿欧智库在一项研究中发现，这种制度大体涉及以下 4 种情形：实物零售、数字化产品、服务业和消费聚合平台。而在不同的情形中，付费会员的权益交付逻辑也不同。

第一，实物零售的付费会员制逻辑。零售企业提供给付费会员的每一个实物商品都是有成本的，而且商品的边际成本无法较大幅度地压缩。因此，付费会员制度应用于零售行业时，会员身份和商品购买行为是分离的，这就使得零售付费会员有"二次付费"的属性，即消费者面对零售企业有两次付费行为，第一次是为会员身份买单，第二次是为完成商品所有权交易而买单。

第二，数字化产品的付费会员制逻辑。对于数字化产品来说，消费者只有一次付费行为。在这种情形下，会员身份与商品消费行为是重叠在一起的，即商品的成本转换成了会员身份所代表的权益。这背后的逻辑是，数字化产品的边际成本近乎为零，企业可以为会员提供标准化产品，并以标准单价向会员批量售卖，此时企业的服务规模是没有上限的，它可以向会员无限供应海量标准化产品。

第三，服务业的付费会员制逻辑。服务业的特点在于，它们和消费者之间存在着真实的交互关系，因此每个企业能够提供的服务规模是有上限的。也就是说，每个人的消费能力有很大的弹性空间，而酒店、航空、美容美发、健身房这些服务领域的供给能力是相对有限的，所以服务业实行付费会员制的目的在于，通过消费能力来衡量会员身份。服务业会员制度的逻辑是消费能力决定会员身份，且消费能力与会员权益高度绑定。

第四，消费聚合平台的付费会员制逻辑。使用信用卡是一个典型的消费权益聚合场景，消费者可以通过交年费办一张信用卡，也可以不付费获得信用卡，持卡之后就获得了会员身份。信用卡提供的会员权益相当于一个消费权益包，囊括了酒店消费权益、航空出行消费权益，平台还可以售卖给会员实物商品或虚拟产品。信用卡会员制背后的逻辑是，信用卡整合了第三方的消费权益提供给会员，带来的却是会员与银行之间的高度关联。

从以上情形不难看出，付费会员制能够应用的行业多、范围广，而仓储式会员正属于零售行业付费会员制的一种，这种会员制具有明显的"二次付费"属性。零售企业采用付费会员制，有一个根本性的优势，不仅可以实现特定的用户价值和商业价值，还能拥有长期、稳定、重复的现金流。

在美国仓储式付费会员制的发展历史上，Sol Price（索尔·普莱斯）是推动行业发展的重要人物。1954 年，Sol Price 创立会员制仓储型超市，命名为"FedMart"。他所秉承的经营哲学是，将客户当作受托人，建立与客户之间的信任关系，以更低的成本经营超市，尽可能不赚客户的钱。这种思想深深影响着后来的创业者。1964 年，麦德龙开始了仓储式商店的创业历程。又过了 20 年左右，美国市场在短短一年多的时间里，迎来了三大仓储巨头的诞生：1983 年 4 月，首家山姆会员商店在美国俄克拉何马州的米德韦斯特城开业；1983 年 9 月，美国华盛顿州西雅图市开设了 Costco 第一家仓储量贩店；1984 年，BJ's 由"Zayre"折扣百货商店开办，总部位于美国马萨诸塞州。

据介绍，山姆会员商店的诞生就是源于沃尔玛创始人山姆·沃尔顿的一个观察：当时大卖场里商品定价和利润空间一直下降，但市场上突然冒出一批商品，价格比沃尔玛还低，原来是批发商甘愿把利润空间压缩到 5%（远低于 22% 的行业利润水平）来抢占市场。于是，这位创始人从当时为数不多的会员店获得灵感，他认为可以把二者结合：只需交纳一笔会费，普通消费者也可以用比批发商更

低的价格购买名牌商品。结果，山姆会员商店大获成功。

其实，这就是典型意义上的"买手"店模式，用精细化的服务满足特定人群的个性化需求。而山姆、Costco 和 BJ's 之所以都能获得成功，还有一个重要的背景，那是因为早在 1978 年，美国人均 GDP 就已经超过 1 万美金，此时正处于中产人群需求的爆发期。这一点，我们从山姆会员商店的用户画像中不难找到答案。

第一，山姆会员商店的目标消费者为年收入超过 2.5 万美元的中产家庭，定位为中高端消费人群，其中"妈妈"人群占比达到了 60%；第二，山姆会员商店的单店营业面积平均在 12 450 平方米左右，至少提供 1500 个停车位，能够满足以家庭为单位的一站式购买需求；第三，山姆会员商店主要经营鲜食（冷冻海鲜、水果蔬菜、烘焙商品等）、干货（零食饮料、南北干货、婴儿食品等）和非食类商品（家用电器、电子产品、家居用户、母婴用品等），SKU 总数目前保持在 4000 左右，平均客单价为 800 ~ 1000 元。

不过，山姆会员商店的成功属于当时的美国市场，1996 年，当它把这一理念带入中国市场时，却显得过于超前。山姆会员商店当时每年的会员费是 150 元，这相当于中国内地居民一个月的工资，对于大多数人来说，通过付会员费购买自己想要的东西，几乎是一件"无法想象"的事情。

25 年之后，山姆会员商店终于等来转机。预判到中国市场的巨大机会，从 2018 年开始，山姆会员商店在中国市场推行新的会员规则，进行用户分层管理，把自己的会员卡分为个人主卡和卓越主卡两种。其中，个人主卡年费 260 元，持该卡的用户能够获得在山姆会员商店购买优质优价全球甄选产品的资格；卓越主卡年费 680 元，持该卡的用户不仅能够在购物基础上享受更多返利，还可以享受高端齿科、家电、汽车保养等衍生服务。这样的权益设计充分满足了不同中产人群的需求。根据官方数据，2020 年，山姆会员商店在中国的会员数量还是 300 万，而截至 2021 年 11 月底，会员数量已突破 400 万，仅会员费收入就达 10.4 亿元，续费率为 80% 以上。

除山姆仓储式会员商店之外，影响中国付费会员模式发展的世界级企业中，亚马逊也扮演着重要角色。

亚马逊是一家世界知名的网络电子商务公司，由杰夫·贝索斯（Jeff Bezos）于 1995 年创立，总部位于美国西雅图。2014 年，贝索斯在亚马逊年度股东信中提到，亚马逊已经找到了 3 个毕生追求的业务，它们分别是 Prime（亚马逊的会员服务）、Marketplace（第三方卖家平台）和 AWS（亚马逊云服务）。

到了 2018 年，亚马逊非会员用户平均每年在亚马逊消费约 600 美元，而 Prime 会员平均消费 1400 美元，消费额度提升 2.3 倍。同时，Prime 的续费率约在 90% 以上，月度续费率在 73% 左右。这一比例，几乎和近 5 年保持 90% 左右会员留存率的 Costco 的实力相当。同年，贝索斯还透露，亚马逊 Prime 会员服务总数已突破 1 亿大关。

亚马逊会员模式的成功，让国内外的互联网平台都看到了经营付费会员的价值。

亚马逊 Prime 会员服务推出于 2005 年，定价为每年 79 美元，套餐里包含免运费服务。在当时，快递每次的运输成本在 8 美元左右，如果会员一年达到 20 笔订单，亚马逊每年需要承担的运输成本便会达到 160 美元，远超当时的会员定价。因此，在亚马逊 Prime 会员服务推出之前，亚马逊曾面临会员定价困扰，公司没有清晰的财务模型来确定价格临界点。亚马逊团队当时制定了每年会费 49 美元、每年会费 79 美元和每年会费 99 美元三种价格，贝索斯最终将会费定为每年 79 美元。他这么做的理由是，如果费用高些，可以阻止顾客轻易退出；而费用过低，顾客便会经常退出。而且，快速送货服务将会改变顾客的消费习惯，当网购变得容易时，顾客会提高他们的消费频次，从而降低运输成本。

事实证明，贝索斯的决定是正确的。用户订购亚马逊 Prime 会员服务之后，为了"不浪费"亚马逊所提供的免运费服务，通常会打消去其他商店购买商品的念头。可以说，亚马逊 Prime 会员服务在保证用户忠诚度的同时为亚马逊增加了收入，用户购买的商品越多，亚马逊收入就越多，而这些收入又可以作为亚马逊 Prime 会员服务的补贴，形成飞轮效应。

华盛顿邮报公司首席数字官贾伊·拉文德兰（Vijay Ravindran）曾这样评价亚马逊 Prime 会员服务："其实每年会费收不收 79 美元并不重要，收费的目的是想改变人们的心理定势，以便他们不再选择其他地方消费。"

受到亚马逊飞轮效应的影响，从 2014 年开始，我国互联网企业掀起一股推出付费会员体系的浪潮。

2014 年，美团搭建会员体系；2015 年 3 月，特购社推出金牌会员体系；2015 年 10 月，京东推出 PLUS 会员体系，成为我国电商平台付费会员本土化的尝鲜者；2015 年年底，我国订阅制电商逐渐出现；2016 年年底，唯品会推出超级 VIP 服务；2017 年 11 月，网易考拉推出黑卡会员体系；2017 年 11 月，每日优鲜推出优享会员体系；2017 年 12 月，苏宁易购推出 SUPER 会员体系；2018 年年初，网易严选推出超级会员体系；2018 年 7 月，小红书推出小红卡会员体系；2018 年 8 月，淘宝推出 88VIP……

在电商平台发力推出付费会员体系的同时，线下的超市卖场也开始尝试付费会员体系。

2015年8月10日，物美旗下首家会员制超市尚佳会员商店开业，会员年费为150元；2015年11月，永辉超市在上海开出首家会员店，会员年费为150元；2016年9月，正大会员店在佛山、苏州开设会员制仓储型超市；2016年年底，顶新国际集团（旗下拥有德克士、全家FamilyMart等品牌）推出付费会员体系，涉及"集享联盟"App和"甄会选"会员电商平台；2017年8月，银泰推出数字化付费会员INTIME365，会员年费为365元；2017年10月，便利蜂推出超级会员体系；2018年年初，好邻居会员店开业，会员年费为240元；2018年，西贝莜面村推出了西贝喜悦会VIP服务，年费为299元；2019年，孩子王推出黑卡PLUS付费会员体系，会员卡分为成长卡（活动价每年会费199元）和孕享卡（活动价每年会费399元）……

根据弯弓研究院的统计数据，从2014—2022年的6年时间里，大量的线下零售企业都在推出自己的付费会员制。总体来看，采取付费会员模式的线下实体零售企业普遍具有如下特点。

第一，拥有丰富的SKU。付费会员模式存在于餐饮、美妆、生鲜、母婴等多个不同领域，围绕用户特定需求，这些企业能够在某个领域长期提供一揽子产品服务，比如百果园的水果、屈臣氏的美妆、孩子王的母婴用品等。

第二，用户分层需求明显。这些企业往往采取"会员双轨制"，普遍不把入会作为消费的门槛，无论是不是会员，消费者都可以在企业或者门店消费，但通过购买会员资格，就可以获得更优惠的待遇。对于企业而言，通过付费会员体系可以实现用户分层管理，进一步锁定更高质量的用户，提升用户ARPU值。从效率上来看，孩子王的会员ARPU值提升了6倍，华住酒店的ARPU值提升了5倍。

第三，营销技术应用成为普遍特点。付费会员体系往往建立在移动互联网的基础上，通过社交媒体平台和营销技术应用，可以使企业和用户建立更紧密的互动关系。尤其是企业微信 3.0 改版之后，微信生态里大量的社交用户成为企业开发会员的重要应用场景和流量入口，非常有利于沉淀用户数据资产。

事实上，正是移动互联网技术的应用有力推动了中国会员管理模式的升级，才使得数字化会员运营成为企业普遍采取的方式。比如屈臣氏现在拥有 6500 万会员，4300 万已经被导入企业微信系统，孩子王目前拥有近 6000 万会员，全部实现数字化管理；名创优品拥有 5700 万会员，2000 万被导入企业微信系统。

所谓数字化会员，是一种采取数字化手段管理会员的方法。经过新的营销技术赋能之后，这种方法呈现出更加量化和更有交互性的特点。在传统的会员管理中，CRM 是主要的技术手段，由于 CRM 系统是一个相对静态的会员系统，品牌企业既无法与会员进行即时交互，又无法了解更多的会员信息。相比之下，数字化会员手段丰富得多，不仅可以通过 SCRM 系统即时触达社交端的目标用户，量化处理不同社交场景的用户信息，建立清晰的用户画像，还可以通过数据中台进行用户数据的清洗和治理，深度洞察用户需求。

仍以孩子王为例。在企业发展初期，这家公司的会员管理主要通过 CRM 系统进行，会员的信息主要通过人工录入，用户画像主要包括姓名、电话、购买的产品等内容，沟通也是通过电话和短信实现；随着个人微信和企业微信应用的普及，孩子王与客户之间的沟通手段一下子丰富了很多，一个人可以同时管理几百个乃至几千个用户；通过"人客合一"的销售管理系统，员工不仅可以清晰了解会员的动态和需求，还可以按照提示内容，提前预判客户的需求，实现更为精准有效的营销。

眼下，由于数字化会员量化、解构了用户价值，成为企业深耕用户的一把利器，我们有必要进一步分析数字化会员的模型，并厘清私域流量和会员体系的关系。

8.2　忠诚度最高的私域关系

如何看待私域流量和会员体系的关系？在私域流量迅速崛起的最近几年中，还没有太多人关心这个话题。随着私域流量的不断发展和会员模式的迅速迭代，人们终于意识到二者似乎存在着某种关联性，并在两条貌似平行的线条中寻找着交集。

为了厘清私域流量和会员体系的关系，我们从目标、关系、资产、交易、渠道、运营、技术和范围 8 个维度进行对比分析，发现二者在目标、关系和资产上有很大的相似度。

首先，会员体系本质上是一种契约关系，是用户对企业服务关系的正式确认，而私域流量是一种流量体系的阶段分层，本质是企业能够自主掌控的数据资源，也反映了品牌（IP）对用户（粉丝）数据的私有化行为。二者的相同之处在于通过双向确认的关系，以及营销技术赋能，让企业和用户之间能够即时沟通和触达。

其次，私域流量和会员体系的运营目标也是一致的，二者都是为了实现目标用户的留存，并通过交易的方式实现用户转化，然后推动深度复购，最终实现用户生命周期管理，提升单个用户价值。

最后，从资产的意义上说，二者也具有很高的相似度。比如，私域流量和会员都属于企业的数据资产，尽管因为交易程度不同，二者的标签画像和数据颗粒度有所差别，但在总体上都属于企业的数据资产，对企业经营有着重要意义。

尽管目标一致，但二者的区别也比较明显，如表 8-1 所示。

表 8-1 私域流量和会员体系的关系

类别	私域流量（关系）	会员体系（价值）
目标	留存 / 转化 / 复购	留存 / 转化 / 复购
关系	确权 / 双向 / 即时	确权 / 双向 / 即时
资产	数据资产	核心数据资产
交易	不一定产生交易	已经产生交易
渠道	用户为中心的销售渠道	多元的目的性
运营	统一 ID，多种运营方式，不成熟	统一 ID，成熟的进阶激励方式
技术	全方位的营销技术堆栈	会员管理系统
范围	泛私域行业：强私域 / 线索型私域 / 经销型私域	实体零售 / 数字化产品 / 服务业 / 消费聚合平台

首先，从交易的角度来说，私域流量强调一种关系的确立，是企业经营用户的一种表现，这种用户既包括潜在用户，又包括产生了交易关系的用户，其核心目标是不断深入经营——把潜在用户变成客户，进一步提升复购率。相反，会员则通常是已经产生了交易行为的客户，这种客户通过会员关系确权之后，往往属于高黏度客户，具备了进一步销售的基础，属于企业的核心用户资产。

当然，在某种情况下，会员的交易也会在第三方进行，比如银行的信用卡会员客户，就会和其他品牌发生"陌生"的会员交易行为。而此时，会员的权利就无法实现品牌对等，会员制只能是一种特殊的交易关系，而这种关系往往是单向的，品牌方处于被动地位。

严格来说，这种会员不算是品牌企业的私域流量会员或客户。

其次，如果从渠道的角度来说，私域流量是企业第三极销售渠道，这种渠道既不同于传统线下渠道，也不同于线上电商渠道，而是围绕用户建立的新销售渠道。对于会员来说，这样的渠道则有很强的资产性质，尤其对于很多快消品类企业来说，会员的渠道价值往往在于产品研发、忠诚度管理、用户体验等，其资产的意义往往大于销售的意义。

再次，在运营模式上，二者也有不同之处。比如，尽管二者都强调统一的 ID，都能够通过营销技术迅速识别用户身份，但在具体的营销画布上，二者有着很大不同。私域流量目标用户多元化，包含大量需要留存转化的用户，触达方式和营销方式复杂得多；而会员体系则不同，由于大多数会员已经有了交易行为，其目的相对单一，营销的核心是通过激励机制，进一步推动用户消费进阶，管理用户的消费生命周期。

也正因如此，从技术应用的角度来说，私域流量需要全方位的堆栈技术，围绕用户实现全链路布局，但不一定需要复杂的会员系统，而会员体系除需要全方位的触点运营和管理之外，还需要一套复杂的会员系统来实现会员的分级管理。

最后，二者的应用范围也不同。在弯弓研究院推出的泛私域研究中，私域流量在不同领域有着不同的侧重应用方式，比如泛私域包含了强私域、线索型私域和经销型私域，分别针对不同客单价、购买频率和互动程度的产品，能够实现不同目标对象的私域运营规划；而会员体系的管理则不同，行业特征明显，复购是其主要表现，这一点在实体零售、服务业中表现明显。

综上，我们可以对私域流量和会员关系得出两个基本判断。

　　一方面，私域流量覆盖的范围更广，会员是忠诚度最高的私域关系。如果我们把公域流量、私域流量、客户、会员分为 4 个群组，由于公域流量没有实现关系确权，和企业客户之间可以被视为没有任何交集的两个群组。相反，对于私域流量来说，不仅与公域流量保持一小部分的混合交叉，还包括了客户和会员两个子集。当然，对于大部分企业而言，会员是和客户重叠度最高的一组关系，也是客户的子集。

　　正因如此，我们可以把会员看作私域关系的深度分层，也是重度私域流量。在会员和私域之间则保持一种紧密的递进关系，如图 8-1 所示。

图 8-1　公域、私域、客户和会员关系

　　另一方面，在经营私域关系的过程中，会员体系是有效的工具和抓手。从会员体系在中国的发展不难看出，会员体系刚进入中国的 1.0 时代，基于增量时代的竞争特点，会员体系更像一个营销噱头，是企业拉动客户消费的道具；到了 2.0 时代，会员体系的作用是锁客，尤其对于供给能力有上限的服务业而言，通过储值卡的方式可以锁定用户服务，而相比之下，其他行业的会员模式成长空间不大，这种情况在移动支付模式出现之后尤其显著；随着数字化会员的出现，会员制进入 3.0 时代，由于数字化带来的透明机制，会员的价值更透明、更清晰，也更能通过技术手段让用户感知——尤其是各种付费和分层机制，让数字化会员的价值体现得淋漓尽致。

因此，结合数字化会员的崛起历程，并通过对会员和私域流量关系的梳理，我们不难发现，会员制作为消费者生命价值周期管理的重要手段，将主宰下一轮的私域流量发展。

8.3 会员形式

屈臣氏是长江和记实业下属企业，1828 年创立于广州，并于1841 年迁移到香港发展。在中国市场上，屈臣氏一度是耀眼的明星。目前，屈臣氏在全球拥有 1.38 亿会员，门店数量为一万多家。同时，屈臣氏也是国内最大的个人护理连锁门店，美妆销售占比超过 40%，中国市场门店超过 4000 家，会员数量达到 6500 万。

1989 年，屈臣氏在北京开出第一家门店，这也是屈臣氏在内地美妆护肤及保健品类零售市场上的起点；1994 年，屈臣氏重回广州，并逐渐把广东打造成屈臣氏的大本营；2007 年，屈臣氏在南京开出第 300 家门店；2009 年，屈臣氏在中国内地共有 559 家门店。而从2009 年到 2018 年，屈臣氏每年的门店增长数都保持在 200 家以上，2011 年，屈臣氏的业绩增幅最高，接近 40%。

但是，从 2013 年起，屈臣氏业绩增长逐年下滑。公开资料显示，2013 年屈臣氏业绩营业收入增长率为 23%，2014 年下降到 14%，2016 年出现首次负增长。同年，屈臣氏换帅，并进行一系列变革。

2018 年，屈臣氏的业绩又开始恢复上涨。长江和记实业发布的财务报告显示，截至 2018 年 12 月底，屈臣氏的销售额为 1689.91 亿港元，同比增长 8%。此外，门店总数已增至 3608 家，同比增长

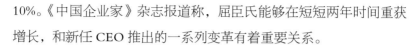

10%。《中国企业家》杂志报道称，屈臣氏能够在短短两年时间重获增长，和新任 CEO 推出的一系列变革有着重要关系。

2018 年，屈臣氏新晋总裁高宏达宣布屈臣氏中国的"中路策略"，即推出更加吸引年轻人的"第八代门店"、加速品牌升级与平衡线上布局。公开资料显示，屈臣氏的新店更加注重用户体验，开辟了专业的皮肤测试区和美妆互动区，增加了香水品类，扩大了进口商品比例。

比如，2018 年 1 月，屈臣氏与欧莱雅合作推出的全新美妆概念店 colorlab by Watsons，售卖蜜丝佛陀、美宝莲纽约、Kiss Me 等人气品牌产品。同年 7 月，屈臣氏对官网进行了升级改造，开放"屈臣氏健康"等板块，并同时升级 VIP 体系，打通包括天猫旗舰店在内的线上、线下会员积分系统。

2020 年 9 月，弯弓研究院曾经对屈臣氏进行深入研究，发现真正推动屈臣氏增长的原因主要有两个，一是其数字化转型力度，二是其强大的会员基础。

屈臣氏的数字化转型主要体现在两个细节上。一个细节是，屈臣氏旨在建立一个业务驱动型的数字化转型模式，当时在数字化领域没有预算限制，只要转型需要，随时都可以增加费用。而为了迅速推动数字化转型，屈臣氏最高峰时同时有 80 多个项目进行 POC 测试。另一个细节是，屈臣氏的数字化变革一直保持"小步快跑"的状态。为了增加用户触点，屈臣氏开发了 7 个小程序，包括屈臣氏云店、屈臣氏预约助手、屈臣氏 BA 助手、屈臣氏自提团等。这 7 个小程序不仅满足了不同场景的用户需求，而且通过系统强化了用户数据留存。而为了更好地服务系统运营，屈臣氏专门配置了 20 多人的运营团队，主要负责技术选型、项目对接和运营等业务，以确保各个项目的顺利落实和实施。

其实，这一举措也是屈臣氏组织变革的重要组成部分。更为大胆的措施是，2020年12月，屈臣氏拆掉了会员中心，这样做并不是因为会员不重要，恰恰相反，屈臣氏深知会员的重要性，但不希望会员中心成为中心，而是希望企业围绕用户中心解决问题，消费者点击之后马上就可以和会员中心打通，而不需要专门从会员入口进入。毕竟，拥有了数据中台的UID（用户身份证明）底层之后，数据不会在不同触点成为孤岛或者"烟囱"。

在行业内，屈臣氏的会员系统一直颇有口碑。早在2009年，屈臣氏就开始经营自己的会员资产。如今，屈臣氏不仅积累了6500万的会员数量，而且会员带来的销售额占据了屈臣氏整体销售额的80%。根据中国百货商业协会发布的报告，会员销售额占比少于30%的会员体系属于弱会员体系，会员销售额占比30%～50%的会员体系属于中等会员体系，会员销售额占比50%～75%的会员体系属于强会员体系，而会员销售额占比超过75%的会员体系，都属于超强会员体系。

事实上，正是凭借超强的会员资产，屈臣氏才有机会在2016年遇到负增长之后，通过主打用户牌，在3年时间里重新翻盘，获得了新的市场增长。同样，近两年，尽管线下门店营业受到影响，屈臣氏凭借会员资产进行精准营销，在销售业绩整体下滑的情况下，依然保持了利润增长。

屈臣氏会员模式的发展大致可以分为3个阶段：2009年，屈臣氏刚开始进行会员运营的初期采取了登记入会的方式，那时，消费者购买商品之后就可以成为会员；随着会员不断积累，屈臣氏开始进入付费会员阶段，但费用不高，屈臣氏向消费者象征性地收取每年 20 元会员费；2021 年之后，屈臣氏调整了数字化会员策略，会员绿卡每年会费 25 元，会员黑卡每月会费 35 元。数据对比发现，调整后的效果非常明显，持黑卡会员的 ARPU 值竟然达到了普通会员的 8 倍，远远高于同行业绩。

从屈臣氏的历程不难看出，这家企业经历了一个从登记会员模式到付费会员模式的成长过程，而这种登记会员模式也都具有典型的交易特征。

接下来，我们着重解读，随着企业的不断发展，以及会员体系对消费者影响的逐步加深，企业如何根据业务的发展使用不同的会员模式。会员体系的形成如图 8-2 所示。

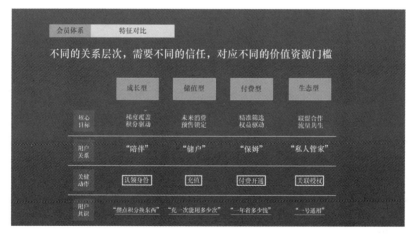

图 8-2　会员体系的形成

1.成长型会员体系

成长型会员也被称为登记会员，消费者只需要进行简单登记就可以成为会员。目前，市场上的会员大多是成长型会员。这种会员制往往建立了一种自我驱动的成长模式，即成长型的会员积分体系，用户需要通过消费积分（成长值）获得其他相应等级的会员权益。积分是用户成长过程中的可视化标识，也是用户权益的价值梯度，同时还是用户可以直接使用的"权益通货"。这种类型的会员系统往往会设置不同的权益，用户在商城中使用积分兑换权益，这种会员系统利于企业识别并培养超级用户。这也是各大百货购物中心、航空公司、游戏企业最常用的会员系统。

适用对象：用户量大、服务范围大的企业。

用法举例：QQ会员、携程会员、南航（中国南方航空）会员等都是非常典型的成长型会员。例如，南航会员制根据不同的里程、航段和消费金额，分别推出银卡、金卡和铂金卡。用户搭乘南航航班时，持南航铂金卡、金卡、银卡会员可分别享受额外50%、30%、15%的精英级别奖励里程及多项优先权益，包括预选机上喜好的座位、优先候补、在精英柜台办理乘机手续、优先登机、额外免费托运行李、享受贵宾休息室服务及灵活权益包等。而所获得的积分还能够在南航商城兑换礼品。

可以说，南航会员体系清晰且完善，南航抓住了会员的核心诉求，给用户提供了更细致、差异化的等级与权益，促使"消费→登记→使用权益"的闭环形成，从而在促进消费的同时细化会员画像，并有选择、差异化地建立用户关系，实现企业与用户价值的最大化。

2. 储值型会员体系

企业有了一定信用和知名度后，进行储值会员营销可以很好地锁定会员消费。让用户优先选择自身品牌，是一种长营销行为，能够帮助企业促进更多的会员潜意识消费，尤其是对于服务行业更有效。当然，储值营销也更有利于企业提前锁定用户，回笼资金，提

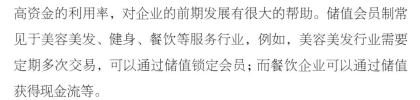

高资金的利用率，对企业的前期发展有很大的帮助。储值会员制常见于美容美发、健身、餐饮等服务行业，例如，美容美发行业需要定期多次交易，可以通过储值锁定会员；而餐饮企业可以通过储值获得现金流等。

适用对象：高利润企业、缺乏现金流的企业。

用法举例：西贝莜面村在 2009 年开始推出会员营销，即会员储值模式，用户通过提前储存（预存）现金至实体卡内，结账时直接刷卡付款。为了吸引用户储值，西贝莜面村不定时举办"充即送"等溢价福利活动，如储存的 1000 元可当 1500 元使用。储值营销本质上相当于设立了用户消费奖励，让用户的消费行为更加主动，且在储值营销过程中，用户的退款成本很高，用户更倾向于把储值卡内的资金花完。从 2017 年开始，西贝莜面村逐渐停止使用实体会员卡，转而推出线上会员系统，会员积分、储值、优惠券等都迁移至小程序中，会员数量从 2017 年年初的 200 万迅速增加至 2020 年的 2000 万。同样是在 2017 年，西贝莜面村推出 299 元 VIP 服务，对会员体系做了进一步升级，并表示"大部分老会员权益都进行了升级。"

3. 付费型会员体系

当企业需要进一步扩大规模时，需要筛选出高贡献、高净值用户，并将用户的购物行为、活跃行为锁定，这时提供差异性商品 / 服务，建立付费会员体系或通过支付绑定用户就是性价比极高的方法。与储值型会员体系一样，用户付费成为会员无疑在无形中抬高了用户放弃企业的心理门槛，能够增加用户的黏性，利于企业继续挖掘高黏性用户的商业价值，有利于企业获得长期稳定的现金流，创造新的收入和盈利增长点。目前，常见的付费型会员体系有山姆会员商店、Costco、百果园等。

适用对象：有独特的服务能力、提供强差异性产品的企业。

用法举例：前面提到的山姆会员商店就是一个典型的例子。山姆会员商店是一个仓储式购物中心，消费者需要办理 260 元的会员卡才能进店消费，但山姆会员商店大部分产品的价格比批发商的价格更低且产品量大，如山姆的自有品牌 Member's Mark，其很多产品都是社交平台上的爆款商品。而能提供优质低价产品的背后，是母公司沃尔玛的强大供应链，市面上同样质量的产品，山姆可以获得更低的价格，这是其他企业无法比拟的优势。其次是比普通会员更贵的 680 元的卓越会籍策略——如果消费者一年省下的钱不足这个差额，那在次年续费卓越会籍时，可以按差额抵扣，相当于以个人会籍金额续费卓越会籍，让用户有一种"无论如何都不会吃亏"的感觉。除此之外，当积分达到 3000 分，用户就可以获得用 1499元购买两瓶茅台酒的资格，数据显示，卓越会籍系统上线一年来，近 85% 的卓越会员是从普通会员升级转换而来，且会籍权益实现了近 100% 的兑换率。

4. 生态型会员体系

生态型会员体系即联名会员制，常见的生态型会员体系产品有美国运通公司的"百夫长"系列信用卡、全球购骑士卡、京东 PLUS会员联名卡、淘宝 88VIP 会员服务，而设计生态型会员体系的要点是需要关注异业权益的判定与洽谈、整体的交易成本是否降低、流量和权益的双向互补及价值同盟的长期供应。企业内价值的流通与企业外价值的交换是生态型会员体系的核心，这一会员体系常被用于平台的整合和扩张，基于这一点，企业还需要关注的是权益互换的生态成员与同类目标用户人群是否相似，双方数据、触点是否能

够打通及双方是否能够互为杠杆，为彼此提效。

适用对象：客群相似的生态伙伴。

用法举例：京东 PLUS 会员联名卡不同于京东会员通过积累京享值即可获得对应的权利，消费者必须购买京东 PLUS 会员联名卡才能拥有对应的特权。这是京东为了向核心客户提供更优质的购物体验特别推出的会员资格，PLUS 会员联名卡可以享购物返京豆、每月优惠券、运费券礼包、每月折扣券、商品会员价、专属客服、上门退换货、专属购物节等会员特权。除在京东生态内的服务及优惠外，京东 PLUS 会员也在横向领域进行了诸多探索，例如，与爱奇艺、腾讯视频、知乎、携程等平台进行生态会员跨界合作，为会员提供影音、知识问答、旅行等方面的服务。同时，京东 PLUS 会员联名卡在线下餐饮、娱乐、酒店、出行等多个生活场景中都有应用，打通了购物、娱乐、生活等多个领域的权益。

8.4 会员体系设计的 3 种要素

前面说过，会员体系被看作消费者与企业之间的契约关系，这也是企业想与用户建立的关系。我们之所以把数字化会员看作私域价值的体现，主要是因为数字化的会员包含 3 个特点：独一无二的身份、差异化的权利、对等的义务。

独一无二的身份比较容易理解。事实上，会员模式的出现，本身就是因为多年前人们想在某个地方获得专享空间，是私人俱乐部的邀请制度，是一种资格的象征。只不过在后来的发展中，演变成一种更为广泛的商业制度。而这时，任何一个企业都有权为自己的忠诚顾客制定特殊的服务方案。

正如我们前面所说的山姆会员商店，如果消费者是会员，就可以进店购物，挑选自己喜欢的产品，如果消费者不是会员，则可能连进店的机会都没有。尽管会员价格并不太高，但的确构成了一个身份门槛。反过来说，这样的严格要求也保证了正式会员的权益。

一般来说，会员的权利至少有 5 种，即定价权、议价权、专享权、优先权、退货权，如图 8-3 所示。

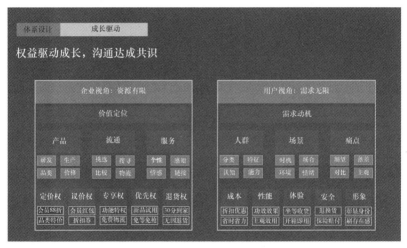

图 8-3　会员体系中会员的权利

定价权，实际上是商家赋予会员的选择权，比如哪些产品打8 折，哪些产品由会员专享。山姆会员商店的做法更直接，其产品都是经过精心挑选的，而且具备集体购买的低价。并且，消费者在购买的过程中可以不断试吃各种新鲜货品，而不用担心要为此买单。

议价权，是指会员能够通过身份优势享受更多优惠（如更多的红包、更多的现金券等）的权利。事实上，很多非会员也能有这样的谈判机会，尤其在一些竞争激烈且客单价高的耐消品行业，由于不需要沉淀会员，企业腾出了更多的利润空间。

专享权，可能是会员最受青睐的权利。例如，有些企业会不定期推出品牌日，会员可以在这个时间享受大幅度的优惠；如果你是南航的会员，你每次的飞行都会被记录，航空公司会根据飞行记录给予你积分奖励，并且你能够保持某种级别的身份权利，如可以免费升舱、可以随时到贵宾室休息等。

当然，对于更多的常旅客来说，航空会员更有吸引力的地方是具有优先权，比如登机的时候能够享受专属通道优先登机，比如同等条件下，可以享受升舱服务。

为了真诚服务会员，越来越多的企业推出了无条件退货服务。Costco 的大部分商品，只要有对应的消费记录，都会被允许退掉。同样的还有山姆会员商店，山姆会员商店的特权是：如果消费者购买商品后 7 日内后悔，则可以享受无条件退货服务。

商家如此卖力地为会员们提供高品质的服务与商品，也意味着会员必须承担对等的义务，如隐形的忠诚度和黏性。或者说，在一定规模下，价值交易的天平一定偏向于企业。只不过，这种价值建立在双方高度共识的契约关系基础上。

时移势易，如今的会员模式和过去的会员模式相比已经有了很大的不同。

数字化时代，卖方的会员服务不再依赖人，而是依靠系统。过去，消费者需要随身携带会员卡，现在只需要将其放在微信卡包里；如今，会员卡的识别依靠出示卡片或者报卡号，但也有越来越多的线下门店通过人脸识别就可以知道顾客的身份；过去，数据查询要花费很多时间和精力，现在通过数字化系统的帮助，一键即可完成。

　　弯弓研究院副院长瞿程昊发现，会员设计的核心就是要创造驱动性，要设计一套有价值的会员系统，而做到这些关键要掌握三要素，即等级权益、行为驱动和价值感知，如图8-4所示。其中，等级权益是打造会员体系的基础，是体现不同等级会员的价值标签；行为驱动，则着重考量如何通过层级落差激发会员升阶的内在驱动力；而价值感知则是会员体系的内外价值循环设计，企业往往通过水平营销，扩大品牌资源半径，有效提升会员的价值感。

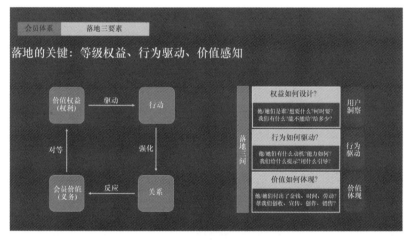

图8-4　会员体系落地三要素

　　从哲学层面上看，价值是揭示外部客观世界对于满足人的需要的意义关系的范畴，在营销领域，价值是决定消费者（会员）购买产品与否的首要因素。一般来说，人群和场景决定了会员价值。因此，企业在设计等级权益的时候，首先就要考虑用户人群在某个场景下的特定需求，如果用户成为会员，能够获得什么样的价值体验？能够获得什么样的满足感和身份认同感？用户能否感受到“这个品牌的导购更懂我”？

仅仅掌握了会员权益的价值标签还远远不够，就像面对一堆顶级食材，不同水平的厨师做出的饭菜的味道也完全不同。对于一套会员系统来说，要保持良好的运营，就必须兼具内外双循环的能力。其中，成长驱动设计就是保持会员体系形成内循环的重要环节。

图 8-5 所示为某品牌的会员成长路线图。按照成长驱动的不同维度，从动机、能力和触发因素三方面入手，这里设计了 A、B、C 三个等级，分别对应引入阶段、促销导向型、品质消费型。我们能够看到，为了促进会员成长（消费），该品牌企业从物质和精神层面设计了不同的对应权益，让用户在消费的同时，可以在不同阶段有不同的收获，激励了用户消费，从而形成源源不断的内生性的驱动力。

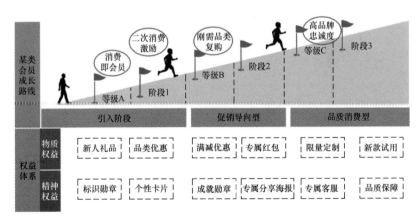

图 8-5　某品牌的会员成长路线

例如一家百果园门店有两种会员模式，一种是登记会员模式，另一种是付费会员模式。登记会员模式很简单，消费者填报手机号就可获得会员资格，并可以享受一定比例的优惠；而付费会员资格就要用 199 元购买，但优惠幅度很大，还有机会专享一些水果。

我本人就是百果园的付费会员。因为我经常有购买水果的需求，而这家店正好开在我居住的小区路口，于是我就顺便注册了会员。其实这个街区也有其他水果店，我为什么选择百果园呢？原因有两个，一是水果质量较好，即使买回家发现有问题，也可以无条件退换，二是百果园能够提供基本的切和削服务，尤其是西瓜、哈密瓜和菠萝等，买回家就可以直接吃。

事实上，百果园的水果并不便宜。虽然作为会员可以享受优惠，但产品价格还是高于其他水果店。只不过，百果园的品质和服务满足了我的差异化需求，因此我还是经常在这里消费，并主动加入了百果园社群。这也许就是百果园形成价值感的地方。而在百果园社群里，经常会有很多优惠券，甚至有些福利专为社群提供，这就促使我经常关注社群促销情况，并不断产生新的购买行为。

2021 年的某一天，我终于成为百果园的 199 元黑卡会员。我发现，这种会员不但能享受更低的价格，还能够享受更多的服务，如无条件退货。好处还在于，如果一年消费的折扣金额没有达到 199 元，百果园将退回卡费。于是，在不断的自我优惠暗示下，我的消费金额也在不断攀升。随着购买习惯的形成，甚至在百果园推出蔬菜之后，我也开始在平台购买蔬菜。

如果从百果园的视角看，我显然是一个完美的自我驱动型的会员案例。从登记会员开始被引入，继而被优惠券吸引，不断进行复购，由于受到更高价值吸引，随后成为黑卡会员，并不断为百果园提高 ARPU 值。为了进一步扩大我的消费半径，百果园开始在平台卖蔬菜和其他相关产品。

2020 年 12 月，百果园又提出了企业协同计划，和其他品牌一起做联合推广，开启了自己的会员外循环，而这种做法的核心就是实现百果园会员的"价值流动"。

所谓价值流动，特指通过某种方式实现会员价值转换的过程。积分兑换就是最重要的方式，比如兑换内部的权益、服务和产品，兑换外部合作品牌的联合权益等。实际上，也正是这种价值转换，才凸显出会员权益的根本意义，并由此形成会员管理的闭环效应。但是，这样的设计并没有那么容易实现，甚至存在很多误区，比如，会员等级失调，没有区分度；过度重视统计结构，没有成长驱动；简单堆叠权益；随意发放积分，造成积分贬值等。

会员权益设计无止境，是一个不断创新和试错的过程，我们举两个例子来说明。

如何让权益更有价值？厦门老塞行动咖啡馆发现，会员们对于一杯咖啡所产生的一两块钱的优惠经常无感，但是如果把这种积分累积到一个月，然后通过拆盲盒的方式来兑换，就变得很有吸引力；广州保利广场发现，大部分商场的停车券都是按次发放的，无论在商场购物多少都会存在一个封顶的时间——比如 3 小时，而如果采取购物积分的方式，不仅可以获得每次停车时间上的优惠，还可以实现购物积分兑换停车累积时间，让会员充分感受到自己的消费受到尊重，因此也更愿意前来商场消费。

很显然，对于会员权益设计来说，简单的权益叠加是没有意义的，一定要体现出价值感。同样，积分流动也非常重要，无论企业采用什么样的权益组合设计，都要让会员时刻感受到价值。

8.5 会员设计常用的 4 种工具

会员权益设计是一个不断迭代的过程，因为企业可能无法一次满足用户需求。但在会员 2.0 时代，由于受到技术限制，改变已经产生的某种规则是一件非常困难的事情。仍以前面的停车优惠为例，如果没有更精细的会员管理系统支持，并打通前端的车辆识别系统，也很难实现动态积分管理支付。

在会员 3.0 时代，随着技术进步和用户需求不断提升，我们必须根据数据洞察，实时优化和迭代自己的会员管理体系。而在这个过程中，经常被用到的模型主要包括 RFM 模型、用户消费生命周期模型、用户标签体系，以及用户旅程地图。

这些模型可以带来如下价值：帮助企业详细了解不同的会员画像，准确掌握哪些会员更重要，在会员的整个消费生命周期中，及时发现会员所处周期，并按照需要敏捷调整体验旅程，实现更加有效的用户管理。

其实，通过用户标签体系了解用户画像，也是整个会员模式设计的第一步。由于每个企业所处行业和特点不同，只有从业务和用户角度进行顶层分析，才能制定合理的会员策略。充分的数据洞察可以带来两个效果，一是通过归因分析，企业可以进一步了解业务特征，比如行业的消费频率和互动程度，会员的消费额度和产品组合等；二是在研究了用户习惯之后，企业可以制定更加精准的业务模式。

如图 8-6 所示，我们可以把标签分成事实标签、模型标签和预测标签，在实际应用中，企业对用户的标签分类会达到几百个。其中，事实标签包含属性特征、行为特征和衍生属性，这些是用户稳定的、不容易改变的标签特征，而预测标签则包含品类偏好、营销偏好和人群划分，这种标签的生成主要通过模型标签分析来实现。

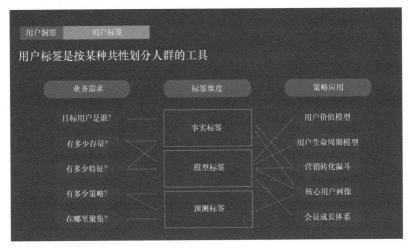

图 8-6　用户标签

在模型标签的管理中，RFM 模型是最重要的分析工具之一。该模型由美国数据库营销研究所提出，被广泛应用于客户价值管理分析。RMF 模型的价值在于，通过用户群体细分，区别出低价值用户、高价值用户，然后对不同的用户群体展开不同的服务，将有限的资源分配给不同价值的客户，实现效益最大化。

如图 8-7 所示，RFM 是由 Recency（最近一次消费）、Frequency（消费频率）和 Monetary（消费金额）三个指标的首字母组合而成。其中 R（Recency）代表近度，是用户最近一次交易时间的间隔，R 值越大表示用户交易发生的日期越早，反之则表示用户交易发生的日期越近；F（Frequency）代表频度，是用户在最近一段时间内交易的次数，F 值越大，表示用户交易越频繁，反之则表示用户交易不够活跃；M（Monetary）代表额度，是用户在最近一段时间内交易的金额，M 值越大，表示用户价值越高，反之则表示用户价值越低。

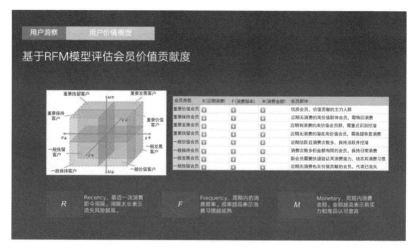

图 8-7　用户价值模型

从会员管理角度看，那些交易日期近、交易额度大，而且复购频繁的用户是最有价值的用户。但大多数情况，会员消费金额并非一个均值。因此，为了促进会员消费，我们可以通过 R 值来决定用户接触策略和刺激力度，通过 F 值来决定活动方案和营销策略，通过 M 值来决定会员级别、折扣门槛、推荐商品及不同人群的营销投入等。而对于不同价值的用户，策略又各不相同，比如为高额度用户推荐更高等级的服务体验，给予低额度用户更多的折扣力度刺激等。

当我们了解了不同会员的画像和需求，并希望进一步把客户与企业互动过程中出现的场景和可能发生的问题梳理出来，形成最优化的组合和匹配的时候，我们就需要一个有效的用户旅程地图（图片）作为工具。

用户旅程地图是分析和了解用户或者客户在整个产品或者服务消费过程中发生的情况的过程。它要求研究用户所有接触点上的体验是什么，以及在此过程中的感受。将其输出为图表（地图），能直观地显示客户体验。用户旅程地图不仅仅是时间轴或者图标，还基于共情和研究，促使创作者去思考用户的感受在整个旅程中是如何波动的。这种工具带来的价值如下。

（1）把模糊需求拆解为客户角色、场景、行为等要素，并视觉化地展示表达，帮助企业从外部审视产品。

（2）定位体验过程中的满意点和痛点，帮助企业决策产品的优先级。

（3）提炼出产品或服务的优化点、设计的机会点。

（4）使团队（员工）更好地了解客户使用产品过程中的看、想、听、做，让他们能够从客户角度出发交流、讨论，共建解决方案。

如何绘制一张用户旅程地图？《用户体验以及痛点分析工具：用户旅程地图》一文列举了 5 个要素。

（1）角色

角色指用户旅程地图的使用者或用户画像，与用户旅程地图息息相关，用户的行为深深植根于数据中，即企业需要确定到底是谁使用产品。不同的角色会有不同的视角，从而产生不同的旅程路线，如果想要全面地了解企业的用户，就应该分类用户，为不同的群体构建相应的用户旅程地图。

（2）情景 + 期望

情景描述了用户旅程地图需要解决的问题并且和角色使用地图的目标、需求及特定的期望有关。情景的描述指的是用户使用产品、服务的真实情况，而用户旅程地图也适用于具体场景，场景往往会描述一段时间内的过渡过程，如果企业无法知道用户的使用感受，则无法洞察用户的真正需求。

（3）旅程阶段

旅程阶段指的是用户旅程地图中包含的不同的高级阶段，为企业提供了用户旅程地图中包含的其他信息。旅程阶段依情景而异，因而企业通常会使用数据来帮助其确定阶段内容。

（4）行为、想法和情感

角色的行为、想法和情感贯穿于用户旅程地图的始终，在用户旅程地图的每个阶段都被单独标注出来。

行为是指用户采取的实际行动和用户使用的步骤。这并不是指对独立的交互行为的分步记录，而是指使用者在某一阶段产生行为的一种叙述。

想法对应的是用户在用户旅程地图不同阶段的想法、问题、动机及信息需求。理想情况下，这些想法来自客户研究中的客户记录。

情感贯穿于用户旅程图的各个阶段，通常用单线表示，代表了用户在体验过程中的情绪起伏，这种情感分层可以告诉企业用户对产品的喜好及不满。

（5）收获

收获连同所有权及衡量指标是指企业从用户旅程地图中收获的认知，这为优化用户体验提供了方法。收获可以帮助产品团队从用户旅程地图中获取信息。用户旅程地图示例如图 8-8 所示。

然而，需要强调的是，正如前文所提出的"会员权益设计是一个不断迭代的过程"，即会员权益设计并不能一劳永逸，而是需要针对不同的应用场景、变化的企业需求及用户需求进行更新，以保证用户的体验与企业自身的服务质量。作为企业，我们需要把自己代入用户的实际使用场景来思考问题，根据用户的体验进行迭代。"会员"模式的核心正在于此。

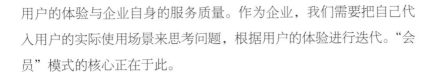

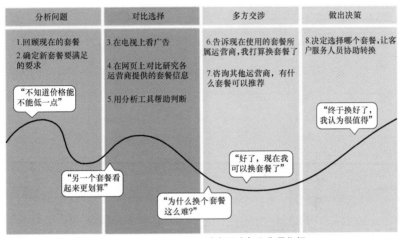

图 8-8　用户旅程地图示例

第 9 章
落地运营的 7 个挑战

成功私域运营项目的共性是什么？相信在看完前面 8 章内容之后，读者已经有了自己的思考。但我们还是希望多提供一些视角，尤其是从企业实战研究中找到一些关键信息，这些信息无论是成功的经验，还是失败的教训，都对后来者具有重要的参考价值。

为此，从 2021 年年底以来，弯弓研究院一直在进行各种访谈和研究。弯弓研究院在找到近百位私域运营的头部受访者，并发出一系列问卷之后，收回来的答案似乎各有不同，但通过抽象研究发现，这些问题背后尽管折射了不同行业（按照泛私域的 3 种模型划分）的需求，但依然具有很多相似之处。

大多数受访者强调，私域项目获得成功的前提是在内部组织架构层面建立自上而下的执行战略，这是一项不折不扣的"一把手"工程。所谓定策略、搭班子、建团队，即只有目标确定、组织协同到位、里程碑清晰，才能确保项目有效运营。这种项目往往执行效率高，同时总部决策能快速落实到一线，一线反馈的问题能快速优化。在目标一致性方面，无论以拉新为主还是以转化为主，都要清晰直接。

因此，需要强调的是，企业私域运营成功的前提，一定不是局部做文章，而是要在组织协调上下功夫。如果没有这种认知和规划，企业做的事情就失去了最基本的条件，后面所有的努力都可能白费。

除此之外，成功私域运营项目还有两个显著特点，一是产品普遍具有高频复购或高客单价转化需求。比如母婴产品和生鲜产品就具有典型的高频复购需求，妈妈要反复给自己的孩子买婴儿用品，而一个家庭也需要大量的日常消费用品；化妆品和时尚鞋服就有高客单价转化需求，尽管复购频率低或者周期相对较长，但由于有足够的利润支撑，也能够获得理想的私域 ROI。二是私域模型的匹配高度一致。不同的企业画像往往采用了相应的运营模式。比如，强私域型企业采取了强私域的运营链路，线索型私域则采取了线索孵化的策略，二者所使用的策略、系统和转化方式都有所不同。并且，这些运营模型都匹配了相应的信息化和数字化基础，包括但不限于成熟的会员系统、成熟的会员标签体系，以及完整的交易数据留存技术等。

一个优秀的私域运营团队，往往完成了上述条件之后，就可以根据关键控制点细化和量化指标需求，制定相应的营销画布，并通过数字化手段应用不断优化迭代，最终形成一套可以有效复用的策略，进行标准化运作。由于每个用户的画像不同，所面对的旅程规划也不同，因此管理者需要设计出多条转化路径。

当然，私域运营要想获得真正成功，仅有这些还不够，还需要一系列的支持条件。比如需要天然的流量基础和足够的 SKU 配置，这样私域运营才能长久；比如需要真正做到以消费者为中心，保持经营用户的心态，企业才能真正了解用户需求，匹配恰当的解决方案等。

知易行难，要想找到适合自己的私域策略，必须躬身入局。接下来，我们从调研中抽象出 7 个关键词来进行解读，希望帮助企业减少业务误判。这 7 个关键词分别是：认知、经销商、流量、SKU、代运营、技术应用、企业微信。

9.1　认知是天下第一难关

哲学家叔本华说："世界上最大的监狱，是人的思维意识。"而要突破这种思维的牢笼，就必须提升自己的认知能力，找到新的思维方式。所谓认知，是指主观对非主观事物的反应能力，是反映决策是否接近实际的判断能力。

在私域运营中，较难跨越的认知门槛有两个，一是私域的价值判断，二是营销观念的提升。

对于私域的价值，我们在前面章节中已经反复讲述，比如私域的关系价值、渠道价值和资产价值，以及存量竞争时代的核心竞争价值等。实际上，很多人看低了私域的价值。在他们的意识中，私域运营可能是昙花一现的营销行为，只是一个周期性热点。但我们要提出的问题是，为什么私域运营的话题会从 2018 年年底一直持续到现在？为什么越来越多的品牌企业——尤其是制造类企业也开始注重私域运营的解决方案？

一个话题可以持续 5 年热度，显然不能用"昙花一现"来解释。2022 年年初，科特勒咨询集团中国区总裁曹虎和我有一场公开讨论，当时，我对私域的价值做出了如下判断。

我们可以把私域运营看作一场营销数字化转型的启蒙运动，这场运动是进入"以用户为中心"的营销时代的一个里程碑事件。从启蒙的意义上看，私域运营让大家感受到了数字化的真实场景，体验到一种基于数据驱动的社交营销方式。之所以说私域运营是"以用户为中心"的里程碑事件，是因为私域运营让企业回到以用户为导向的经营中。在此之前，企业的市场以经营产品为主，而现在则开始把经营用户作为主要方向。重视私域运营的今天，技术带来很多变化，变成了企业营销中很重要的一个支撑。所以，接下来的组织变革是人机结合式的，通过技术驱动会出现新的组织模式。这种组织模式必然是紧紧围绕用户来运行的，至于它将形成什么样的形态，其实企业还在探索中。

事实上，正是基于这样的判断，我们提醒企业重视私域的价值，把私域运营放到战略高度去思考。正如中国石油前董事长傅成玉所说，数字化变革时代，旧赛道已经不能产生财富，必须切换新赛道。德鲁克也曾经强调，动荡时期最大的风险不是动荡本身，而是延续过去的逻辑故事。

那么，企业应该如何突破思维定式，建立新的营销理念呢？

兔展智能科技公司总经理马思乐说，他一直深耕于银行业私域营销，发现银行尽管本身具有天然的数据流量优势，其用户画像非常完整，技术也普遍到位，触达手段也很多元化（短信、App 推送、业务场景触达等），具有良好的私域运营基础，但大多数银行的私域运营尝试是失败的。这就和业务需求不一致有关。因为，在大部分银行的认知中，私域运营还掺杂了一种货架逻辑和流量买卖逻辑，银行用一次性推销的模式做运营，而不是经营用户的心态。

以企业微信为例，现在很多银行希望通过企业微信进行私域服务，但对这个平台的价值不够了解。这些银行的营销人员以为企业微信的使用可以起到立竿见影的营销效果，一旦期望落空，就开始质疑或放弃。

实际上，银行使用企业微信的正确思维应该是人设思维和连接思维。我们可以通过用户分层，找到合适的目标客户（比如存款 50 万元以下的客户），然后建立自己的人设，形成长期的服务行为。最关键的做法是，找到和自己业务场景匹配的方式，建立合适的私域运营模型。毕竟金融私域的融入过程，本质上是金融配套的服务过程。

马思乐发现，保险公司在这方面做得比较好，但原因并不仅仅是保险公司更具有服务意识，而是业务场景需要。比如，车险理赔出险后，由于拍照上传等需求，企业员工很容易和车主通过企业微信进行沟通，而通过这种理赔业务场景，保险公司自然就可以和用户建立私域关系。基于保险的长期性，用户一般不会马上删除好友，因此就自然形成了关系留存。

很显然，在业务中寻找共识也许是改变认知的最好方式。无论如何，当变革来临的时候，企业应勇于尝试。企业的每次尝试都是对认知的改进。

9.2　经销商利益的冲突和平衡

对于很多行业来说，私域基于企业主直达用户的特征，和传统经销商渠道之间形成了天然的竞争关系。因此，企业主在开发私域渠道的时候，一定会触动经销商固有的利益，也必然受到经销商的抵触。面对这种矛盾，企业必须妥善处理，否则会带来极大的不稳定因素。

那么，到底该如何平衡私域中的经销商关系，解决经销商的利益冲突，并发展新型的合作关系呢？研究发现，大致可以从如下几个角度去思考，即利益关联、利益补偿，以及渠道切割。

在经销商的利益关联方面，格力公司的直播是比较好的解决方案：总部通过直播为经销商赋能，而经销商通过膨胀金锁定客户，并为直播现场导流。直播转化之后，总部再根据膨胀金的用户线索进行分配，形成皆大欢喜的结局。

除了格力这样的大公司，很多中小企业也会采取这种方式。比如在一些传统的鞋服领域，很多品牌采取加盟的方式。为了帮助渠道促销，总部往往会采取直播方式。但是，很多经销商却不愿意配合。一是因为他们各自有客户群体，一旦上线，担心自己的客流被拉走；二是因为各地经销商的铺货不同，价格体系也不同，直播间活动规则没办法统一。

通过技术手段很容易解决这类问题。比如采用腾讯直播进行产品介绍，然后让经销商将各自的链接发送给客户，就可以促进私域流量代理转化。由于腾讯直播平台是辅助工具而不是成交工具，每一个进来看直播的人都还归属于原来的经销商流量池，不会发生"交叉"，而总部直播时可以引导客户到品牌企业的经销商门店下单。

经销商的利益补偿是另外一种方法。

例如慕思集团（以下简称慕思）作为一家家居行业上市公司，为了推动私域运营，制订了一个宏大的数字化导购运营计划，并围绕抖音构建这个体系。截至 2022 年 9 月，该公司已经动员线下 3000 多个导购注册了抖音等社交平台账号进行运营，而其下一个阶段性目标则是让 10 000 名导购都通过直播、短视频的方式带来销售增量。

不过，慕思在导购系统推广中遇到一个关键问题，导购都归属于经销商门店，如何让经销商愿意贡献自己的线索资源，并推动更多的导购参与全国的私域运营？慕思的策略是采取足够的利益驱动。比如，慕思采取任务游戏化的方式，给导购们设置了"福布斯榜"，导购们每天都可以在榜上看见自己的排名，排名靠前，也意味着高底薪、高提成，还有额外的奖励。这些排名通过金币累计，完成了 X 个任务可获得 X 个金币。

由于经销商都有自己的业务边界，而线上传播又无远弗届，往往会出现一地经销商帮助另一地经销商获客的情况，这又会让经销商感觉"吃亏"。慕思的解决方案是，把经销商的管理任务化，任务包括但不限于直播观看 / 转化 / 曝光、短视频曝光 / 转发 / 留资 / 收藏等，任务价值对应金币数值。比如，如果跟拍短视频，而短视频获取 100 的曝光量即可相应获得 100 个金币。

这就意味着，经销商的每一个动作都有了利益驱动，任务做得越多，奖励机会就越多，而一旦帮助外地经销商获客，就可以得到一定意义上的补偿。为了更好地驱动经销商，慕思给出的奖品价值不菲。2021 年，慕思总部拿出一部分市场营销费用买了几台五菱宏光、十几台 iPhone 14 和其余奖品若干。其中，3 万个金币换一台 5 万元的五菱宏光。

第三种经销商利益平衡方法是渠道切割，企业主需要对渠道进行区别，实行不一样的商品计划及价格策略，避免经销商的利益冲突。茅台私域运营就是典型的案例。

2022 年年初，i 茅台 App 上线的消息引起了市场的强烈关注。在此之前，由于茅台酒的市场价格一直居高不下，与实际出厂价有着较大落差，因此茅台集团希望通过更多的渠道销售来平抑价格，满足不同人群的需求。为了达到这个目的，茅台集团没有采取一步到位的策略，而是通过不同渠道销售不同产品的方式，通过渠道切割，来规避经销商的利益冲突。

茅台集团首先利用空前的市场关注度，推出 i 茅台 App，结果半年时间就吸引了 2000 万茅台粉丝注册成为会员。然后在试运营期间，茅台集团推出茅台 1935、虎茅、虎茅礼盒和彩釉珍品，累计投放茅台酒 117 万瓶，约 560 吨。正式运营后，除了此前的 4 款产品，i 茅台还上架了 5 款产品，即飞天 53% vol 100ml 贵州茅台酒、飞天 43% vol 500ml 贵州茅台酒、43% vol 500ml 贵州茅台酒（喜宴·红）、53% vol 500ml 茅台王子酒（金王子）、50% vol 500ml 茅台迎宾酒（紫）。标准装的飞天茅台一直没有出现在清单上，茅台经销商只能眼睁睁看着茅台粉丝俱乐部会员数量暴涨。

通过这次巧妙操作，茅台集团可以说是一举两得，该企业一方面搭建了自己的私域流量池，成功实现了品牌到用户资产的转化，另一方面也获得了主动权，为解决经销商"尾大不掉"的问题奠定了基础。此外，茅台集团的收入结构发生了很大变化：2022 年 8 月的半年报显示，茅台集团上半年自营收入 209 亿元，直营销售额占比 36.36%；而在 2016 年，茅台集团自营收入 34 亿元，自营销售额占比不到 10%，二者相差 3 倍以上。

通过以上案例不难看出，私域运营的确和我们之前所讨论的一样，属于企业第三极的销售渠道，如何善用私域价值，是企业要从战略层面思考的问题。应该说，私域平衡术在很多企业的工具箱中有着不同的位置，从利益协调的角度来说，主导权一定掌握在企业手中。

当企业把用户运营作为核心，并围绕用户建立一套全域的数字化解决方案时，也许营销就没有了线上和线下之分，渠道的划分也将围绕用户的消费场景而展开。那时，渠道收入的决定权也许在用户手中。

9.3　一定要找到天然流量

衡量私有运营成功与否的核心是私域模型配对，也就是我们常说的用正确的方法做正确的事情。而从执行角度来说，保持运营成功的首要条件，就是有天然的流量来源，所谓巧妇难为无米之炊。但在现实中，很多企业往往忽略了公域流量的重要性，认为公域流量的导入可以通过购买的手段来实现。

事实上，这样的做法并不可取。不仅因为购买流量的成本高，不可持续，关键在于，产品是一个公司最根本的流量来源，即使早期的用户是通过个人 IP 或平台获取的，但具体到卖货场景，最终还是要回到产品本身。

首先，一家企业的天然流量有哪些？我们这里着重介绍 3 种，即门店、品牌和种子用户。

门店的价值主要有两点，首先门店是天然的流量入口，拥有大量免费的流量导入机会。对于很多品牌来说，在哪个地段选址开店，本身就经过了大量的论证，通常会充分考虑用户匹配度。因此，只要能够持续运营，就会不断产生免费的自然流量。

其次，这些门店本身拥有非常理想的营销场景，只要做好策划，就很容易实现用户留存。接下来，我们以宝岛眼镜为例，看看该企业是如何做到低成本引流的。

如图 9-1 所示，宝岛眼镜提供了 4 个技巧要点，一是全链建立渠道活码，这里要有相应的活动落地海报设置；二是提供视力报告系统，只要添加企业微信就可以免费获取，这里配备了对应的服务评价机制；三是设立店员督导考评机制，实行店员标准流程化操作；四是传播分享有好礼，让每个人都有机会实现二次传播，并给出相应的激励措施，强化传播的动力。

图 9-1　宝岛眼镜的低成本引流技巧要点

母婴店也有自己的低成本引流技巧，关键是如何满足孩子的需求，并延长孩子停留的时长。其要点在于，必须要按照孩子的年龄进行分层，比如 1 ~ 2 岁的孩子喜欢摇摇车和气球，2 ~ 3 岁的孩子喜欢摇摇车、积木和娃娃机，3 ~ 6 岁孩子喜欢积木、绘本、儿童推车、娃娃机和盲盒等。只要吸引了孩子的注意力，并对相应体验设置引流条件，就可以顺利导入流量。

　　很明显，门店是非常理想的引流阵地，尤其对于很多新品牌来说，利用好门店场景，是相对成本最低的选择。但用好的基础在于对用户的洞察，以及相应服务的研究。只要做好"钩子"，就不难找到有效的方法。

　　除门店之外，品牌也是重要的低成本流量来源。尤其对于很多处于数字化转型中的品牌企业来说，每个品牌都是能量源和流量源，关键如何被有效利用。比如韩国知名护肤品牌"Whoo"，就利用自己已有的品牌影响力，通过机器人进行小样派送，轻松沉淀了私域资产。

　　该品牌的做法是：先通过具体自主移动、语音招揽功能的机器人吸引用户，再引领用户通过机器人屏幕扫码注册，成功会员，然后领取小样。在项目执行中，短短一周内，机器人为"Whoo"品牌拉来的新会员就突破 1000 名，相较于临时促销人员一天只能招揽 50 多位消费者的现状，机器人拉新效率提升了 2 倍。此外，机器人不仅可以全年无休地派样拉新，且在多元化助力美妆品牌营销层面还有更多的想象空间。比如，通过大数据助力品牌客户精准分析会员小样领取效果；机器人售卖美妆产品，直接吸引消费者下单等。

　　和品牌影响力一样，种子用户也是企业天然的红利资源。这方面，瑞幸咖啡的营销可以说是经典案例。案例的精彩之处在于，这个品牌不仅在初创时期凭借种子用户获得裂变增长，且在困难时刻又通过私域用户逆风翻盘实现自救，可以说尝尽了私域红利。

2017年，瑞幸咖啡创立。凭借数据驱动的模式和社交咖啡的无限场景定位，瑞幸咖啡的经营模式成为真正挑战星巴克第三空间的新模式，从而获得资本青睐，并在两年后跻身纳斯达克。在营销上，用户裂变是瑞幸咖啡最核心的策略，而能够支撑用户不断扩张的基础，正是瑞幸咖啡从神州租车平台精选的目标用户。

2020年年初，瑞幸咖啡财务造假事发，并遭受了退市的惩罚。2020年7月，瑞幸咖啡CMO杨飞公开表示，危机出现之后，公司马上开辟了第三渠道"企业微信＋私域社群"，重点是留存和提频。而在此之前，瑞幸咖啡主要通过App和小程序运营，不断裂变拉新是其主要目标。

随着经营目标改变，瑞幸咖啡开始围绕门店展开私域运营。通过LBS（基于位置服务）定位，瑞幸咖啡针对50家门店，在短短3个月时间建立了9100多个社群，积累了180万私域用户。他们的策略很简单，只要到店消费，就用打折的方式邀请入群，并根据用户画像分析，进行分群。会员入群后，就有机会享受全天不同时段的优惠。通过这种方式，用户入群后月消费频次提升了30%，周复购人数提升了28%，MAU（月活跃用户人数）提升了10%；180万私域用户，每天贡献直接单量3.5万多杯，通过群内信息提醒促单10万多杯。瑞幸咖啡达到这一目标用时仅3个月，其中60%以上都是活跃用户。

瑞幸咖啡2021年财务报告显示，其全年总净收入达到79.653亿元，同比增长97.5%。另有数据显示，瑞幸咖啡的私域会员数达

到了 1600 万。截至 2022 年 3 月 31 日，瑞幸咖啡在中国有 4675 家
自营店、1905 家合作商店，累计消费客户数量近 1 亿。

瑞幸咖啡能够逆风翻盘，关键在于企业自身所具有的数据驱动
特征，以及对新技术的敏锐应用。比如，相关人员在 2020 年企业微
信 3.0 改版后就意识到企业微信的价值，用添加首席福利官 Lucky
企业微信的方式运营企业微信，有效实现了用户留存。在用户入群
后，就可以通过千人千面、千店千券、闲时促销方式实现用户"精
准推送"。

瑞幸咖啡之所以能做到这样，主要因为它打通了门店和平台的
数据。营销人员能够迅速通过其他平台数据和企业微信数据对接，
对用户标签进行精准细化，从而对不同用户、不同社群和不同门店
实行精准营销，极大地提高了用户留存率。

瑞幸咖啡的案例告诉我们，在数字化转型的初期，整个市场存
在大量的机会和红利，关键是找到准确的方向。从品牌能够掌控的
天然流量来看，如果说门店是天然红利，那么品牌和种子就是运营
红利，企业需要积蓄品牌势能和忠诚用户。

此外，内容营销和地推获客等也都是有效的引流手段。私域运
营不会一蹴而就，成功的道路千万条，关键要找到适合自己行走的
那一条。

9.4　SKU 的宽度

流量和 SKU 是私域运营的五大要素之一，也是非常重要的前置
条件。如果没有足够便宜的流量来源，企业的私域将缺少持续动能，
而没有足够的 SKU，这种私域就缺少了持续转化的催化剂。毕竟用

户是有消费生命周期的。

那么，SKU 越多越好吗？似乎也不是。我们在前面说过，山姆会员商店最早的 SKU 数量是 1 万个，后来发现太多，不仅管理困难，而且 ROI 不高，于是就进行了淘汰，最后保持在 4000 个 SKU 的水平。

实际上，解决 SKU 的问题，关键是要了解用户需求。要让用户进入私域、留在私域，商品供应链是关键的一环，SKU 的丰富度和价格的优惠程度是用户最关心的两个要素。

腾讯曾经把私域商品的 SKU 宽度和企业在平台上的 SKU 宽度进行对比，如图 9-2 所示。在这条横向水平线以上的，都在私域内比平台上有更宽的 SKU，黑色的条代表品牌投入了很多的专属商品。也就是说，这些商品用户只有在私域渠道中才能获取。因此，相应地就会衍生出新的运营方法。比如，用户为了获得稀缺、限量的商品，需要做更多的分享。

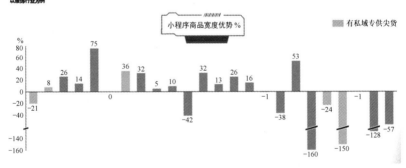

图 9-2　私域商品的 SKU 宽度与企业平台上的 SKU 宽度对比

腾讯团队研究发现，在商品的宽度和价格中，除 SKU 宽度以外，其实消费者更加关注的还是价格，这在美妆行业、日化行业，无论

是国际大牌还是国产品牌都有体现。

因此，要在私域运营中提升转化率、留存率，就要从宽度和价格下手。

首先，私域应该包含的 SKU 更宽、更丰富，是所有渠道里品类最全的一个渠道。而且有的产品甚至是独有的、专属的。很多品牌会将新品的发售放在私域，这就给私域用户提供了独特的价值体验。其次，私域的单品价格不一定要达到最低，但是通过优化组合手段，可以达到全渠道最低价，或至少持平，让私域用户有充分的价值获得感。这样做的最终目的都要回归到"有利于转化"和"打造差异化"上来，实现差异化才能提高留存率。

如何了解自己的 SKU 现状呢？

首先可以通过以下核心指标来进行对比：SKU 数量及库存、爆款价格差异、独占 / 首发优势货品数量、商品上新频率、促销节奏。根据上述基本条件，可以从不同产品定位规划出一套 SKU 组合：低门槛的引流品，用于拉动热度吸引消费；核心的高质量且价格稳定的产品或成交爆品，用于稳定口碑；感谢客户只送不卖的关系品，用来促进拉新转介绍；提升客单的利润品，则用于保证利润率。

客观而言，不同品牌之间存在竞争关系，并且竞争很激烈。数字化转型之后，就会形成局部层面的竞争加整体层面的协调，这一点体现在跨品牌销售上。以欧莱雅为例，其 CEO 曾提出一个观点：希望集团下的每一位消费者都能使用 15 ～ 20 个子品牌——即以更多的 SKU 和子品牌、消费者的服务周期延长，改变单一品牌单一周期的局面。在这种情况下，平台的统筹就变得非常关键。

不难看出，对于不同业态的企业来说，SKU 的构成有很大不同，宽度和价格是两个核心的话题，如何调整到最佳状态，形成更多私域复购，既考验企业的洞察力，又要求企业找到合适的解决方案。我们可以看到，在瑞幸咖啡的私域扩张中，饮品的创新几乎贯穿全年，为了满足用户的个性化需求，企业不断推出"千人千面"的新品，似乎是数字化时代不得不面对的趋势。

9.5 真的需要代运营吗

在如何看待代运营这个问题上，不同企业有不同的看法，有人觉得私域运营太复杂，想借助专业力量去实现自己的目标，也有人觉得私域对于企业而言是非常重要的事情，私域属于企业的核心资产。那么，如何找到合适的私域代运营公司？私域代运营的考核要点是什么？

私域代运营是指企业把私域流量的经营、推广和转化等工作委托给专业的第三方公司操作，实现用户消费生命周期管理的方式。目前，淘宝代运营公司较为成熟，已经孵化了一批大型的上市公司。而由于抖音、快手、微信等平台起步时间晚，运营模式还不完全成熟，因此还处于探索阶段。微信生态私域代运营尤其如此。

从目前私域代运营市场来看，可以将私域代运营分为以下几种主流类型，一是咨询带教型，这种公司主要负责体系构建和能力培养，不提供人工，也不碰货；二是技术驱动型，这种公司本身拥有技术产品，在自家产品基础上发展代运营服务，具有很强的技术驱动能力；三是流量驱动型，这种公司本身具有微商或淘宝电商的运营基础，不仅能帮助企业进行流量运营，而且在电商方面能力较强；四是行业驱动型，这种公司往往脱身于某个企业的部门，专业能力强，具有强烈的行业属性。几种常见的私域代运营团队如表 9-1 所示。

表 9-1　几种常见的私域代运营团队

种类	特点	代表公司
基于技术应用输出的服务类型	靠技术研发起家，延伸私域服务。一般而言，这类服务商所提供的私域运营服务属于客户购买技术后所配套的或者另付费购买的，即该服务商因客户需求向上扩展的代运营服务，并非原本业务。目前大多数的私域服务商都属于这一类，普遍有技术基因支撑	群脉、233 品牌私域、珍岛、有赞、微盟、迈睿
企业内部拆分的行业服务类型	本来是企业内部的团队，后来分拆成垂直于行业、服务同行的专业服务团队，他们一般带着原本企业的成功技术应用和服务模型，有特定的行业经验和成熟的解决方案	灵智数科（天虹集团子公司）、百果科技、鹏智瑞（东鹏特饮子公司）、稻知
TP（电商代运营）转型的服务类型	原本为电商代运营公司，随着客户的需求发展延伸多生态的私域服务或私域相关技术，对电商平台用户获取较有优势	宝尊鸥信（宝尊电商旗下专注于私域业务的独立技术公司）、若羽臣、稻知
基于（微信）运营业务起家的服务类型	一般根据客户的实际情况，制定私域整体设计规划和相应的实施方案，协助客户实现私域战略落地。这类服务商能够为企业提供私域陪跑的服务，是包揽企业私域业务的角色，也是帮助企业私域"扶上马走一程"的角色	零一数科、瑞莱帮 BOOMING、鲸奇私域、独到科技、点燃私域
基于咨询带教的服务类型	一般情况下，咨询顾问类型的企业不直接操盘运营服务，只提供对企业全域调研，帮助企业进行顶层设计，制定从 0 到 1 的私域落地规划，包括私域组织架构和策略执行方案，并针对性输出企业培训方案，属于典型的业务陪跑带教类型	弯弓 Digital、司向

从市场需求来看，企业最需要私域代运营公司解决的问题有两个，一是搭建私域体系和带教，二是实现私域运营和带货。换句话说，有些公司希望代运营公司带来框架体系和能力，做出规划并"扶上马送一程"。另外一种企业，则希望看结果，把代运营直接和销售

结果挂钩，企业坐等收获。

通常来看，处于行业头部的民营企业和国有企业更容易选择前者，私域运营作为销售的一部分，这些企业更愿意把这种能力掌握在自己手中，而后者则多出现在跨国公司身上，基于管理的规范性和业务外包的传统，跨国公司更希望让专业团队来帮助自己实现提升。大量的中小型企业也会选择代运营，为了迅速获得竞争优势，这些企业对自己不熟悉的业务往往采取外包的方式，"基础服务费＋销售分佣"是这些企业普遍能接受的一种方式。要强调的是，代运营方如果成为一个有"吃货"能力的第三方，其竞争力和价值感将会获得大幅提升。

总体上，在企业对代运营公司的能力需求边界上，有两种能力最受重视，一是懂工具、懂系统，二是会聊、会运营。事实上，这种认知也是一种误解，真正的私域运营本身由数据驱动，如果不懂得用技术提升效率，不懂得通过数据洞察来分析需求，仅仅会聊天和会运营，仍旧不能从消费行为数据上全面了解用户真实需求。

那么，如何选择自己需要的代运营公司呢？这里有几点建议。

第一，要明白企业的私域战略定位是什么、希望找到代运营达成什么样的目标、要解决什么样的问题。如果仅仅希望建立一套体系，那就可以寻找咨询性质的公司，这些公司的视角更宏观，有更多的商业认知，如果想形成实战能力，那就直接找到愿意全面接盘的团队；第二，要强调的是，不论哪种需求，行业认知和经验都很重要，最好有丰富的垂直行业解决经验，甚至模块化（如社群运营、拉新等）的提升能力，目前服装、家居、电子、健康、美妆等领域都有专门的服务商；第三，无论对于微信，还是抖音、快手等平台来说，任何专业代运营公司都最好有自己的技术能力，否则会影响效率的提升。

　　不过，代运营公司无论如何"强大"，其能力最终还是要依靠品牌自身才能彰显。换句话说，企业自身的产品、品牌和管理才是根本因素。所以，我们必须对私域代运营这个新事物保持清醒认知。那么，如何把这种认知量化，并判断私域代运营是否成功呢？

　　针对代运营公司的能力评估，可以 6 个角度进行评定：代运营公司的口碑及资源导入能力；团队搭建及持续培训能力；落地方案策划能力，项目案例和对应的项目过程文档；策略制定和执行能力；商务及运营谈判能力和专业知识；代运营公司围绕私域的其他服务线种类等。

　　而要判断私域代运营成功与否，我们可以回到这件事情的开端——在制定私域战略并授权代运营的那一刻，企业应该已经确定了共同的目标，比如在组织上，企业是否已经实现了明显的结构优化，并建立了完整的私域运营系统；企业是否已经建立了自己的私域流量池，并对用户提供了一套完整的私域服务；通过这套流程，企业的 GMV 和复购率是否都获得了提升，并达成了既定的目标等。

9.6　重视企业微信

　　谈论私域运营的时候，我们通常绕不开企业微信这个话题。第 1 章说过，通过 2019 年年底到 2022 年年初的两次改版，企业微信基本上锁定了自己在私域运营中的地位。不过，市场对企业微信的认知依然不够，很多人还对企业微信抱有"太官方、不友好"的偏见，到底应该如何看待企业微信？我们从底层价值和社群运营两个视角来解读，重新定义企业微信在私域运营中的价值。

2022 年年初，企业微信官方发布了一个数据，截至 2021 年年底，企业微信的组织用户数量达到 1000 万，活跃用户人数超过 5 亿。与 2020 年年初的 6000 万用户和 550 万组织用户相比，企业数量和活跃用户都获得大幅增长，成为名副其实的企业超级流量入口。

企业微信用户为什么增长迅猛？组织响应为什么如此活跃？

我们通过调研发现，员工要在线办公，要进行数字化营销，大平台的免费应用工具无疑是一个选项。但更重要的推手其实是各个企业背后的管理者们。或者说，正是这群分布在中国各个市场角落的管理者，默默为企业微信而战，强力推动企业微信在各个组织的应用，才最终完成了一次平台与企业之间的"合谋"。

由于强调"不打扰"，此前微信一直被批评不懂生意经，推出的应用缺少技术诀窍，但企业微信 3.0 改版却让业界意外，被认为总算找到了市场痛点。而所谓的痛点，恰恰让企业微信把自己打造成了留存企业数据资产的底层通道。

很多公司的用户信息都掌握在销售手中，尤其是线下服务行业。早年的信息化时代，虽然企业尝试各种办法，比如专用手机或者 CRM 系统等，但效果并不明显。结果往往是，能力越强的销售对用户的控制能力越强，这些销售辞职后入职竞争对手或者创业，对公司而言风险都很大。因此，如何留存销售手中的客户资产，成了企业普遍头疼的话题。

而近年来，企业微信 3.0 这个超级链接入口，就大大减少了企业的后顾之忧。企业微信的安装使用，不仅把所有销售信息留存到公司，通过 SCRM 系统连接，还可以为这些数据打上标签，进行分组管理和深耕，实现私域运营。

时代地产算是较早使用企业微信判客的地产企业。在此之前，房地产行业对客户资源的归属一般都是通过电话号码来划分，谁有客户电话，业务就归谁。企业在推动企业微信作为判客标准的过程中，一开始受到了销售人员的抵制，但随着公司层面提出硬性要求，员工很快就形成了习惯。毕竟这种方式对企业资产留存而言价值很大。

在爱茉莉集团，企业微信也是公司精细化管理的有效工具。爱茉莉CMO说，对于一个线下BA（美容顾问）而言，客户归属都是动态的，即使客户早期由你带入，但在转化过程中如果是另一个BA付出的努力，这个业绩和用户资产就要归属后者。反对可能无效，因为企业微信可以提供清晰的交互数据。

除了资产留存，企业微信还能为前端销售带来什么价值？

在屈臣氏，企业微信系统经过二次开发，已经成为BA（业务分析师）的赋能工具。通过这个平台，BA不仅可以了解自己的销售业绩和用户资产变化，还能够掌握用户在不同消费生命周期的需求，并进行有针对性的营销话术推送。而通过这种方式，屈臣氏BA销售能力普遍提升一倍。随着管理效率的提升，屈臣氏的企业微信用户数量也迅猛发展，目前已经超过了4000万。

百果园对企业微信的应用主要体现在社群运营上。其做法是，围绕全国近5000家门店，百果园导购一步步把8000万会员拉进相应的企业微信社群，通过深度运营，使单个会员效益大幅上升。百果科技轮值CEO姚杨曾经透露，用户进群后，月均消费额提升7倍，订单数多出5次；社群用户达1000人的店，销售额同比2021年提升22%；群消息约6000条的店，销售额同比2021年提升21.43%。

很显然，了解了百果园的数据之后，我们对企业微信社群运营有了新的认识。但是，如何才能像百果园那样运营好自己的社群？

尤其是针对这种用户数量庞大的零售型企业，如何才能管理好自己的社群？独到科技创始人张文浩是一位企业微信社群运营专家。他的意见是，我们首先要意识到零售行业面临的是海量的用户，不可能用一对一的方式服务，这不但需要一笔高昂的服务费用，用户也会觉得自己被打扰了。因此，企业微信社群这种一对 N 的服务场景，效率更高，也更适用于零售行业。

其实，企业微信社群本身也有自己的优势。因为按照"人货场"的要素来分，社群是非常天然的"场"。这类似于购物中心，当用户置身于购物中心，他们会自然地想到消费，这就是消费场景带来的消费冲动，社群也是一样。

假如企业单独给用户发了一张优惠券，会出现两种可能：一种是用户觉得优惠券正好符合了用户的期待，这是一个很好的福利；另一种是优惠券与用户需求不符，用户会觉得这是骚扰。但是社群是一个可以跟用户高频互动，且有群体效应的"场"。社群中有很强烈的购买氛围，在群内推送性价比较高或人气热卖的产品时，群接龙会带来良好的销售效果。

群接龙的这个过程，有些像线下排队，会产生一种从众心理：消费者发现一个店门口有好多人在排队，就会觉得这里的产品很好。当社群中大部分人都在接龙购买的时候，用户"去看一下"的概率会提高，这就极大地提升了商品的转化率。而社群的用户一旦活跃，销售转化的难度就会降低，用户对品牌的忠诚度就会变得很高，这对品牌而言是非常有价值的场景。

不过，建一个社群容易，把一个社群运营好并非易事。

销售转化率高、消费场景自然，这是社群的优势，但对大部分企业而言，维持群的持续活跃，以及引导群内氛围才是最大的挑战。

社群以群体为单位做互动，其实只要群里存在 10 个以上比较活跃的用户，他们每天去贡献价值时，这个群就会保持活跃。这些活跃的群成员可以被称为"KOC"，群成员就会为了这些 KOC 的内容长期地停留在群里，社群本身的转化率也会变得非常高。

对于一个品牌来说，KOC 的贡献体现在两方面，一方面，KOC 分销带来了利润和收入；另一方面，KOC 在分销过程中会带来内容产出，以及和其他用户互动。所以企业可以通过数据去挖掘哪些用户有成为 KOC 的潜力，并重点培养。同时也可以搭配一些自动化的工具（比如积分）来激励 KOC 不断活跃。这样就能使社群未来的运营变得越来越简单。

不过，社群并不总是处于活跃状态，有时候需要利用一些触点激发群成员的活跃度，社群活动就是一个有效手段。比如一个篮球相关商品的社群，平时只有 5% 的用户说话，但突然有一天，70% 的用户加入了讨论，原来是群主在某场竞赛前一天发布比分竞猜的话题，带动了大家参与。

此外，社群的舆情监控也是一个难题。假如一位用户在群里反映，产品快递太慢，物流严重超时，这就会对别人购买的倾向形成打击。不过，企业可以通过"AI 导购"，实时监测社群氛围和舆情，在有负面言论时，能够第一时间识别并自动安抚处理。对于品牌来说，这种处理方式能够给用户留下积极印象，增强品牌好感和信任。同时，如果能够将这些愿意提出投诉或消极意见的用户安抚好，他们也可以变成品牌的忠诚支持者。这种转变发生的时候，其他用户对品牌的态度就会有很大的改观。

总之，企业微信社群运营已经成为营销常态，也是平台支持的一种海量私域用户运营方式，深入了解社群运营，植入更多的技术和技巧，都有利于企业提升转化率。

9.7 技术应用的"坑"

上一小节中我们提到一种工具——AI 导购，这是一种新型的营销自动化工具，也可以看作一个拥有营销自动化能力和算法能力的在线助理，能在社群运营中自动执行重复性高的服务动作，可以降低人工导购工作的复杂度，让人工导购能集中精力为用户提供服务。

这种服务可以分两个方面，一方面是把更多线下的用户引导到线上来；另一方面是处理一些用户特别个性化的需求。

对于这些个性化需求，人工导购一般要花费较多精力去解决，而针对普遍性的需求，线上的 AI 导购就能发挥作用。比如，用户问：这个货今天有没有？我的快递到哪里了？这些数据只要能够在 CDP、ERP 系统中被读取，AI 导购就可以把相关信息自动推给用户，不需要人工导购过多干预，从而在整体上提升对用户的服务效率。

经过不断训练，人工导购和 AI 导购可以形成一种互补关系：AI 导购解决繁杂的人力密集型操作，这是计算机比较擅长的事情；而人工导购则给用户带来更多温度，能够将用户关系维护得更好。

显然，从人工导购和 AI 导购的上述对比中，我们可以感受到被技术改变的服务场景，而随着 MarTech 不断发展，已经有越来越多的技术被应用到私域运营中，以帮助企业达到降本增效的目的。

但问题也随之而来。私域运营是数字化转型的一部分，技术应用也不是一件孤立的事情，现在市场上营销技术层出不穷，企业到底该如何选型？营销技术是不是越多越好？在企业营销数字化转型中，是采用一体化的解决方案，还是另辟蹊径？接下来，我们从弯弓研究院提供的气泡图和数字化初期的技术应用特点出发，谈谈企业在不同阶段对营销技术的需求，以及技术选型的几个要素。

在《2022 年中国 MarTech 产业发展报告》中，弯弓研究院把企业阶段与 7 大类营销技术难易程度进行了多维度数据交叉匹配，并据此绘制了《弯弓 MarTech 气泡图》，企业可以根据气泡图中的规模阶段，对应找到所处阶段的泡泡（不同的泡泡对应不同的技术），为自身选择工具找到参考点，如图 9-3 所示。

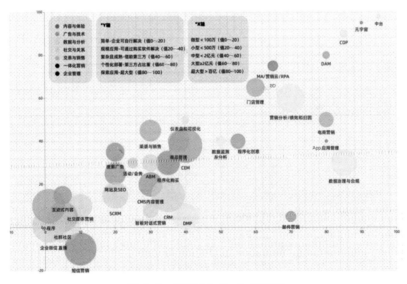

图 9-3　弯弓 MarTech 气泡图

举个简单的例子，如果企业是微型企业（增值税销售额每年小于 100 万元），可能需要用到的技术有（X 轴所示）互动式内容、社交媒体营销、企业微信、社区社群、小程序等，而这些技术往往较简单，企业可以自行搭建解决（Y轴所示）。如果结合X轴和Y轴，企业基本可以知道自己需要哪些技术，以及技术应该如何实现（是自建还是购买 SaaS，还是需要个性化部署）。

目前，我国正处于数字化转型初期，企业的成长依然应该从数字化转型的基础入手。根据数字化转型初期企业的需求特点，弯弓研究院对不同规模企业的技术应用提出如下建议。

（1）对于微型企业，尽量采用不同的互联网平台提供的免费技术手段，并结合小程序、企业微信、直播、互动式内容、社区社群、短信等简易、低成本的技术应用，来实现数字化营销。

企业早期创业的关键是用好各种红利，但技术投入一定要考虑 ROI，除拿到大量融资的企业之外，大部分企业应该尽量避免乱投入，有些热点技术目前的价值回报不高，需要谨慎防止被欺骗。初创企业往往可以做比投资 MarTech 更有价值的事情。

（2）中小型企业对 MarTech 的需求较大，企业在成长过程中，需要用更多的技术手段进行营销，如 SCRM、智能对话、CMS、CRM、商品管理、渠道与销售等超过 13 个子类的应用，这些技术实现难度不大，具有复杂但成熟的特点。

（3）当企业发展到一定规模，成为中大型企业后，就应考虑采用一些更为个性化的手段来解决业务问题。这时，企业对供应商的行业认知就会非常挑剔，对于 MA/ 营销云、DAM、CDP、中台，甚至元宇宙的需求就会增加。个性化的部署和新技术的探索应用，是这个阶段企业的选择。

（4）在各板块中，应用范围较广、也较容易实现的是"社交与关系"，该板块的需求程度也最高；"数据与分析"技术布局难度偏中高，个性化指数居高。由于数据分析是数字化转型不可或缺的核心构成，小企业的技术应用多采用平台或者嵌入式的软件实现该功能，中大型企业则选择专属组建部署。不过，随着技术普及和成本降低，这类技术的应用也将越来越广泛。

在技术服务商的选择上，弯弓研究院在参考了大量实践经验之后，提出了以下几个建议。

（1）业务主导：营销技术的选择一定由业务使用者主导，而不是由技术部门主导。技术部门的工作是考虑产品能否和现有技术打通，以及会不会带来合规问题等。当然，对于新技术的应用，往往业务部门的行动会有一定的滞后性，这时技术部门应该定期协助业务部门进行研判。

（2）行业认知：在服务商的能力要求中，对行业的认知能力应该排在前列，然后是了解企业战略，能够在此基础上进行顶层思考。服务商由于不是实际业务经营者，若在这方面有所欠缺怎么办？企业可以引入外部顾问。此外，由于数字化涉及的方面比信息化多很多，对于企业来说，各系统的集成成本已经开始超过单一子系统的采购成本，适当考虑一体化采购更有利于提升性价比。

（3）产品要求：在营销技术产品的选择上，系统的稳定性优先，同时要看系统能否真实顺畅地被业务部门使用，能否通过提升业务效率并解决人力所无法做到的精细化工作来产生价值。对于中小企业而言，试错成本太高，技术成熟度非常重要，必须要有成功案例背书，不仅仅要看其他企业"为什么这么用"，还要看其他企业"为什么不那么用"。再好的技术，不能在企业内全面推广，都是没有意义的，这也是为什么很多企业的数字化部门把新技术的推广广度和应用深度作为重要的 KPI。

（4）项目执行：技术的部署需要一个过程，企业必须要做好项目的管理，切不可贪大求全，特别是不同阶段工作重点的分配和用户培训这两点，在很大程度上决定了技术落地是否成功。在项目启动前，企业通常会进行 POC（概念验证）测试，集中考核效果，根据落地的细节再做一些修正，如果收益和投入匹配，接下来才可以大规模地铺开推广。

第 10 章

八大泛私域案例解读

10.1 强私域案例：惠氏臻朗

惠氏公司成立于 1926 年，主要涉及研究、开发、制造和销售药品、疫苗、生物制品、营养品和非处方药品等方面业务，在婴幼儿营养品的研制和营销方面有着近百年历史。惠氏品牌于 1986 年进入中国市场，2015 年惠氏营养品奶粉业务在大中华区业绩突破百亿元，并多年占据国内奶粉市场第一。

惠氏臻朗是惠氏在中国市场的第三大品牌，其坚持独立事业部运营，采用"品牌渠道双驱动策略"，通过与一大批经销商和零售商联合来稳固价盘，并且采用全域的数字化手段。惠氏臻朗自上市以来，已进入 9 个省份的数千家门店，销量发展符合预期。

【基本描述】

1. 企业画像

惠氏臻朗属于高频、高互动、高客单的强私域类型。

2. 私域规模

截至 2021 年年底，"惠氏妈妈俱乐部"微信平台聚集了上千万用户。

3. 私域策略

惠氏臻朗采用 S2b2C 全链路品牌运作思路，为小 b 端提供价值赋能，深度服务于 C 端用户，即大供货商（S）给渠道商（b）提供各种技术、数据支持，辅助渠道商完成对顾客（C）的服务。

4. 运营链路

（1）拉新

消费者在门店消费后，可以进入品牌小程序注册成为会员，打开活动页面，通过扫描罐内码、罐外码便可以在线参与活动，领取品牌发放的实时现金红包 / 积分奖励。与此同时，店主也可获得相应补贴。截至 2021 年 12 月，超过 3500 家门店参与兑换活动，派发券数 470 000 多张，核销券数 110 000 多张。

（2）促活

用户进入私域池之后，品牌会开启闪购活动。闪购群具有时效性，能够制造稀缺感和紧张感，容易驱动用户关注和参与。惠氏臻朗通过带教经销商 / 门店运营闪购群，用线上活动辅助门店提高复购率。

（3）留存

"惠氏妈妈俱乐部"配有专业营养师和育婴师，24 小时向用户提供在线咨询服务；"惠氏妈妈微课堂"邀请三甲医院医师进行分享讲解；在小红书、抖音平台培育网红矩阵，让品牌的传播渗透到每一个用户。

（4）转化

① 大单买赠

惠氏臻朗开展大单买赠活动。如用户在线上购买 12 罐奶粉可以获得学习桌，到店扫码领取，或者在门店由其他礼品促使大单成交。

② 门店自提和配送服务

在客户服务方面，从官方直播下单的用户，可以选择到距离自己最近的惠氏臻朗线下门店自提产品，线下门店也可以为用户提供

"1 小时送达"的配送服务。品牌通过为消费者提供便利性，从而增加门店客流。

③门店直播下单

店主可以把品牌直播同步给用户，如果有用户从门店直播下单，商品收益直接归门店所有。

（5）复购

惠氏臻朗的"一物一码"触点是防伪营销码，在基础防伪标签上增加了"一物一码"的设置，用户通过扫码获得母婴问题咨询和售后服务，这强化了品牌服务属性，利于引导消费者进入品牌社群或者公众号等品牌私域，同时利于品牌结合私域和云店系统刺激消费者出现复购需求。

【核心突破点】

1. "一物一码"驱动各方利益

一罐奶粉从品牌方到经销商、零售商，再到消费者手里，会经历一条长长的链路，尤其在下沉市场中，分散的渠道更会增加链路的复杂性，经销商常有"窜货"行为。对品牌方来说，能够掌控这条链路，控制好价格体系，也就能控制好成本，这是盈利的大前提。惠氏臻朗用"一物一码"实现了这一点。

（1）渠道商角度：每瓶惠氏臻朗奶粉罐上都设有二维码，当经销商出货或者门店销售时，用户扫罐底的二维码即可参与门店活动，大数据引擎后台自动发放补贴到门店账户上。这一步直接让渠道方获得收益，让母婴店店主更有动力推广产品。

（2）消费者角度：对于同一个二维码，消费者扫码除可以获得随机现金红包和积分之外，还能查询防伪，防止以假乱真。

（3）品牌方角度：惠氏臻朗用"一物一码"的模式构建"品牌—经销商—零售商—消费者"数字化追溯体系。一旦发现有"窜货"行为，立马能够查询产品经由哪个经销商流通到哪个区域，及时召回进行控货，并对扰乱市场渠道的经销商予以惩罚。

因此，惠氏臻朗构建的高集中性管理模式可以使其全程追溯产品，对渠道进行管控，从而杜绝"窜货"行为，保障各方利益。

2. 专家权威背书，干货输出

（1）惠氏臻朗的公众号"惠氏臻朗花花会"主要推送育儿干货，同时作为小程序、视频号和直播的连接中心。会员打开惠氏臻朗小程序上的"育儿院"栏目，可了解孕期及母婴知识，同时获得积分。

（2）惠氏臻朗的视频号是以母婴专业人士内容输出为主，匹配大批专家：复旦大学临床医学硕士、妇幼保健学专家、青岛市市立医院医师、广东省妇幼保健院主任医师等，相应地进行奶粉配方背书和专业知识科普，加强用户对品牌的信任。在下沉市场的小店中，产品的销售往往更需要网红、熟人或专家来驱动。

3. 解决会员复购问题

在惠氏臻朗的私域里，会员的每个行为都可获得利益，无论是红包还是礼品。

一切皆可抽奖：看直播可抽奖，添加企业微信可抽奖。并且，惠氏臻朗简单直接地给用户发送真实的红包，抽奖获得的红包直接打到微信钱包里，而不是惠氏臻朗的小程序中，也不是非要买惠氏臻朗的产品才能用。这样的做法让会员非常受用。

一切皆可兑换：首先，集赞赢奶粉券，用户每集得 38 个赞可以获得 1 张奶粉券。其次，会员每日打卡和阅读干货分享好友，也可前往积分商城兑换商品。另外，在投票活动、知识竞赛、推荐有礼等活动中，只要用户参与分享，都可获得积分、兑换礼品——如奶粉辅食盒、学习桌等。

宝妈群体习惯高互动，下沉市场用户习惯被利益吸引，因此惠氏臻朗通过直接给予会员利益的方式来增加互动及私域拉新，用奶粉和婴儿周边这种刚需吸引宝妈转发产品信息，进行会员裂变，这些方式有效推动了会员增长。

这些营销行为设计的背后，都有数字化的支撑。

当用户扫罐内码上传出生证明获得优惠券后，后台为用户至少设计 10 个标签，如性别、年龄等。惠氏臻朗在后台统一了所有企业微信抽奖入口、公众号和物料入口，确保所有城市的用户都能进入官方私域。然后再从购买渠道、罐外码渠道、购买时间，以及兑换礼品偏好等方面，全方位分析用户消费行为，从而在小程序推送不同的优惠活动信息，提高用户活跃率。

专家科普利于增加用户对品牌的信任感，而会员运营的目的则是活跃用户，通过一个个有吸引力的点子，引导用户到门店兑换，则是在给门店引流。通过"干货输出 + 数字化运营"会员，惠氏臻朗不仅做了品牌营销建设，还帮助了线下渠道运营。目前，惠氏臻朗小程序已积聚了 300 万名用户。

10.2 强私域案例：大参林

大参林医药集团股份有限公司（简称大参林）成立于 1999 年，在广东起家，并逐步扩张至全国。大参林一直专注于中西成药、参茸滋补药材及中药饮片、保健品、医疗器械，以及其他商品的直营连锁零售业务，致力于为消费者提供优质实惠的健康产品和专业周到的服务。大参林的业务以药品零售为主，同时也有少部分药品批发业务。

根据大参林 2021 年报、2022 一季报、2022 中报，其营业收入额分别为 167.59 亿元、46.77 亿元、97.21 亿元，增速分别为 14.92%、15.22%、20.68%，营业收入一直维持增长的状态。2022 年上半年，大参林的零售药房业务占比为 90.33%。大参林现有门店数量为 8896 家，其中直营门店 7520 家，加盟门店 1376 家，会员数量超 6900 万。

【基本描述】

1. 企业画像

大参林属于低频、高互动的强私域模式，并具有一站式场景服务的经销型私域特征。

2. 私域规模

截至 2022 年上半年，大参林的私域规模为 6900 万名会员。

3. 私域策略

大参林通过以药物为核心的一套健康会员体验，给客户提供健康管理，并以补品为高频购买的利润点，实现高频带动低频消费。大参林构建开放式的药店零售全渠道生态体系，维护好会员关系、提升复购率。

4. 运营链路

（1）拉新

① 微信服务号

用户主动关注"大参林医药服务"微信公众号，系统即弹出问候语，用户随后可获得入会权益海报。该服务号是大参林的线上服务平台，通过这个入口，用户可以了解更多的健康知识和产品信息。

② 会员小程序

根据自身需求或者门店健康顾问提示，用户点击海报二维码即可进入会员小程序，经过微信授权和手机号绑定，即可成为大参林粉丝会员。该会员属于成长型会员，能够享受门店会员价，并获得积分。

③ 企业微信

如果有药品服务或健康咨询需求，用户通过添加门店健康顾问的企业微信，即可进入私域社群，并获得门店健康顾问的一对一精准服务。

（2）促活

① 多平台派券

大参林和交通银行、中信银行等平台尝试会员合作，在这些平台派发大参林的购物券。

② 会员积分多元化兑换

对于会员积分活动，大参林实行积分兑换多元化，在传统积分兑换米、面、油的基础上，增加了美妆产品、健身、写真、教育等项目，当会员积分累积到一定额度就可以兑换相应的产品。

③ 爆品秒杀

大参林在其小程序的每个活动时间段都会安排不同的滋补品 5折起售。

④ 互动性活动

大参林还推出一些互动性的活动，比如社区公益行等，在扩大企业品牌社会影响力的同时，也能够促进会员活跃度。

（3）留存

① 签到有奖

小程序会员可每日签到赚取积分，也可参与抽奖领取满减券。

② 社群服务

在社群内，店员会定期组织健康视频直播，推送健康科普知识，以及一些健康食谱，比如清热祛湿汤、健筋骨汤等。顾客有关药材、优惠等问题，也可以直接在群里询问店员和店长。

③ 免费量血压服务

大参林配备的专业药师，在为会员提供免费量血压、血糖等服务时，也会给出对应的建议，从而提升他们对大参林的信任感，并促进留存和转化。

（4）转化

① 线上转化：患者有用药需求时，可选择微信公众号页面右侧的"添加店长"选项，系统会根据地理位置匹配附近门店的健康顾问，添加后就能咨询用药问题，并且在健康顾问的指导下购买，等待药品被送上门。

② 到店转化：会员在有用药需求时，系统也能够根据地理位置，推荐距离最近的大参林门店，会员可以就近到店购买。

（5）复购

① 会员分层

目前大参林的会员分为普通会员和至尊会员，普通会员入会费为 5 元，用户开通会员即赠 10 元代金券；至尊会员的年费为 100 元，享有更多的优惠与服务，包括打折、返券、双倍积分、免运费等。用户成为会员之后，可以根据会员等级享受中药预定、药品查询、问医生、健康中心、送药到家等不同级别的服务。

② 复购率提升

会员分层之后，将有助于企业通过高额付费的方式，识别和满足不同人群的需求，同时帮助门店锁定长期用户，并进一步提升用户复购率。

【核心突破点】

1.更加强调 SKU 的品类和利润点

对于药店来说，医保定点是吸引客流的重要条件，大参林在2021 年的医保定点率已经高达 89%。但是，尽管有了这个流量优势，药店还是镀上了一层互联网公司的色彩：有客流，难盈利。

大参林的做法是开拓滋补市场。鉴于广东地区气候潮湿，催生了本地人特有的"祛湿"和"滋补"的养生理念，汤料成为本地特有的市场需求。在汤料中处于价值链前端的就是参茸产品，此类产品功能多，相比冬虫夏草、燕窝等"奢侈品"更便宜，还是当地不用做推广宣传也能卖出去的产品。

正是基于特殊的市场需求，大参林在内部采购上设立了中参管理组、中药采购组、参茸采购组、新品开发组；在供应链端，2016年大参林收购了广东紫云轩中药科技有限公司，从生产加工环节开始，涉足参茸中药饮品，从源头保证质量；在门店运营方面，大参林要求每个区域中心开设一家参茸总店，每半年根据季节品种和新品更新一次陈列。在后续的发展中，大参林还继续发展自有产品线，比如东阿阿胶、医美产品等。

从产品属性上看，在药房里，中参产品和非药品一直都存在强关联性。而从营销的角度看，中西成药具有治疗作用，需求量大，可作为"引流品"，为门店带来客流；中参产品和非药品不是刚需，但上游竞争空间广阔，大参林以打造自有品牌的渠道优势打造高毛利产品，可作为"利润品"。一前一后，一高一低，产品结构的设计十分到位。

大参林能够连年盈利依靠的主打产品是中参药材和非药品。2021 年年报显示，在 167 亿元的营业收入中，中西成药占比 67%，而毛利率仅有 32%；中参药材和非药品均占比 17%，毛利率分别为 42% 和 47%。并且，大参林中参药材营业收入占比和盈利能力远高于其他药店。从 2021 年的数据来看，老百姓大药房、一心堂、益丰大药房的中药饮片和参茸的营业收入占比分别为 7%、9%、9%。

2. 健康顾问打造 IP，与用户建立信任关系

大参林还建立了一支"参茸内训师"队伍，对中参内训师进行认证，向顾客印发宣传单页，传授煲汤方法或者现场熬汤优化顾客体验。当消费者（尤其是那些不懂药理、不会煲汤，但又想养生的消费者）来到大参林，店员不仅现场指导汤料搭配和煲汤技巧，还会在门店里煲好一锅汤让他们品尝。这一过程极有利于大参林树立专家人设：大参林的员工都是懂药理、会调理健康的养生达人。

大参林药房的人员配置一般是：店长、店员和执业药师，店长负责维持门店正常运转，如处理纠纷等，而受过培训的店员和执业药师就相当于健康顾问。所以，持有药师资格证的导购，其实相当于更加专业的导购。

银发人群和慢性病患者是药店的高频消费者。数据显示：实体药店的主力消费人群是中老年人，占比近 60%。截至 2018 年年底，我国 60 岁及以上老年人口达 2.5 亿，其中患有一种以上慢性病的老

年人比例高达 75%，失能和部分失能老年人超过 4000 万，老年人对健康服务的需求非常迫切。

对于慢性病患者而言，医院和药店是每个月都要报到的地方。相比医院等候时间长、医生问诊时间有限，开在社区内的药店显然更方便。因此，不少慢性病患者都选择在药店建立档案，准备长期治疗。他们来到门店之后，这些专家型导购都会和他们一对一交流，询问近况，提出下一步治疗建议。由于门店导购提供了专业而精细的服务，患者往往会对其产生信任感，这种好感会强化用户黏性，后续复购也就有了保障。

高利润和优质的服务相结合，造就了大参林优于同行的坪效比。对比各大上市药店，2020 年大参林坪效比为每天每平方米 89.5 元；老百姓、一心堂和健之佳坪效比分别为每天每平方米 63 元、46.23 元和 44.4 元。

3. 精细化会员管理

确定了主力消费人群后，为了更好地锁定和了解用户，大部分药店往往会采取会员制。目前，大参林的会员数是 6900 万，仅次于老百姓大药房。大参林会员制的优势是健康顾问 + 大数据，精准满足客户需求。

早期大参林吸纳会员的方法相当直接：打折、买赠，以非一般的力度造出差别极大的会员价和非会员价，给用户一个无法拒绝的理由。另外，大参林还在门店陈列处下功夫：不少门店外面都摆放着洗衣液、纸巾等日用品，标明会员领取赠品的条件，店内则把参茸汤料、瓶装保健品放在显眼位置，两侧是医疗器械（如轮椅）和中药、日用品等，用于会员"凑单"。

2016 年，大参林上线微信公众号，会员可以查询积分、商品库存，以及药品门店位置和活动。2018 年，大参林搭建智慧药店小程序，用户可以使用小程序完成会员注册，建立个人健康档案。借助微信生态，大参林赢得了大量的新注册会员。同年，通过专业的数字化平台——会员通，打通线上线下的顾客与大数据应用，对会员实现分级管理、标签分类，不仅包括姓名、年龄、性别、联系方式等基础信息，也包括健康消费需求，如消费习惯、消费频率、消费时间、客单价及购药记录、病史、风险评估等。

2020 年，大参林利用企业微信，打通人员架构、会员、商品等多个系统，帮助店员以企业微信添加顾客微信，把会员纳入私域，实现一对一的精准服务。

健康顾问是门店经过培训的店员及执业药师，会员平时能从健康顾问处了解在线药品订购，以及参茸补品的最新优惠等信息。如果是慢性病患者，如糖尿病患者，还可以咨询血糖计的用法和胰岛素的注射方法。另外，慢性病患者还会定期收到健康顾问的购药提醒（很多慢性病治疗重点是药不能断），和基于自己过敏史的健康及饮食指导。能够做到这种服务精细度，有赖于大参林一步一步搭建的数字化会员体系，让健康顾问可以对会员进行精确的用户画像分析，从而实现个性化运营。

10.3　线索型私域案例：三一重工

三一重工股份有限公司（简称三一重工）成立于 1994 年，业务覆盖全球 150 多个国家和地区。主营业务是以"工程"为主的装备制造业，覆盖混凝土机械、挖掘机械、起重机械、筑路机械、桩工机械、风电设备、港口机械、石油装备、煤炭设备、精密机床等全系列产品，是中国最大、全球第五大工程机械制造商，也是全球最大的混凝土机械制造商。

2021 年，公司起重机械营业收入 218.6 亿元，同比增长 12.6%。汽车起重机份额突破 31%，整体市场份额超 40%。大中型履带起重机市场份额继续提升，整体市场份额超过 40%。

【基本描述】

1. 企业画像

三一重工产品客单价较高，购买周期长，成交时间较长，属于低频、低互动、决策链路长的线索型私域。

2. 私域规模

截至 2022 年，三一重工各平台粉丝用户超 100 万人。

3. 私域策略

三一重工在微信公众号、视频号等多个平台布局线索孵化，通过发放"膨胀金"、优惠券的方式进行销售，并利用微信官方小程序进行直播，实现转化。

4. 运营链路

（1）触点布局

① 微信公众号

三一重工微信公众号是官方信息发布平台之一，平时发布文章和短视频，也是直播转化入口，用户通过微信公众号菜单栏、推文或社群直接点击链接进入直播。

② 短视频

三一重工在抖音和快手平台都有自己的官方账号，通过拍摄卡友的日常生活和温馨故事来吸引用户关注。

③ 活动

三一重工通过一系列活动（如线上宝马展、新春欢乐汇等）实现多渠道布局、获取流量触点，同时将流量引入官网，成功形成私域流量沉淀。

④ 三一机惠宝

三一机惠宝是集合产品展示、网上购机、推荐享佣金、线索下发、交易跟踪、会员赋能于一体的全员营销平台，实现无差别拓客营销模式，可以降低获客成本，有效刺激销售转化。

⑤ 搜索

三一重工在各平台用户的搜索入口进行了优化，只要输入"三一"就会出现三一集团或三一重工的产品信息，便于用户的搜索、查询和线索导入。

（2）线索孵化

在有新品发布时，三一重工通过抖音、快手等短视频平台提前进行预热"种草"。由于频率不高不会引起反感，再加上平时温情内容的沉淀让品牌有了温度，用户在心理上更容易接受。

（3）转化

三一重工在直播中加入优惠活动，激励用户"拔草"，促成转化。除了红包雨、口令互动、有奖问答等直播互动，三一重工还通过边看边买的方式实施了定金翻倍优惠的"膨胀金"策略，比如用户花 288 元购买购车券，在购买产品时即可抵扣 28 800 元。

【核心突破点】

1. 短视频"种草"

卡车司机、车主本身就是短视频的重度用户。《中国卡车司机调查报告 No.1》显示，在中国有 3000 万名卡车司机，一部分活跃在短视频平台（如快手、抖音和火山）上，他们称自己为卡友。卡友们长年奔波在路上，碎片化的短视频是卡友们消解孤独、结交朋友、互助找货的最好方式，也是重卡车企"种草"的最好方式。

三一重工非常重视和这个群体的沟通，旗下不同品牌都在抖音和快手平台开设了自己的官方账号，通过拍摄卡友的日常生活和温馨故事来吸引用户关注。以抖音为例，截至 2022 年 10 月，三一起重机（三一汽车起重机械有限公司）在抖音拥有 15.5 万粉丝，点赞数达 179 万，三一重卡（三一重工旗下的事业部）在抖音拥有 36.6 万粉丝，点赞数更高达 307.9 万。

2. 慢直播场景化带货

短视频平台虽然曝光快，但流量依赖算法，而且较为碎片化，"种草"容易"拔草"难。重卡、泵车、起重机这类重汽客单价高，动辄数十万，用户必须考虑性能、价格、应用场景等多种因素，而这些信息很难在有限的短视频中表达。

慢直播就是非常理想的场景化交互方式。慢直播的特点是时间长、内容专业、用户精准度要求高，而这些特点决定了慢直播面向的是私域流量。目前，三一重工在微赞直播平台上拥有 27.73 万粉丝，直播累计访问量高达 381.16 万。直播间在内容和场景布局方面展现了丰富的特点，具体如下。

（1）直播看车，专家解读

三一重工推出了掌上看车厅系列直播，通过直播带用户参观生产车间或者施工现场，并邀请专业人员对设备的性能进行讲解。

以掌上看车厅的 SSC1020T 起重机为例，主播在直播时带观众走进高原风电施工现场，并邀请专业的技术人员进行讲解。用户观

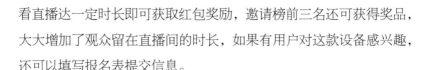

看直播达一定时长即可获取红包奖励，邀请榜前三名还可获得奖品，大大增加了观众留在直播间的时长，如果有用户对这款设备感兴趣，还可以填写报名表提交信息。

（2）节点营销，给予优惠激励拔草

在节点营销方面，三一重工的做法也值得推广。在新品发布、节假日、周年庆、宠粉节等诸多节点，三一重工不仅会做直播，而且还会在直播中加入优惠活动，激励用户拔草。

以 7 月帕尔菲格宠粉节为例，除了红包雨、口令互动、有奖问答等直播互动，还通过边看边买的方式加入定金翻倍优惠的"膨胀金"模式，比如前文提到的用户花 288 元购买购车券，在购买车时即可抵扣 28 800 元。通过这种方式锁定用户，并引导后续成交"拔草"，是高客单价营销比较有效的方式。

3. 数字重塑的组织结构

数字化转型不仅是技术的应用创新，也不只是无人工厂、智能化的生产方式，更重要的是实现组织结构的数字重塑。早在数字化转型初期，三一重工就建立了专业化管理平台，向全体员工发布数字化流程方法和流程规范，直达基层；随后三一重工成立智能制造研究院，给各个事业部智能研究所与中心赋能，做平台型数字化架构；公司要求 12 个事业部、各个工厂都要建立数字化转型团队，团队要下沉到一线员工中，推进数字化转型。

一切业务数据化，一切数据业务化。三一重工在日常经营管理方面全面推进数字化、智能化，实现 PLM（产品生命周期管理）、CRM（客户关系管理）、SCM（供应链管理）、GSP（供应商管理信息化系统）的协同运作。

10.4 线索型私域案例：蔚来汽车

2014 年 11 月，全球化的智能电动汽车品牌蔚来正式成立，该品牌致力于通过提供高性能的智能电动汽车与极致用户体验，为用户创造愉悦的生活方式。2021 年 6 月，蔚来汽车代表国产高端电动汽车参与全球竞争，超越大众，成为全球市值第三的车企。2022 年 5 月 20 日，蔚来汽车牵手新加坡证券交易所，正式登陆新加坡证券交易所主板挂牌交易。

2021 年，蔚来汽车新增近 200 家门店，进一步扩大了全国销售网络覆盖面。目前，蔚来全球门店数量超过 300 家。随着研发投入的持续增加，蔚来汽车已经在技术领域形成了护城河，建立了全栈自研能力。2021 年，蔚来汽车全球累计拥有专利及专利申请超过 4500 项，在全国布局了 777 座换电站，接入了 450 000 多个第三方充电桩。完善的充电、换电网络已经成为用户购车时选择蔚来汽车的重要因素，并长期推动蔚来汽车的销量增长。

【基本描述】

1. 企业画像

蔚来汽车属于低频、低互动、决策链路长的线索型私域。

2. 私域规模

截至 2022 年，蔚来汽车的私域规模为 200 万名会员。

3. 私域策略

蔚来在线上搭建内容"种草"社区 App，利用李斌个人 IP 和新势力车 IP，吸引用户和粉丝在社群内交流购车心得，打造蔚来汽车私域流量之间的亲密关系。在蔚来汽车的私域运营中，一方面可以把普通粉丝转化成用户；另一方面可以通过用户深度运营，达到产品转介绍的目的。而在私域运营中，蔚来汽车所收集的用户意见，可以用于新品研发或周边产品开发。

4. 运营链路

（1）触点布局

① 蔚来 App 是私域主战场。在首页，除顶部的官方内容之外，下方都是车主的动态分享，站在潜在客户的立场上，已购车主的经历就是最好的催化剂。这也符合蔚来汽车创造涟漪效应的销售理念：先培养种子用户，让他们切实感受到高品质的服务体验，然后自发进行传播。

② 微信公众号。蔚来汽车在微信公众号平台主要进行官方形象展示和内容传播，该平台是蔚来汽车的流量入口。

③ 短视频。蔚来汽车比较重视抖音账号的经营，一方面，视频是汽车驾驶体验的较理想的表达媒介；另一方面，抖音的时尚感更符合蔚来汽车的调性。

其他流量入口：微博、百度等平台也都是蔚来汽车布局的流量入口，通过话题讨论和关键词搜索，用户都可以找到蔚来汽车的信息。对于注重产品对比信息的耐消品来说，这种触点布局非常有利于用户体验。

（2）线索孵化

体验营销。蔚来汽车非常注重用户的体验，并把增强用户体验这种方式作为线索孵化的重要手段。比如用户在注册 App 之后，汽车顾问通常会迅速分析用户数据，通过留下个人资料和目标用户沟通，并推荐相应的试驾体验。体验结束后，汽车顾问会根据目标用户的评价来安排后续的服务环节。

用户转介绍。在耐消品的私域运营中，利用用户口碑和推荐是非常有效的营销方式。蔚来汽车建立了一套有效的私域会员驱动机制，通过忠诚粉丝运营，形成了良好的产品转介绍价值。目前，蔚来汽车有 69% 的订单来自老用户推荐。

（3）转化

蔚来通过用户的 UGC "种草"，搭建了一个外人无法复制的私域转化漏斗。在积分系统的激励和蔚来汽车 CEO 的鼓励下，以车主的 UGC 为主的内容生产体系有着很强的自主造血能力。最重要的是，车主们的真实用车体验，对于尚未成为蔚来车主的注册用户而言，是一种有力的"种草"工具。

【核心突破点】

1. "服务无忧"打造亲密关系

在蔚来汽车看来，挖掘用户用车周期的长久盈利，与产品售卖同等重要，前者甚至决定了后者的价格。所以，用户本身才是重点，因为蔚来汽车要通过"用户运营"打造一个"用户企业"。所以，蔚来汽车的优质服务一直是很大的卖点。

蔚来汽车承诺有专门的团队负责上门取车 / 送车，帮车主解决维修、保养、充电 / 换电、道路救援、保险等大部分与用车有关的麻烦事。在不出险的前提下，蔚来汽车的"服务无忧"基本上和用户买的商业保险一样，但是却多了一部分"服务无忧"的权益。

早在 2018 年蔚来汽车第一批汽车开始交付的时候，蔚来汽车就给每一座出现新蔚来车主的城市配备了一支售后服务团队。即便某小城只有一个蔚来车主，也会配备专门负责取车 / 送车的服务专员，以及与各个合作方（维修保养、道路救援、保险等）对接的员工。2022 年，蔚来汽车"服务无忧"在不提价的基础上，还增加了多项保障内容，如新增了外部电网故障损失、自用充电桩损失和自用充电桩责任所对应的保障内容。

然而，蔚来在给用户带来惊喜的同时，也造成了"惊吓"：2019 年蔚来汽车服务体系单个季度亏损 10 亿元以上。但却意外得到了消费者狂热的支持。在蔚来汽车资金吃紧的情况下，这些"私域用户"们不但自掏腰包办车主日，做活动策划，买广告位，还亲自挑大梁担起蔚来的 PR，与黑粉在线上斗智斗勇。甚至还有车主在车展帮忙卖车，给自己定下 KPI。据悉，某车主一年内推荐蔚来汽车多达 300 余次，共卖出 19 辆汽车。

蔚来汽车创始人李斌曾经透露，用户服务作为蔚来汽车商业模式的核心内容，这些服务项目背后是一块"很难被压缩的成本"。蔚来汽车总裁秦力洪则表示，蔚来汽车的服务体系在财务上的最终目标就是"收支基本打平，允许微亏"。用服务养"刁"用户的胃口，让用户很难在短期内，在全国甚至全世界范围内找到比蔚来汽车服务更好的品牌。

2. 社群运营促成用户转介绍

蔚来 App 注册人数达到 200 万，日活跃用户数达到 23 万。对于蔚来汽车而言，这是其私域运营社区，也是其为车主提供服务和养成忠诚用户的主要阵地。

围绕这些私域用户，蔚来汽车设计了一套有效的会员运营体系，并通过蔚来积分和蔚来值来实现管理驱动。蔚来积分是一种虚拟币，主要针对普通粉丝，粉丝可以用积分来兑换蔚来商城的各种礼品和线下产品等；蔚来值则决定了用户对蔚来社区的贡献，蔚来值越高，用户在蔚来社区的等级就越高。通过这种方式，一方面可以促进非车主的体验和转化，另一方面也可以用荣誉激励用户转介绍。

蔚来 App 是一个小红书、微博的集合体。关于蔚来的车、服务、车配件、活动甚至衣食住行等，用户都可以在这看到。用户也可以在上面发布生活日常，甚至可以通过兴趣关键词选择社交群组局玩耍。蔚来汽车在社群中还会进行用户共创内容，如《讲真！千万不要在节日找蔚来》，蔚来汽车总裁秦力洪正为该帖子"加电"（打赏）。上至创始人李斌、总裁秦力洪等高层，下至业务员，蔚来汽车每个人都在做用户关系管理。

在社区会员的管理中，蔚来汽车可以说是手段的集大成者。打卡、发帖、关注、被关注、评论、被评论、组建讨论小组，都可以为用户增加粉丝和分值。随着用户的粉丝越来越多，用户在社区的贡献也越来越大，甚至还会被加"V"。用户可以从 KOC 变成网红，收获价值感。

用户使用 App 的时间越长，蔚来值越高，参与线下活动的机会就越多。一旦用户可以参加线下活动了，App 就会对用户说：欢迎成为蔚来（汽车）的"员工"。值得一提的是，2019 年蔚来汽车曾花 8000 万举办了一场车友盛会，报销车友的往返路费、安排车友入住五星级酒店的行为一度让蔚来汽车成为最宠粉的品牌。

蔚来汽车运营用户，让用户在自己身上花时间和金钱，让用户在各个环节建立情感。蔚来汽车培养出用户的认知——蔚来汽车的服务是值钱的。结合那些价值感，蔚来汽车的心理价位就提高了。

因此，蔚来汽车这套以积分为度量的社区成长体系，是品牌与用户之间的增稠剂、催化剂，会带来非常理想的循环价值：催化一般粉丝变车主，催化一般车主变忠粉，忠粉再推荐新人买车。

10.5　经销型私域案例：东鹏特饮

东鹏饮料集团是深圳老字号饮料生产企业，目前在广东、广西、华中、华东等地设立了事业部，并在广东、安徽、广西等地设有生产基地，销售网络覆盖全国超 200 万家终端门店。

中国饮料协会数据显示，2021 年，东鹏饮料集团主打产品东鹏特饮在我国能量饮料市场销售量的占比是 31.70%，是我国销量最高的能量饮料，市场份额占比 23.40%，排名第二。未来，东鹏饮料集团将加速全国化布局，持续开拓终端网点，强化产品曝光度，提高单点产出。东鹏饮料集团一直致力于推动能量饮料行业的发展，成功构建"东鹏能量 +"品牌矩阵：东鹏特饮、东鹏 0 糖特饮、东鹏"她能 SHE CAN"等；同时，推出东鹏大咖、由柑柠檬茶、陈皮特饮、东鹏饮用天然水等品牌。

2021 年 5 月 27 日，东鹏饮料集团在上海证券交易所完成 IPO。2022 年 8 月 25 日，2022 年凯度 BrandZ 最具价值中国品牌 100 强榜单发布，东鹏特饮以 21.73 亿美元的品牌价值首次登榜，展现出强大的品牌实力。

【基本描述】

1. 企业画像
东鹏特饮属于高频、低互动、多链路的经销型私域。

2. 私域规模
截至 2021 年，东鹏特饮的累计不重复扫码用户已数经超过 1.4 亿。

3. 私域策略

在经销型私域中，东鹏特饮采用了典型的 F2c2b 模式。东鹏特饮采用"一物一码"营销方案，进行一系列精细化运营，以促进门店终端活动推广。"一物一码 + 小程序 + 公众号"深度连接、绑定终端门店，利用门店的推力，实现与用户之间的"零触达"。

4. 运营链路

（1）F 端：产品满足用户，技术赋能小 b 端

东鹏特饮采用"一物一码"营销方案，在瓶盖中印上"消费者扫盖内码，赢第二瓶现金红包"。消费者只要扫盖内码，就有可能获得红包奖励或是到门店 1 元兑换 1 瓶东鹏特饮的机会。在这个环节，东鹏特饮持续用奖励来驱动消费者扫码，让其进入小程序，成为"私域用户"。

（2）C 端：发放红包促进销售

东鹏特饮小程序微商城集合了签到有礼、客服咨询等功能，通过店铺专享券、无门槛券吸引消费者注册成为会员，提升消费者对品牌的认知度。通过"一物一码"引导线下消费者关注微信公众号后，系统将进一步展示 SKU 信息，提升消费者的购买欲和品牌曝光率，让用户对产品持续付费，增加复购率，并将东鹏特饮的营销活动信息通过社交传播的方式介绍给其他用户。

（3）b 端：商户会员系统

这个商户会员系统其实就是一个 B2b 的小程序，与消费者互动平台一样，物码和小程序是它运作的基础。门店进货后，店主扫描箱内的二维码，填写店铺基本信息，即可成为商户会员。东鹏饮料集团针对商户会员，有两重奖励。第一，注册即有现金和积分奖励，而且会员分级，扫码越多，级别越高，奖励越多。第二，扫箱码的

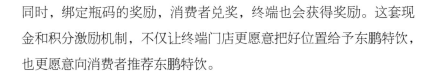

同时，绑定瓶码的奖励，消费者兑奖，终端也会获得奖励。这套现金和积分激励机制，不仅让终端门店更愿意把好位置给予东鹏特饮，也更愿意向消费者推荐东鹏特饮。

【核心突破点】

1. 打破定位困境

东鹏特饮的成功，主要是因为其采取了用户思维，围绕用户需求解决自己的定位问题，并找到了用户的 MOT。

在人群选择上，为了避开与主要竞争对手红牛（饮料）的竞争，东鹏特饮把加班加点赶路的货车司机、工地干体力活的工人、工厂里的厂线工人等作为核心目标人群。这个人群特征很明显：需要体力和精神，但经济条件有限。

为了满足这些人的需求，东鹏特饮做到了以下两点。一是在价格调整中充分考虑了这些人的承受能力。比如在早期，东鹏特饮的包装从成本高的三片罐改成了带盖塑料瓶，成本下降了，价格也下调了，颇受用户欢迎。二是把产品送到人群容易购买的地方。比如广东东莞就是东鹏特饮的主打区域，2000 年前后，东莞和香港"前店后厂"模式让东莞的工厂产量暴增。在这种情况下，东鹏特饮在东莞的年销售量达 2 万箱，2012 年销售额就突破了 1 亿元。

实际上，在业务开拓的早期，东鹏特饮在渠道选择上，会避开一、二线城市的大小商超，直接寻找大街小巷里的夫妻小店、社区门店、工业区里的杂货店、加油站等。当然，还有三、四线城市。

除渠道之外，东鹏特饮对用户的 MOT 把握得很好。MOT 更完整的表达是"ZMOT"，即消费者产生购买意向的"第零真实瞬间"（Zero Moment of Truth），最早由 Google 提出。其后，宝洁在其独自的市场调查中提出，"消费者在看到货架上的商品之后，在最初的 3 ～ 7 秒就能做出购买哪一件商品的决定"。也就是说，商品的配置和陈列等，都是影响消费者做出购买决定的重要因素。于是，宝洁将此称为"第一真实瞬间"（First Moment of Truth）。简单理解，"MOT"就是用户产生"想要"这个念头的关键时刻。而更重要的是：什么让用户产生了这个念头？

东鹏特饮首先在广告上牢牢抓住用户的 MOT。比如"累了困了喝东鹏特饮"就是用最简洁的语言说明了产品能为用户解决什么问题（有什么作用），品牌、场景、需求，一应俱全，核心卖点和潜在意思都表达得十分清楚。再加上大量的广告"轰炸"，在用户有需求的时刻，就可以马上产生条件反射。

其次在包装上，东鹏特饮的胶瓶装不仅解决了罐装饮料的存放痛点——易拉罐一旦打开就无法再封口，还增加了卡车司机的"烟灰缸功能"，可以说一举两得。

2. "一物一码"的渠道营销

在快销品的营销中，渠道管理是非常重要的环节，在销售毛利不高且不增加销售人手的情况下，东鹏特饮采取了"一物一码"的驱动模式，实现了产品、渠道和消费者之间的有效互动，有效提升了终端的动销能力。

东鹏特饮采用的"一物一码"模式：规划业务员拜访路线，记录并考核拜访时间、地点及商品陈列效果，定期记录经销商的库存情况，传递销售网点的补货信息等，相当于直接对接大 B 端；而通过开盖扫码的方式，实现了与 C 端的连接，直接面对消费者营销。

但是，东鹏特饮做法的新颖性表现扫码激励的设置上。

2015 年，东鹏特饮自建了"一物一码"系统——"鹏云风"，总共设计了 3 个码：箱内码、瓶身码及终端专用码。扫"箱内码"的人一般是终端，扫码之后，总部即可知道这箱货卖到了哪个地方，以及这个地方的销售情况如何，而终端扫码的时候可获得额外的奖励（几块钱不等）；"瓶身码"一般由消费者扫描，一旦消费者中奖，就涉及兑奖——这时消费者就需要扫描东鹏特饮给终端提供的"终端专用码"，凭此行为兑换相应的奖金。

与此同时，在消费者中奖并兑奖的情况下，终端也会收到东鹏特饮的一笔额外奖励。光在一个终端专用码上，就已经涉及三方，东鹏特饮、消费者和终端的数据和互动。也就是说，3 个码，B、C 端一手抓。同时，也是最重要的，终端卖一箱东鹏特饮，除可以获得饮料本身的利润之外，还可获得箱内码和终端专用码两笔奖励。这相当于不断提醒终端：卖东鹏特饮可以获得更多的利润。

事实上，除了销售利润，门店主还能从进货、兑奖、陈列 3 个环节获得东鹏的奖励，数额可能不多——开箱扫码红包为每箱 0.5 元，但在销量不错的前提下，红包聚沙成塔，门店主的收入也会积少成多。根据东鹏饮料 2021 年年报，其经销商毛利率达 44%，销售利润可观。

如此让利于门店主，东鹏特饮在 2020 年支出红包就超过 6 亿元，这能为品牌换来什么？实际上，通过利益驱动，东鹏特饮得以了解到经销商进货的信息，防止窜货。此外，品牌方可以与门店主直接沟通，结合 AI 图像自动识别门店特色，从而让门店主根据东鹏特饮的营销需求进行陈列，让销售更精准。

东鹏特饮通过"一物一码"实现了"连接"。私域的核心是连接，品牌能否连接到经销商和消费者是精准营销的关键，而不是从表面看建了多少个社群，拥有多少个私域用户。通过"一物一码"赋能小 b 端和 C 端，东鹏就掌握了两端数据，加深了和消费者的互动，也实现了对 200 多万名终端商户的管理。

截至 2022 年 8 月，东鹏特饮的累计不重复扫码用户已经超过 1.4 亿。由于东鹏在瓶身码上绑定了产品的生产信息，根据消费者扫码记录，东鹏特饮可以了解到不同产品的被消费频次、不同城市的消费偏好、产品占比等具体数据，从而制定精准的推广策略。另外，通过对沉淀数据的清洗、分析，东鹏特饮可以得到精准的消费者画像，包括年龄、特征、消费偏好等，从而进行精准投放。

10.6 经销型私域案例：名创优品

成立于 2013 年的名创优品（MINISO），致力于为消费者提供丰富多样的创意生活居家产品，是一家全球化发展快速的零售企业。

2022 年，名创优品正式启动品牌升级战略，推出全新品牌口号"点亮全球 99 国美好生活"。名创优品已经成功进入全球 100 个国家和地区，在全球范围内拥有超过 5000 家门店，遍布纽约、洛杉矶、巴黎、伦敦、迪拜、悉尼、伊斯坦布尔等全球知名城市核心商圈。核心 SKU 大概为 8000 个，平均一家店有 3000 多个 SKU，覆盖了 12 个大类、200 多个细类的商品。2022 年 7 月，名创优品成功登陆香港交易所。

【基本描述】

1. 企业画像

名创优品属于高频、低互动、多链路的经销型私域。

2．私域规模

截至 2021 年年底，名创优品拥有 5700 万名会员，企业微信私域积累用户数超过 2000 万，留存率接近 75%。

3．私域策略

名创优品围绕"低价 + 好物"的品牌定位，依靠线下引流吸引大量用户进入社群。在社群中，名创优品设计了一套金字塔结构的分层体系进行会员管理，并由此开展内容生产、分发的社群精细化运营。

4．运营链路

（1）拉新

① 门店导流

在名创优品的店内随处可见私域引流的二维码，此外，在用户付款时，收银店员会通过福利引流。线下导流的入口是企业微信。名创优品引流品的选择也在根据用户需求不断调整，从开始的购物袋到口罩，不断洞悉需求，真正与用户同频共振。

② 微信公众号

名创优品旗下有众多微信公众号，其中主号"名创优品"粉丝数量更是超过 3200 万。用户在关注微信公众号后，就会被推送到私域添加入口。具体路径为：公众号自动回复语（"链接"）→添加福利官企业微信→福利官发送社群链接→进入社群。

③ 小程序

名创优品的小程序除了具有线上购买的功能，还承载了重要的私域引流入口。具体路径为：会员中心→社群福利→添加福利官企业微信→福利官发送社群链接→进入社群。

（2）促活

以官方运营的社群为例。用户入群后会第一时间触发自动欢迎语，用户回复"五折""福利"等关键词可以享受福利，并被告知社群的价值，被引导至小程序。群公告会告知福利的内容和领取方式，也会发布相应的群规，让用户感受到规范的群管理，使用户的归属性更强。

（3）留存

① 微信视频号

名创优品旗下的微信视频号承担着卖货直播、招聘信息、品牌宣传等不同内容职责。以主号"名创优品"为例，主页中有微信公众号的入口，视频内容主要以品牌宣传、产品"种草"为主。

② 抖音

名创优品在抖音平台建立了庞大的账号矩阵，几个主要账号的粉丝数总和超过百万。视频内容主要包括品牌宣传、产品"种草"。主号每日会准时开启直播，主要以带货为主。

③ 小红书

目前粉丝数超过 43.9 万，内容主要以产品"种草"、活动介绍为主。

④ 微博

目前粉丝数为 385.2 万，内容主要以活动宣传、产品"种草"、用户转评赞为主。

⑤ B 站

目前粉丝数为 3.1 万，内容主要以品牌宣传、产品"种草"为主。

（4）转化

① 公众号

在用户关注了名创优品的微信公众号后，平台会第一时间发送福利链接，引导用户进入商场购买。另外，平台在微信公众号推文末尾会引导用户进入商城下单。

② 小程序

在名创优品的小程序主页里，放置了新人专属礼包和限时秒杀等窗口，用于引导用户购买产品。此外还设有 IP 文创专区，以吸引更多圈层的用户下单。

③ 社群

在名创优品的私域社群中，定时会发送产品"种草"、福利介绍的内容，引导用户下单。

④ 微博

在微博平台上，名创优品会通过各种福利活动，引导用户下单。

⑤ 抖音

在抖音平台上，名创优品会通过视频和直播引导用户下单。此外用户还可以进入粉丝群，在群里下单。

⑥ 小红书

名创优品的小红书主页挂了店铺的链接和线下门店入口，此外在产品"种草"的笔记、评论区中也有引导用户下单的内容。

（5）复购

目前，名创优品在小程序和电商平台上设有会员体系。小程序上有成长型会员＋积分体系，另外还有付费会员卡，以促进会员复购。电商平台的会员体系则比较简单，只有简单的成长型会员＋积分体系。

【核心突破点】

1. 会员分层

截至 2022 年 8 月，名创优品拥有超过 5700 万名注册会员。名创优品的私域运营经历了几个阶段，从最初的私域拉新路径设计、SOP 沉淀、基础内容体系沉淀，再到 2021 年年中开始的 2.0 阶段。

对于社群，名创优品最开始设计了一套金字塔结构的分层体系：从底层的泛人群，到中层有兴趣标签的品类人群，再到顶层的核心 KOC 用户，并基于此开展内容生产、分发的社群运营。

在金字塔模型中，各层次人群有着不同的需求。底层泛人群大部分是基于门店而来的用户，对福利、促销和价格很敏感，因此名创优品给他们推送有优惠力度的精准产品。中层人群有品类、IP 偏好，名创优品可以利用他们对商品 IP 的兴趣，推送一些专属的优先抢购产品和专供款等。而顶端人群不仅购买频次高，同时非常乐意分享，希望通过分享自己的购买经历打造人设，因此名创优品会为他们制造发声空间，让他们不断地创作、分发内容。

名创优品对私域的看法是：在建立关系的维度上，重点进行沟通与服务。与用户建立长期关系首先要读懂用户。名创优品的客群画像一般是学生或者是初入职场的白领人群，男女比例是 3∶7，年龄在 16 ～ 28 岁。他们是名创优品私域用户的典型代表，消费频次高，在精细化运营下，客单价也不断地提高。截至 2022 年 8 月，名创优品企业微信累计拉新用户数量超过 2000 万，留存用户数达 1500 万，留存率接近 75%。

2. 个性化标签

在社群运营的第一阶段，名创优品开展的是较泛化的活动，即千人一面，开展基础的互动、促销、调研。到第二阶段，名创优品开始划分社群的生命周期，向不同周期的社群推送不同种类的活动。

当前是第三阶段，名创优品紧紧围绕用户的兴趣和更加细分精准的标签做运营。以品类为例，名创优品的 12 个大品类中有几个特别适合作为私域品类，比如潮玩、盲盒。名创优品将这一品类的私域用户引导到社群，激发他们主动分享。实际上，基本不需要做太多引导，用户都会非常积极地分享，在这种氛围下社群会有较高的转化率。

在社群内容推送上，根据人群特性、用户需求组建好社群后，名创优品首先运用聚类分析的方法进行社群运营，对推送的品类、活动，以及内容的关键词都有所设定，结合用户需求定制活动。

例如，针对以白领妈妈为主的社群，推送消息的时间会选择吃饭前后，内容以"改造厨房""低卡不胖的零食"为主，选品上偏向于茶包、餐具等居家类产品。面向 IP 控人群则主推 IP 产品，如盲盒、公仔等，关键词是"隐藏款""猜盲盒""先到先得""盲盒新品上新"等。目的是不断激活社群用户的需求，提高转化率、复购率。

传统电商模式是"人找货"，用户有了精准需求才进店消费，而在私域运营中企业要"货找人"，基于用户的标签，激活用户需求。快闪群是一个典型的例子。2022 年"双 11"期间，名创优品开展了很多快闪群活动。以洗脸巾为例，名创优品通过用户中台的数据反馈，抓取消费过洗脸巾的用户并在私域中进行匹配，接着在不同的社群里发布活动信息，以此吸引这部分精准用户。同时 KOC 下场助阵，营造氛围，并制定激励机制，消费者只要晒单就可免单。最后名创优品在 13 小时内快速聚集了超过 1 万名有精准洗脸巾需求的用户，相对于自然流量而言，快闪群模式的销量提升了 60 多倍。

这种模式不会过度打扰到通用社群里的用户，因为名创优品大概有 5 万多个社群，不可能将每个活动信息都一一推送到各个群里，这对用户来说是一种过度干扰的行为。

每个用户进入私域后，其标签会不断完善，最初平台只能看到用户的性别、地域等基础信息，后来平台会根据用户的互动情况及行为（比如与名创优品的对话、登录小程序后的浏览、点击、加购等行为）轨迹，增加用户消费周期、活动偏好、细分品类和 IP 偏好等标签。

在名创优品超过 5700 万名的会员中，标签用户数量已经超过 50 亿，每个用户身上大概有 90 个标签，而且标签处于动态的变化发展中。

3. 内容共创

在社群运营的过程中，名创优品发现私域用户更愿意购买 IP 产品，这启发了名创优品要以私域用户的兴趣为导向，读懂用户，从而更精准地推送商品内容，提升用户生命周期价值。

为了更贴近消费者，名创优品打造出了自己的私域 IP 形象——小名同学，他也是名创私域的主理人。小名同学的形象、昵称都是用户票选出来的，IP 形象很适合与用户不断建立关系。名创优品的 IP 在最初只是一个头像，到后面有了节令的换装、表情包，更接近于人格化的形象。名创优品后来又打造了 IP 的朋友圈，做场景化的生活内容输出，使其越来越像一个真实的人。

IP 的名片：女性，22 岁，月收入 4000 元，是一个职场新人，情感状态是单身，生活中的形象是在租房的"月光族"，特征是爱吃等。用户看到这些标签会投射到自己身上，会觉得这个 IP 非常亲切，也乐于与 IP 交流，建立彼此之间的信任关系，而不是在进群领取完福利之后就离开私域。

近年来，名创优品一直坚持 IP 战略，与很多 IP 合作，并推出了一些文创类的产品，比如草莓熊等。从新品规划、消费者调研到让买手做产品的打样，再回到私域社群中让用户投票，接受反馈，选出产品等一系列动作后，名创优品开始通过小程序进行预售。这种 IP 共创方式也给名创优品带来了意外收获，一直以来名创优品的产品价格都不高，但定价较高的草莓熊在社群和直播间里却成了销售冠军，所以名创优品有了快速做第二轮返单的信心。

在不断与私域用户沟通的过程中，名创优品实现了产品的精准迭代。这不仅体现了名创优品可以快速响应用户需求的供应链优势，还能将私域用户从普通消费者变成整个产品和生意的深度参与者。名创优品将用户看作整个品牌的共创者，而且私域除可以挖掘用户的生命周期、创造更大的生意价值外，还能为企业带来其他增量。对于零售企业，从产品开发的角度来讲，可以从私域中得到用户反馈，并以此调整产品结构，做好 C2B 产品开发和柔性供应链的备货。这是一个双赢的局面。

除了产品共创，名创优品还和私域用户一起实现了内容共创。"双11"期间，名创优品发布了"名创草莓熊"和"名创双11"的话题，引导用户在小红书上发布笔记，最终产生了不少点赞量过万的内容。

具体到细节，名创优品的 KOC 有两类：一类是野生小助理。这部分 KOC 还停留在私域中，主要帮助官方运营私域社群，他们是社群里的氛围组，非常活跃；另一类是全民"种草官"，帮助品牌在公域里安利产品、引流。

而在成本上，名创优品只是推出了几十张 79 元的会员年卡，就调动了用户的积极性，产生了6000 多篇（这个数字还在持续增长）内容，整个话题的浏览量至今已破 1200 万。小红书一个普通的

KOC 广告费大概是 200 元，一篇 10 万 + 浏览量的网红笔记，费用高达数千甚至上万元。所以，名创优品利用私域极大地降低了营销的费用，同时产生了很好的效果。

4. 利用数字化提升效率

名创优品的做法是与 IBM 合作，打造以 SAP（企业管理系列软件）为核心系统的全球业务运营服务平台，对物流、运营等进行全方位的数字化变革。

这个全球业务运营服务平台就是名创优品版的中台。通过对库存、消费等数据监控，名创优品在前端根据产品消费数据对店铺动线等进行调整，形成千店千面；在后端实现了精准采购补货，快速周转。

名创优品在进行门店扩张时，采用的是加盟制。众所周知，加盟制是适宜快速扩张的制度，但当企业的规模足够大后，却可能成为企业发展的掣肘。

这是因为运营数据都掌握在众多加盟商手中，企业要整合不同加盟商的运营数据，协调起来困难重重。所以企业通常会"放权"，让加盟商自主经营，但长此以往，门店的运营质量不能保证，品牌口碑就有下滑的风险。按理来说，这些困难足以让名创优品倍感头疼，但名创优品在加盟制度方面做到了其他企业做不到的事情——直接接手门店的管理（包括门店人事任免、店铺动线设计等），让加盟商当"甩手掌柜"。

这得益于名创优品对门店进行的数字化升级。众所周知，门店所处的城市不同，以及门店的具体位置差异（比如是位于商业街、社区还是大型购物中心），都会影响到具体 SKU 的销量。而这些影响因素都会化为数据，整合到名创优品总部用于分析与策划，从而实现千店千面。

比如，同一条购物街的两个门店的单品销量前 5 名都是蓝牙无线耳机、名创冰泉、毛巾、洗脸巾、化妆棉，它们可能会基于不同的目的，分别将这 5 个 SKU 摆在门店最显眼的位置（方便用户快速找到最想要的产品）和最深入的位置（延长用户的购物时间，提高其他 SKU 的浏览量）。

名创优品在全国建立了 10 个大型仓库，分布在华南、华中、华北、西南、西北等几大区域，通过这些大型仓库统一发货，对门店的配送频次平均为两天一次，对销量高的门店则进行每日配送，在店铺密集区采用专车配送，一辆车为几家店配送，在店铺分散区则通过物流拼车配送。

通过数字化的后台管控系统对门店的库存进行监控，当监测到某些 SKU 库存不足时，物流部门会从相应区域的大型仓库调货，在配送日将新的和库存不足的 SKU 一同发出。据称，名创优品的周转时间压缩到了平均 21 天，而传统零售的周转时间在 3 ~ 4 个月。

10.7　经销型私域案例：瑞幸咖啡

瑞幸咖啡采用无人零售、实体店及外卖的运营方式，通过 App 线上下单、扫码自取等方式售卖产品，引进瑞士进口咖啡机，产品采用阿拉比卡咖啡豆制作，为用户提供美式咖啡、拿铁、澳瑞白等产品。

瑞幸咖啡 2022 年财务报告显示，其全年总净收入达到 132.93 亿元，同比增长 66.9%。截至 2023 年 3 月 31 日，瑞幸咖啡在中国有 6310 家自营门店和 3041 家联营门店，累计消费客户数达 1.5 亿。

【基本描述】

1. 企业画像

瑞幸咖啡属于高频、低互动、多链路的经销型私域。

2. 私域规模

截至 2021 年，瑞幸咖啡的私域规模为 1620 万名会员。

3. 私域策略

瑞幸咖啡主打外卖咖啡和快取店模式，支撑无限场景，主推性价比高的产品，并通过社交传播、送 TA 咖啡、下单送券、充值等方式实现拉新裂变，吸引新用户下单，以此形成循环。早期用户购买瑞幸咖啡只能在 App 上下单，后来随着微信生态的壮大，增加了小程序下单，激活了微信生态内的存量用户，并提升了复购率和活跃度。

4. 运营链路

（1）拉新

① 线下

瑞幸咖啡线下门店设有台卡、海报、易拉宝、人形立牌等二维码展示物料，门店人员也会以优惠券为利益点引导用户加入福利群、下载 App；瑞幸咖啡还会在各大写字楼投放电梯广告，上班族在坐电梯时就能看到。

② 线上

瑞幸咖啡在线上的引流主要依靠微信公众号、小程序与 App 三大渠道，以折扣优惠券为主要利益点引导用户点击，所有的入口最终都落到同一个引流页面——企业微信。

在公众号欢迎语、菜单栏中设有福利群入口。此外，瑞幸咖啡微信公众号平均每篇头条文章的浏览量都在 10 万以上，在微信公众号文章中放置群二维码，为社群导流。

目前，瑞幸咖啡的订单大多来自微信小程序和 App，所以这两个平台也同样承载着巨大的流量，瑞幸咖啡在这两大平台的首页和支付成功页面通过小图标、Banner 或者显眼位置设置领取大额券的方式，吸引用户点击进入引流页，最终转至社群。瑞幸咖啡福利官不定期向客户推送分享裂变小程序，比如邀请 2 人入群即可领取 3.8 折优惠券。

（2）促活

用户添加瑞幸咖啡企业微信号后，首席福利官会自动发送一个入群指南，直接通过用户的定位生成对应的社群二维码，让用户能够加入最近的门店群。门店可以根据自身情况设定折扣商品，实现"千店千券"式营销。

（3）留存

在内容营销方面，瑞幸咖啡通过朋友圈、公众号、视频号等渠道发布新品上市、优惠券领取和到期提醒、活动预热等内容，全面、随时地向用户"种草"。

① 朋友圈经营：在朋友圈主要推送单品信息，每天推送不同的饮品信息，话术和配图都非常吸引人，最后用折扣的方式来督促顾客立即下单。瑞幸咖啡非常擅长借助各类节日及与上班族相关的时间节点进行朋友圈经营，比如母亲节、儿童节等节日，甚至周末这一时间点，瑞幸咖啡都会在朋友圈文案中提到，从而吸引用户注意。

② 社群"种草"：通过抽奖、拼手速赠券、社群直播、社群专享优惠券等形式，辅以新品活动的图文推荐，促使顾客下单。

③ 个人号：瑞幸用的是服务号，所以一周只发一次推文。在推

文中，内容比重分别是：产品推广＞品牌故事＞联名活动＞周边。

④ 视频号：视频不定时更新，更新的视频当天 15:30 会被发送在社群里推广；直播大多时候以"慢直播"的形式进行，不推销产品，而只是单纯直播咖啡店里店员做咖啡的日常；直播界面显示"瑞幸线上咖啡店"，但直播页面左侧会配有"今日推荐"和"每日优惠券二维码"。

（4）转化

瑞幸咖啡在产品研发上不断地推陈出新，推出不少爆款产品。比如，瑞幸咖啡在 2022 年推出的"生椰拿铁"，一上市就成为"1秒内售罄""全网催货"的爆品，诞生不到一个月就卖了 1000 万杯，创下新品销量最高纪录。当前，瑞幸咖啡已经形成了咖啡 + 茶饮的新模式，并开发以咖啡为"辅"的系列新品。

（5）复购

除了每日开展社群运营以提升用户复购能力，瑞幸咖啡还推出了一系列活动，比如购买月卡、15 天内下单 3 次解锁 3.8 折饮品券、积攒勋章等活动，并在 App 和小程序上设有激励用户持续消费的提醒。

【核心突破点】

1. 外卖咖啡和快取店支撑无限场景

在品牌战略方面，瑞幸咖啡提出了 Any Moment 无限场景。星巴克创始人提出了第三空间，咖啡店要给人们提供一个社交空间，所以星巴克非常重视零售门店的位置、装修、音乐、舒适度，这是传统零售非常注重用户线下体验的典型表现。

针对这一点，瑞幸咖啡在早期做了系统的分类，将店面分为 4

个类别：第一种是旗舰店，用于提升品牌的调性；第二种是悠享店，即商业咖啡店，方便用户线下交流；第三种是快取店，针对有"快速需求"的商务人士；第四种是外卖厨房店，满足有外卖需求的用户。

2018 年前后，外卖需求急剧上升，但星巴克和 Costa 这样的传统巨头在当时均不提供外卖服务。这让瑞幸的初创团队看到了外卖咖啡的巨大需求，以及两个可能满足需求并进一步打开市场的方向：一是开更多的门店，二是降低客单价。在降低客单价的过程中，沿用至今发挥过突出作用的方法，既包括由数据驱动的供应链效率和由自动化设备驱动的门店效率的提升，也包括以线上外卖为起点的对第三空间的舍弃。

在门店效率的提升上，瑞幸咖啡重点发展的是快取店。轻型的超级柜台，租金少、面积小，但效率很高，早高峰、午高峰出货数量多，无论是上下班还是楼内开会、接待客人，用户都需要一杯咖啡。瑞幸咖啡以此锁定了线上线下的流量入口。如今，瑞幸咖啡超过90% 的门店都采用了快取模式，满足了大部分人的多元化产品需要。

2. 社群运营

微信社群成为瑞幸咖啡分区管理、盘活留存的私域阵地。当用户识别社群二维码后，会被自动分配至定位最近的社群，瑞幸咖啡以此实现以门店为中心划分的用户分群管理，然后开始进行社群维护和运营。

在 2022 年的私域运营政策中，用户进入社群后，会自动收到一条 4.8 折饮品券，并被告知群内的福利。瑞幸咖啡还将社群推送福利做成了一张时间表，让用户进群后就能大致了解福利时间，培养用户进群读消息的习惯。

总体上，瑞幸咖啡社群每天的节奏较快，社群消息的推送时间也经过了精心的选择，主要集中在早上 8：30、中午 12：00、下午 2：00 和晚上 8：00 的 4 个时段，也是用户集中看手机比较多的时间段。从频率和形式来看，社群动作大致包括：每天发送 5 ～ 7 条消息，以及各种文字、图片、小程序、视频号的组合。具体 SOP 如下。

8：30 早餐推广，迎合其消费群体（上班族）的生活习惯，在周一到周五 8：00 时发送早餐相关内容，促进消费群体购买早餐。

10：00 微信推文，微信公众号会在周一推送 6 篇文章，个人号会将头条信息分享至群里，当天没有文章时可不推送。

12：00 限时 5 折活动，每天 12：00 开展限时 5 折活动，这个时间也是购买高峰期。也可以看出 5 折活动是主推活动，利于用户形成固定的购买习惯。

13：00 进行咖啡系列推广，工作日的 13：00 会发送"咖啡"系列的商品推广信息。

14：00 进行瑞纳冰系列推广，工作日的 14：00 会发送"瑞纳冰"系列商品的推广信息，配备促单的优惠券 / 优惠信息。这是给职场人士点下午茶做准备。

15：30 进行视频号推广，工作日的 15：30 发送有关视频号的相关内容，例如当天视频号更新的视频或者引导社群成员关注视频号的活动（关注视频号即可参与抽奖）信息。

16：30+18：30，内容"种草"，小红书或微博的 16：30 与 18：30 为不定期"种草"时间，个人号可能会发送小红书或者微博的相关文章来推广商品或者引导用户参与微博上瑞幸咖啡官方发起的活动。

20：00 进行瑞幸咖啡周边推广，每天的 20：00 推广瑞幸咖啡周边产品，比如杯子、伞、包等。

3. 技术驱动成为强力引擎

瑞幸咖啡是一个数据驱动型公司，很多业务环节都通过数字化实现。在营销端，早期用户下单通过 App 来实现，随着微信小程序的普及，为增强用户体验，瑞幸咖啡又增加了小程序下单系统。现在的小程序功能日趋完善，除了基本的线上点单，还能实现商城、自由卡、营销区、好喝榜、会员中心等细分功能，形成了独具瑞幸咖啡风格的线上商城模式。

近几年，为了进一步管理好自己的私域会员，瑞幸咖啡又将企业微信作为抓手来进行用户管理。瑞幸咖啡在线下门店、微信公众号、小程序、视频号主页等线上线下渠道，都放上了首席福利官 Lucky 的企业微信二维码，通过新用户专享券等福利，吸引消费者扫码添加。添加 Lucky 为好友后，用户将被邀请入群，瑞幸咖啡由此快速建立了庞大的私域流量群。

目前，瑞幸咖啡已经实现了微信小程序、微信公众号、微信视频号、朋友圈、企业微信社群等微信生态之间的互通互联，形成了获客、交易、转化、留存的微信运营闭环。这样的做法，使得瑞幸咖啡不再过度依赖其他营销渠道，并且用持续自动化运营保障了社群的活跃度。

10.8　经销型私域案例：天虹

作为国有控股的连锁百货上市企业，天虹数科商业股份有限公司（简称天虹）已连续 15 年进入中国连锁百强，是广东地区销售额最高、商场数量最多的连锁百货企业。

2021 年，天虹线上商品销售及数字化服务 GMV 逾 51 亿元，约占销售总额（348 亿元）的 14.6%。其中，平台服务收入同比提升 72%；数字化会员人数达 3600 万；近 2.5 亿人次通过天虹 App 和小程序交互获取信息或消费，App 和小程序月活跃会员数逾 426 万。

当前，天虹通过线上发展和业态升级，已融合线上线下、零售与服务，转变成线上线下一体化的本地消费服务平台：以门店为单位，为用户提供本地化生活消费服务，以及商品零售的到店和到家服务；以 App 线上平台整合全国商品资源；以 SCRM 系统精准服务全国目标用户；通过会员资产和数字化技术服务为合作伙伴增值。

【基本描述】

1. 企业画像

天虹属于高频、低互动、多链路的经销型私域。

2. 私域规模

截至 2022 年，天虹的私域规模为 3600 万名会员。

3. 私域策略

天虹将导购作为一个很重要的连接点，将多 SKU 的平台整合成一个会员服务系统，利用导购盘活用户。

4. 运营链路

（1）拉新

① 微信公众号

在天虹官方微信公众号设有员工活码（动态二维码）入口，用户可以根据自己的需要进群或者添加客服咨询。

② 小程序

小程序作为最轻便的交付承载，无疑是天虹数字化的重要一环。天虹小程序承接了天虹到家、手机快速买单、直播、拼团、停车缴

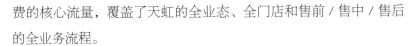

费的核心流量，覆盖了天虹的全业态、全门店和售前／售中／售后的全业务流程。

在用户通过微信支付完成一笔付款后，微信支付可以推送会员卡小程序给用户，协助企业完成品牌会员数据基础沉淀工作。此后，企业可通过大数据进行千人千面精准推荐，提高营销转化率。企业还可通过更深层次地基于 LBS 的朋友圈广告、领券小程序、会员引导、停车场景个性服务等经营策略，进一步实现用户裂变。

（2）促活

在引导用户添加企业微信后，平台会自动为用户发送个性化欢迎语，为用户贴上渠道来源标签，企业可以清晰了解用户的渠道引流增长情况。

在社群里，用户除获取购物信息之外，还可以参与丰富的社群互动游戏和不定时红包雨活动。对天虹超市的社群运营负责人来说，微信红包也是一种活跃社群的方法。运营人员在发红包之前，一般会先进行预热，告知大家红包雨活动马上开始，提升社群人员的活动参与度。和微信红包活动一样，社群里面的"小天快乐游戏时刻"也是用户参与度很高的活动。

（3）留存

用户添加了天虹超市的店总小助理的企业微信后，在一些优惠力度很大的活动节点，会收到店总小助理发来的活动信息，第一时间知道优惠信息。如天虹超市发起拼团接龙活动，有 70% 以上的用户均到线下门店领取了"到店福利"，超市整体客单量环比增长近 3 倍。

天虹社群每天都会有官方的直播活动，在午间直播场通过图文＋小程序链接，提前通知社群用户活动时间和内容，包括福利派送、真人试衣、"种草"指南等，直播的产品类别十分广泛，用户直接点击小程序即可进入直播间参与。另外，天虹会对喜欢直播专场的用户进行分层，再集中维护，开展专场活动社群运营。

（4）转化

天虹的转化主要基于导购的自动化任务和爆品选择。比如把工具赋能给导购，导购只需要进行简单的自动化操作，就可以激活沉睡用户。以前，门店沉睡用户唤醒率只有 3% ~ 5%，现在通过导购促活后，唤醒率可以达到 20%，门店转化效果非常好。

社群每周的会员日专享活动，主要以促销文案 + 产品图册的模式进行相关专柜产品的推荐，并且直接支持购物卡支付，在引导社群用户消费的同时，还能够促进社群用户注册为会员。

社群不定时穿插一些专区会场，包括周末专区、清仓会场、囤货专区等，均以图文 + 产品图册 + 小程序的形式发布，引导用户进入商城下单消费，同时起到丰富社群内容的作用。

（5）复购

天虹现有的会员制度对会员划分了两个等级，分别是银卡会员和金卡会员。银卡会员注册门槛低，任何顾客通过关注天虹微信公众号，即可成为银卡会员。而金卡会员门槛很高，必须是当日消费满 1 万元或者一年内银卡会员消费 1.5 万元才能升级为金卡会员。基于会员身份，天虹线上商城部分商品的价格比淘宝、京东还便宜，并提供同城免费送货上门服务，大大提高了用户忠诚度和复购率。

【核心突破点】

1."一码双会员"天虹生态私域

早期，天虹商超内不允许放品牌的二维码，也不允许把用户引导到自己的小程序商城，但这样做的结果却是两败俱伤。品牌也有全渠道、数字化和线上线下一体化的需求，商超不能忽视这种需求，更需要思考如何用疏通的方式，实现品牌和商场之间的共赢。

天虹给出的答案是"生态私域"——它至少要解决品牌、导购、商超三方的需求。首先就要解决流量归属权的问题，天虹选择将数据和会员分享给品牌。用户在添加了天虹内各品牌导购的微信后，他既是品牌的会员，也是商场的会员，这就是"一码双会员"的概念。这既满足了品牌做线上线下私域一体化的需求，也保证了天虹客户资产不流失。在这种模式下，天虹再去为品牌和导购提供系统化的工具，来帮助他们更好地连接用户、影响用户，就实现了生态私域下三方的共赢。

2. 社群运营

天虹通过企业微信进行社群运营，并推出了 4 个工具，即新手任务、全生命周期用户管理、社群任务、手动分发任务，为导购转型赋能，实现私域运营链路的闭合。

（1）新手任务

导购打开企业微信的时候，系统就会弹出今天的新手任务：学会设置一个朋友圈封面，学会添加 3 个好友，学会发一条朋友圈。当新手导购做完这些任务后，他的进阶之路就开始了。当后台的营销链路变得非常复杂的时候，导购仍然可以用直白的前端，企业不需要再派专人去培训员工，新人打开手机就可以完成任务。

（2）全生命周期用户管理

在用户与导购初次建立联系后，天虹制订了一个 28 天忠诚用户养成计划，每 7 天作为一个节点，分发给导购不同的任务。

比如第一个阶段加好友送出见面礼、新人 7 日福利 + 邀请进入社群……在这些基础节点上，还可以再新增自定义节点。实际上，对于每位用户全生命周期的各个节点，天虹在后台系统都已经设置好了，顾客生日、金卡升级、积分到期、优惠券过期等关键的节点，系统都会提醒导购进行跟进。导购只需要打开手机点击就可以了，这大大提高了导购跟进用户的效率。

（3）社群任务

在一对一的服务模式外，天虹还为导购补充了社群体系。社群内也会设计一些任务，如发放社群专属的券、专属的码、推送专属的活动信息等。天虹为这些社群贴上了标签，每个群里面分发的内容都是总部已经设计好的内容，在每个节点都对应不一样的内容。

群专属抽奖、群专属优惠券、群内日常游戏等特定的社群任务，就能激发社群的活力，实现社群的千群千面。

（4）手动分发任务

当然，也有导购一对一服务或是社群都无法覆盖的情况。比如今天突降暴雨，商场没有人，商超想来一个暴雨期间的导购线上分销大赛，企业就可以在后台直接设置好这个活动，活动信息立马就可以传达给商超内的所有导购。导购可以领取这些手动分发的任务，去执行用户的触发等动作。完成这些任务后，导购就可以获得额外的奖励。

天虹一直在用数字化工具去降低私域运营的难度。游戏化的导购赋能模型让处在执行层面的导购能够按照天虹规划好的私域运营全链路完成任务。这或许也是天虹数字化能够持续推进的重要原因。

3. 导购激励机制

如果说游戏化的导购赋能模型解决的是"能不能"的问题，那么导购的激励机制解决的就是"做不做"的问题。拆解后的私域运

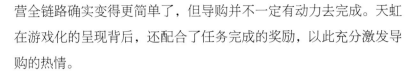

营全链路确实变得更简单了，但导购并不一定有动力去完成。天虹在游戏化的呈现背后，还配合了任务完成的奖励，以此充分激发导购的热情。

（1）金币与经验：任务的实时反馈

导购在完成新手任务、社群任务后，都会获得一些"金币"和"经验"，金币可以兑换礼物，经验可以提升段位。有些品牌也会结合这种模式，根据不同的导购段位，确定不同的底薪；导购拿到更高的金币数后，提成也会更高，还可以去兑换权益、兑换商品。

天虹也设置了多种类型的数据看板、数据类消息：每个导购都可以看见实时的导购排名信息；这些信息也会发给不同权限的品牌商和天虹的管理员，他们也可以根据这些数据跟进，为导购进一步赋能。

例如，一位导购打开手机发了一条微信朋友圈，10 分钟后系统就会提示，刚刚发的朋友圈使 80 个人点进商品链接、50 个人点赞、30 个人将商品加入购物车，最终 10 个人完成了购买，产生了 3000 元的销售额，提成是 300 元。

当看到这一系列推送的消息时，导购就会认为自己刚刚的行为有价值。这样实时的反馈也使导购的积极性得以提高。

（2）榜样的力量

天虹前期重点扶持了 30 个明星导购，把这些明星导购的成绩拍成视频，在台上给他们颁奖，让他们"现身说法"。这种方式激励了更多导购。

正是用这种方式，从 30 个明星导购开始，到现在天虹几万名导购都具备了线上开单的能力。企业不需要"画饼"，而是要让导购相信完成任务的可能性和价值。

（3）专属链接，固定收益

天虹导购在销售时，都有自己的专属链接，通过该链接产生的销售额，直接与导购的报酬挂钩。由于天虹的导购大多数有线上开单的能力，这也让天虹开展直播业务顺利了许多。在天虹生态私域里的品牌，与天虹合作做一场直播，不需要支付"坑位费"，也不需要额外扣点，就能够实现直播一两个小时，收入达到100万元、200万元。

假如天虹总部做一场直播，则其每个社群都会转发这场直播。通过社群内链接进入直播间所产生的销售额与门店和导购的报酬相关，所以导购就会愿意参与直播宣传。天虹通过私域社群运营、私域直播的方式，不需要支出更多的成本，也不需要招聘更多的主播，只需要内部员工就能够达成较高的销售额。而不管在何种销售场景中，导购的收益都能够得到保证，他们自然也乐意去配合天虹的直播活动。

ISBN 978-7-115-61877-1

9 787115 618771 >

定价：79.80元

分类建议：数字经济/企业管理
人民邮电出版社网址：www.ptpress.com.cn